CHARLES ET CAMILLA

DU MÊME AUTEUR

William d'Angleterre : les défis d'un héritier, L'Archipel, 2001.
Camilla & Charles, Robert Laffont, 2004.
Lady D, Robert Laffont, 2007.
Elizabeth II. Dans l'intimité du règne, Fayard, 2012.

Isabelle Rivère

Charles et Camilla

Une histoire anglaise

Fayard

© Librairie Arthème Fayard, 2017.
ISBN : 978-2-213-68132-0

Couverture : création graphique © Atelier Didier Thimonier
Photo : © Getty Images
Dépôt légal : mai 2017

« *As I shall always rely on the affection of my people, I hope that they will place the same confidence in me.* »

Frederick, prince de Galles (1707-1751)

« Un homme n'intéresse, et sa vie n'a de prix, que par ses rapports avec l'époque où il est né. »

Philarète Chasles

« Je pense qu'il est plus facile pour une femme de succéder à un homme, comme ce fut le cas pour moi. Je n'avais pas de modèle auquel me mesurer, d'exemple dont je devais me montrer à la hauteur. »

Margrethe, reine de Danemark

Introduction

L'idée, l'envie de raconter Charles et Camilla aujourd'hui s'est imposée à moi en mai 2013, alors que j'assistais à une réception en petit comité donnée à Londres au profit des Maggie's Cancer Caring Centres, un réseau de centres d'accueil et de soutien pour les personnes touchées par le cancer et leurs proches. Marraine de l'organisation, Camilla, duchesse de Cornouailles, discutait avec les bénévoles, les malades et les familles qui avaient ouvert leurs jardins au public afin de récolter des fonds. Elle était attentive à tous, faisait preuve d'une générosité, d'une énergie, d'une simplicité et d'une empathie du tonnerre. Il y avait chez elle une vraie « qualité », au sens où celle-ci s'oppose au superficiel et au mondain. Nous avons échangé quelques mots. Voilà comment tout a commencé.

« Pour qui a vécu et observé, écrit l'auteure allemande du XIXe siècle Camille Selden dans l'avant-propos de ses *Portraits de femmes*, le but de ce que nos pères nommaient "Biographies" n'est point de faire connaître les détails d'une vie, mais d'enseigner ce que, certaines conditions données, cette vie pouvait et devait être à l'époque où les hasards de la destinée la placèrent. » Alors que la monarchie entre dans une période décisive de son histoire, j'ai eu le privilège de pouvoir suivre le prince de Galles et son épouse dans leurs activités officielles et de rencontrer plusieurs de leurs proches.

Au fil des voyages, des séjours dans la belle campagne anglaise et des rencontres, j'ai souvent été touchée, surprise, épatée, bouleversée, aussi. Je me suis rapidement rendu compte à quel point j'avais sous-estimé la portée et la complexité du travail de l'héritier du trône. J'espère être parvenue à m'approcher au plus près de la réalité de son action, de sa personnalité, de son quotidien et des liens qui l'unissent à la duchesse de Cornouailles. J'ai également souhaité retracer l'histoire familiale de Camilla, ainsi que les influences qui ont fait d'elle la femme qu'elle est aujourd'hui.

Ce livre ne se présente pas sous la forme d'une chronologie. Il convoque (aussi) d'autres personnages, les rois et les reines qui ont façonné la Grande-Bretagne, des aventuriers oubliés, des excentriques, de grands témoins de l'histoire du monde moderne, des héros méconnus, des courtisanes, dont le parcours illustre et éclaire tout à la fois celui de ce couple emblématique qui, pour beaucoup, conserve une part de mystère. La belle-fille de la souveraine, fidèle à une tradition respectée de tout temps outre-Manche par les épouses des princes héritiers et des souverains régnants, n'a jamais accordé d'interview. Le récit qui s'ouvre ici est donc le fruit de plusieurs années d'enquête.

J'ai déjà exprimé de vive voix ma reconnaissance à celles et ceux qui, des deux côtés de la Manche, ont rendu cette aventure possible. Et je ne veux pas clore ces quelques lignes sans dire toute ma gratitude à Sophie de Closets et Élise Roy pour leur aide précieuse, leur compréhension et leur patience hors du commun.

I.

« Elle aime passionnément la Grande-Bretagne,
un point, c'est tout »

Lucia Santa Cruz est de passage à Paris. Nous avons rendez-vous dans un petit hôtel près de la rue de Rivoli. Le contact est aisé, chaleureux. Des images en noir et blanc me reviennent en mémoire, une poignée de clichés de 1970 montrant deux jeunes gens en route vers le théâtre, serrés à l'arrière d'une limousine dans leurs habits du soir. Au premier plan, Charles, prince de Galles, vingt et un ans, l'héritier du trône du Royaume-Uni, costume gris et cheveux brillantinés. À ses côtés, Lucia, la fille de Victor Rafael Andrés Santa Cruz, l'ambassadeur du Chili à la cour de St. James's. Cette jolie Sud-Américaine intelligente et discrète, que les gazetiers présentent à l'époque comme la *girlfriend* de Charles, va bientôt bouleverser l'existence du prince.

« Camilla et moi, nous vivions dans le même immeuble à Londres, elle au rez-de-chaussée, moi au premier, raconte-t-elle. Nous nous voyions tous les jours, nous passions beaucoup de temps l'une chez l'autre. Mon père avait dû rentrer au Chili, car à l'époque la situation là-bas était très compliquée, et vous n'imaginez pas quel soutien et quel réconfort elle était pour moi. C'est moi qui l'ai présentée au prince Charles, à l'automne 1971. Il rentrait du Japon et devait passer me chercher, ce soir-là, pour dîner ou prendre un verre. J'ai dit à Camilla : "Il faut absolument que tu le rencontres." Nous nous sommes retrouvés tous les trois dans mon tout petit appartement. Il m'avait rapporté un cadeau de son voyage – une boîte ravissante – et avait pensé à un menu présent pour elle aussi, sans même la connaître. Le courant est tout de suite bien passé entre eux, ils se sont immédiatement découvert des affinités, des goûts en commun. Très vite, ils ont commencé à se voir – moi-même, au début, je n'en ai rien su. Au cours des années qui ont suivi, Charles m'a souvent demandé pourquoi j'avais tant insisté pour lui présenter Camilla. J'avais simplement la conviction que ce dont il avait besoin, c'était une personne chaleureuse et vraie. Pas une énième "habituée" de la Cour, mais une véritable amie, quelqu'un d'à la fois authentique et spontané, qui allait l'aimer pour ce qu'il était, lui, et non pour ce qu'il représentait. Et je savais que Camilla était cette personne-là[1]. »

Une affection sincère unit depuis plus de cinquante ans Lucia Santa Cruz au prince de Galles et à son épouse, la duchesse de Cornouailles. Elle avait fait la connaissance de l'héritier du trône peu après l'entrée de ce dernier à l'université de Cambridge, en 1967, au cours d'un dîner organisé par Richard Butler, le responsable du Trinity College, où le futur roi étudiait alors l'archéologie et l'anthropologie. Diplômée d'histoire et de philosophie des universités de Londres et d'Oxford, Lucia, « une jeune fille charmante et talentueuse[2] », travaillait alors en tant qu'assistante de recherche pour Butler. Elle s'était immédiatement attiré l'amitié et l'estime du prince, de cinq ans plus jeune qu'elle. Dans le portrait qu'elle dresse du couple formé par Charles et Camilla, elle insiste – comme la plupart des membres de leur entourage – sur le rôle essentiel, quasi fondateur, joué par la duchesse de Cornouailles dans l'existence du fils aîné d'Elizabeth II : « Camilla est la seule personne au monde avec laquelle il se soit jamais senti lui-même. Rien que lui-même[3]. »

---

1. Propos recueillis par l'auteur.
2. Jonathan Dimbleby, *The Prince of Wales : A Biography*, Little, Brown and Company, 1994. Il s'agit de la seule biographie autorisée de l'héritier du trône écrite à ce jour.
3. Propos recueillis par l'auteur.

« Mon fils a brillamment franchi la ligne d'arrivée »

Le 9 avril 2005, à 13 h 50, le prince et sa compagne se prennent pour mari et femme dans la salle Ascot de l'hôtel de ville de Windsor. La pièce a été décorée de muguet, symbole du bonheur retrouvé, et de milliers de fleurs provenant des jardins de Highgrove, la résidence principale de l'héritier du trône, dans le Gloucestershire, et de Ray Mill, la propriété de Camilla, située dans le Wiltshire. L'instant est historique. La cérémonie, initialement prévue le 8, mais repoussée de vingt-quatre heures pour permettre au prince de Galles et au Premier Ministre Tony Blair d'assister aux funérailles du pape Jean-Paul II, est dépouillée : pas de musique, pas de lectures. En présence de vingt-huit membres de leurs familles (seize pour lui, douze pour elle), mais en l'absence d'Elizabeth II et de son époux, Charles, alors âgé de cinquante-six ans, et Camilla, cinquante-sept ans, sont invités par l'officier d'état civil Clair Williams à échanger leurs consentements. Leurs fils aînés, William et Tom, qu'ils ont choisis pour témoins, se tiennent à leurs côtés. Après l'énoncé des formules rituelles, le premier leur tend les anneaux qui scellent désormais leur union. En vingt minutes, à l'abri des regards, la monarchie britannique offre un *happy end* à deux des décennies les plus tumultueuses de son histoire.

L'héritier du trône et sa future femme ont passé la nuit précédant leur mariage séparément, lui à Highgrove, elle à Clarence House, leur résidence londonienne, située à quelques centaines de mètres du palais de Buckingham. Les alliances ont été créées dans des ors extraits de la mine de Clogau St. David et de la rivière Mawdach, au pays de Galles – une tradition dans la famille régnante depuis 1923. Il a fallu à Camilla pas moins de huit essayages pour ses robes et une dizaine d'essayages au total pour ses chapeaux : une large capeline en paille et dentelle française pour la cérémonie civile, ainsi qu'un savant assemblage de plumes dorées piquetées de brillants Swarovski pour la cérémonie religieuse, tous deux créés par Philip Treacy.

À 14 h 30, la nouvelle duchesse entre dans la chapelle St. George du château de Windsor au bras de son époux, cinq minutes après la reine Elizabeth. Des dizaines de millions de téléspectateurs à travers le monde suivent leur progression vers l'autel. À la demande du couple, des pommiers Evereste et des cerisiers en fleurs entourés de parterres de primevères, de camélias, de pulsatilles, d'anémones et de violettes ont été installés dans la nef. Camilla est vêtue d'une robe longue en soie bleu porcelaine griffée Robinson Valentine, dont les motifs brodés de fil d'or sont inspirés d'un bijou ayant autrefois appartenu à sa mère, Rosalind[1]. Nerveuse, elle manque de trébucher en gravissant les quelques marches qui mènent jusqu'au chœur. Le service de prières et d'actions de grâces conduit par l'archevêque de Canterbury, le Dr Rowan Williams, dure quarante-cinq minutes à peine. Sous les yeux des quelque huit cents personnes présentes, le couple se promet fidélité et fait publiquement acte de pénitence en demandant à Dieu de lui pardonner ses fautes passées[2]. À plusieurs reprises, la duchesse de Cornouailles pose sa main sur celle du prince, comme si elle avait encore besoin de se rassurer. Un « sentiment de victoire » s'était emparé de l'assistance à leur entrée dans la chapelle, confiera plus tard l'une de leurs amies.

Après s'être inclinés devant la souveraine – un signe de tête pour lui, une révérence pour elle –, les nouveaux époux sacrifient à un mini-bain de foule dans le cloître, avant de regagner le château, dont le grand escalier a été décoré de 35 000 jonquilles. Windsor, la forteresse familiale considérée par Elizabeth II comme un *home sweet home*, donne à la réception un caractère résolument privé, loin du faste qui avait entouré les premières noces du prince Charles avec Diana Spencer, en juillet 1981. Au menu du buffet : 16 500 canapés, de petits sandwichs à la venaison rehaussés d'une gelée au porto et aux groseilles, des chaussons à la viande (une recette traditionnelle de la région des Cornouailles) ou encore des scones à la crème et à la confiture. Charles et Camilla ont choisi un gâteau immaculé de 110 kilos fourré aux fruits et au brandy et décoré de roses (emblèmes de l'Angleterre), de chardons (pour l'Écosse), de poireaux et de jonquilles

---

[1]. Rosalind Shand est décédée en juillet 1994.

[2]. Le texte, extrait de l'édition de 1662 du *Livre de la prière commune*, est récité simultanément par l'ensemble des participants.

(emblèmes du pays de Galles), de l'insigne de l'héritier du trône (trois plumes d'autruche cerclées par une couronne d'or) et du blason du duché de Cornouailles. Il a été préparé par Sophisticake, une petite pâtisserie du Lincolnshire.

Les images de ce 9 avril montrent un couple comme étourdi de bonheur. Sur l'hippodrome d'Aintree, près de Liverpool, la 158e édition du Grand National, l'une des mythiques courses de steeple-chase de la saison hippique britannique, vient de s'achever. « J'ai deux choses de la plus grande importance à vous dire, déclare la reine aux invités. La première, c'est que le Grand National a été remporté par Hedgehunter. La seconde, c'est que, malgré Becher's Brook et The Chair [les deux haies les plus redoutables du parcours] et toutes sortes d'autres obstacles terribles, mon fils a brillamment franchi la ligne d'arrivée[1]. »

Bruce Shand[2], le père de Camilla, âgé de quatre-vingt-huit ans, est là lui aussi. « On le sentait incroyablement heureux et fier, témoigne Lucia Santa Cruz. Le prince lui a d'ailleurs rendu un vibrant hommage cet après-midi-là. Il voyait en lui la quintessence de l'*English gentleman* et l'admirait énormément[3]. »

En fin de journée, quelques convives confieront leurs impressions aux médias du royaume. Charles, dit l'un d'entre eux, « a parlé de manière magnifique. Autour de moi, les gens avaient les larmes aux yeux ». L'héritier du trône, raconte cet autre témoin, a porté cinq toasts, en l'honneur de ses parents, de ses fils, de Queen Mum, sa grand-mère, disparue en 2002, et de Camilla, qui, dit-il, « m'a soutenu contre vents et marées ». À en croire l'écrivain Melvyn Bragg, « on se serait cru à un match de l'équipe d'Arsenal » : chaque fois que quelqu'un terminait une phrase, « au lieu d'applaudir poliment, tout le monde criait *"Yes!"* ». Camilla, qu'il qualifie d'« épatante » et dont il a remarqué la « formidable entente » avec les princes William et Harry, lui a confié « avoir toujours du mal à réaliser ». « Quand les esprits se seront apaisés, que les comparaisons en tout genre auront

---

1. « Queen wishes royal couple well », bbc.co.uk, 9 avril 2005.
2. Le père de Camilla est décédé en juin 2006.
3. Propos recueillis par l'auteur.

cessé, restera ce couple, et ce sera génial pour notre pays. Ils sont solides comme le roc[1] », conclut-il.

Au-dehors, des milliers de Britanniques se sont massés dans les rues de la petite ville de Windsor. Depuis les premières heures de la matinée, les télévisions du monde entier s'attardent sur cette foule chahuteuse, rassemblement hétéroclite de fans de Diana venus avec des pancartes fustigeant les héros du jour, de badauds professant des opinions ouvertement républicaines, d'ardents monarchistes et de sympathisants du couple. Tout a été fait pour ménager la sensibilité du public. Un sondage Gallup révèle que 46 % des Britanniques ont toujours une opinion défavorable de Camilla, 57 % d'entre eux se disant même opposés à ce qu'elle devienne reine. À l'époque, certains la présentent encore comme une « menace » pour l'avenir de la monarchie. Au sein du clergé anglican, des voix s'élèvent pour désapprouver le remariage de l'héritier du trône avec une femme divorcée[2]. Il se murmure aussi qu'à la Cour une partie de la « vieille garde » des conseillers de la Maison régnante ne parvient pas à se faire à l'idée que la nouvelle belle-fille d'Elizabeth II puisse un jour être couronnée. Selon plusieurs éditorialistes, l'homme de la rue, lui, est « simplement d'avis qu'il était temps [que le prince et sa compagne] se marient. Et la manière dont [la duchesse de Cornouailles] remplira ses obligations officielles leur donnera raison[3] ».

Les experts constitutionnels du royaume rappellent, de leur côté, combien il aurait été difficile pour Charles de monter sur le trône sans avoir « régularisé » sa relation avec Camilla. Les règles protocolaires d'airain qui régissent le quotidien du monarque et de ses proches, l'étiquette en vigueur dans les relations diplomatiques, comme celle qui prévaut dans les rencontres ou les dîners officiels entre chefs d'État, auraient rendu un éventuel « non-statut » de sa compagne « extrêmement compliqué à gérer ». Avant ses noces, celle-ci avait déjà été empêchée par ces principes protocolaires de passer les fêtes

---

1. « Queen wishes royal couple well », art. cité.
2. Camilla a été mariée à Andrew Parker Bowles entre 1973 et 1995.
3. Graham Turner, « At least the Windsors are putting their house in order », telegraph.co.uk, 11 février 2005.

de Noël au château de Sandringham avec les autres membres de la famille royale. Mais, en ce mois d'avril 2005, « l'avenir du prince Charles se trouve bien, désormais, irrémédiablement lié à celui de Camilla ».

Un long, long mercredi de fiançailles

Tenu, en vertu du Royal Marriages Act de 1772, de demander l'autorisation d'Elizabeth II avant de convoler une nouvelle fois en justes noces, le futur souverain s'est assuré de son consentement quelques mois plus tôt, pendant les vacances de Noël. Mère et fils conviennent alors d'accorder à Camilla les titres de duchesse de Cornouailles, duchesse de Rothesay et comtesse de Chester. Mi-janvier, Michael Peat, le principal secrétaire particulier du prince de Galles, s'entretient des modalités de la cérémonie religieuse avec le Dr Rowan Williams, l'archevêque de Canterbury, la plus haute autorité de l'Église anglicane après la reine. Deux semaines plus tard, Michael Peat et Robin Janvrin, le secrétaire particulier d'Elizabeth II, informent le Premier Ministre Tony Blair des projets matrimoniaux de Charles et Camilla.

L'audience hebdomadaire du chef du gouvernement en tête-à-tête avec la souveraine doit avoir lieu au palais de Buckingham le mardi suivant, 8 février. En Grande-Bretagne, la royauté existe par la volonté du peuple. Elizabeth II n'est pas seulement contrainte par son rôle de gouverneur suprême de l'Église d'Angleterre ; en tant que monarque constitutionnel, elle doit, y compris sur un sujet à caractère privé comme celui-ci, requérir et suivre le « conseil » de son Premier Ministre, par qui s'exprime la voix du Parlement.

La seconde union de l'héritier de la Couronne a forcément des implications sur le plan national. L'expert en droit constitutionnel Robert Blackburn, enseignant à l'université King's College de Londres, justifie le contrôle exercé sur les choix conjugaux d'un futur roi : « La personnalité et la vie personnelle de celui ou celle qui est ou qui deviendra chef de l'État relèvent de l'intérêt public, il en va du bien-être du gouvernement et du pays. Son conjoint est indissociable de cet intérêt du public pour la bonne gouvernance de l'État, car il n'a pas seulement, *de facto*, des fonctions officielles, cérémonielles et diplomatiques à exercer, il sera normalement le père ou la mère de l'héritier présomptif[1]. »

Tony Blair est favorable au remariage du prince Charles. Les principales autorités du royaume – le monarque, Downing Street et l'Église – ayant donné leur bénédiction, rien ne peut plus, en apparence du moins, se mettre en travers de la route des deux amants. Les six semaines de discussions qui viennent de s'écouler ont été entourées du plus grand secret. Les conseillers du couple souhaitent en effet attendre la mi-février avant de rendre la nouvelle publique. Mais les fiançailles du futur souverain et de sa compagne sont annoncées par l'*Evening Standard* dans son édition du 9 février – nul ne sait par quel biais l'information lui est parvenue. On dit le staff rapproché de l'héritier du trône « extrêmement irrité ». Le 10, un communiqué officiel vient précipitamment confirmer l'événement. Désormais, le temps presse.

« Prince de Galles, ce n'est pas un statut, écrivait Alan Bennett dans sa pièce de théâtre *The Madness of George III* (La Folie de George III), en 1992. C'est une situation à problèmes. » Les deux mois qui vont suivre seront à l'image de l'histoire d'amour de Charles et Camilla : tout en difficultés, contestations et polémiques interminables. Le communiqué délivré par Clarence House précise que le couple sera uni civilement au château de Windsor et que la cérémonie sera suivie d'un service de prières et d'actions de grâces en la chapelle St. George. « Ces dispositions ont tout mon soutien, déclare l'archevêque de Canterbury, et sont en accord avec les recommandations de l'Église anglicane sur le remariage, recommandations que le prince de Galles accepte pleinement en tant qu'anglican pratiquant et futur gouverneur suprême de l'Église d'Angleterre. » « Une bénédiction n'équivaut pas à cautionner ce qui s'est passé, mais elle vient formaliser un nouveau départ[2] », commente le révérend Anthony

---

1. Robert Blackburn, *King and Country : Monarchy and the Future King Charles III*, Politico's Publishing Ltd., 2006.
2. Christian Today, 15 mars 2005, cité *ibid*.

Priddis, évêque de Hereford et président du groupe de réflexion de l'Église anglicane sur le mariage et la vie de famille. Les deux primats de l'Église catholique de Grande-Bretagne, le cardinal Cormac Murphy-O'Connor, archevêque de Westminster, et le cardinal Keith O'Brien, archevêque de St. Andrews et Édimbourg, adressent également leurs vœux aux futurs époux.

Plusieurs représentants du clergé et spécialistes du droit mettent pourtant en doute la légalité d'une union royale civile. En effet, le Marriage Act de 1836, loi qui autorisait pour la première fois les mariages civils en Angleterre et au pays de Galles, ne s'applique pas aux proches du souverain en exercice. Le professeur Robert Blackburn rappelle « deux événements bien connus, encore présents dans toutes les mémoires, qui se sont déroulés en 1936 et 1955, lorsqu'il était accepté de tous que les membres de la famille régnante ne pouvaient se marier civilement[1] ». Cette « situation légalement admise », dit-il, avait contribué à la crise de l'abdication d'Edward VIII – qui, en 1936, avait préféré renoncer au trône plutôt qu'au grand amour de sa vie, Wallis Simpson, une Américaine déjà mariée à deux reprises – et s'était révélée, près de vingt ans plus tard, un facteur décisif dans la fin de l'idylle de la princesse Margaret, la sœur cadette d'Elizabeth II, avec Peter Townsend, un divorcé lui aussi.

Le 23 février, lord Falconer of Thoroton, lord chancelier (ministre de la Justice) du royaume et secrétaire d'État aux Affaires constitutionnelles, adresse donc une déclaration écrite à la Chambre des lords, la chambre haute du Parlement, afin de clarifier la position du gouvernement : la loi de 1836 a été abrogée successivement par plusieurs autres textes, promulgués en 1949 et 1953. Les services du ministère, consultés par Clarence House, ont confirmé qu'« aucun des articles de la loi de 1836 ne demeure en vigueur. [...] Nous savons, poursuit-il, que des avis différents ont été rendus par le passé, mais nous considérons qu'ils étaient le résultat d'une prudence excessive, et nous sommes parfaitement clairs sur le fait que l'interprétation que nous livrons [des textes concernés] est correcte. Nous notons par ailleurs que la loi sur les droits de l'homme requiert, depuis l'année

---

1. Robert Blackburn, *King and Country*, op. cit.

2000, que la législation soit interprétée, chaque fois que cela est possible, de manière à la rendre compatible avec le droit au mariage et le droit [de chacun] à en bénéficier en écartant toute forme de discrimination ». Le parti conservateur se déclare prêt, si nécessaire, à voter toute nouvelle loi garantissant la validité de l'union civile du prince. Au total, onze « notifications d'opposition » seront déposées auprès de l'administration pour être finalement déclarées sans effet.

Affaire réglée ? Pas tout à fait. Le 17 février, Clarence House annonce que l'échange des consentements se déroulera, non plus au château de Windsor, mais à l'hôtel de ville voisin. Renseignements pris, l'obtention des autorisations administratives permettant au château d'héberger la cérémonie aurait contraint Elizabeth II à ouvrir son *home sweet home* pendant au moins trois ans à tous les couples qui auraient souhaité s'y marier. Le 22, le palais de Buckingham fait savoir que la reine et le prince Philip n'assisteront pas à l'union civile de leur fils, mais seront bien présents à la chapelle St. George. Une partie de la presse veut y voir un camouflet. L'entourage de la souveraine laisse entendre que, au contraire, celle-ci respecte la démarche de son aîné, qui aspire à une cérémonie « discrète ». Sa décision, commente dans les colonnes du *Times* le journaliste Jonathan Dimbleby, un proche du prince Charles, « n'a assurément rien à voir avec ses sentiments personnels, mais bien tout à voir avec son rôle public ». Elizabeth II aurait estimé que sa présence à l'hôtel de ville se serait trouvée en contradiction avec ses responsabilités en tant que gouverneur suprême de l'Église d'Angleterre.

Il ne fait aucun doute, ajoute Dimbleby, qu'une grande partie de l'opinion aurait, dans le cas précis de Charles et Camilla, considéré une union religieuse en bonne et due forme comme un passe-droit. Depuis le synode de 2002, l'Église anglicane n'autorise en effet le remariage d'un(e) divorcé(e) devant Dieu que « dans des circonstances exceptionnelles ». Les représentants du clergé sont invités à prendre en compte, au cas par cas, le parcours conjugal et familial des candidats au remariage et à juger en leur âme et conscience si leur relation a pu être une « cause directe » de l'échec de leur première union. En cette fin d'hiver 2005, la reine établit une frontière claire entre ses responsabilités constitutionnelles et sa vie personnelle

– c'est ainsi qu'elle conduit son règne depuis toujours. On se souvient toutefois que l'Église d'Angleterre avait été créée par Henry VIII au début des années 1530 dans le seul but d'annuler son mariage avec Catherine d'Aragon pour pouvoir épouser sa maîtresse d'alors, l'infortunée Anne Boleyn.

« Une attitude rigide aurait fini par lui porter préjudice »

Le 2 mars, Elizabeth II signifie, en séance de son Conseil privé, « notre consentement à la contractation d'un mariage entre notre très bien-aimé fils et très fidèle conseiller Charles Philip Arthur George, prince de Galles, K.G., K.T., G.C.B., O.M.[1] », et Camilla. Mais la question du titre que cette dernière sera amenée à porter lorsque son époux accédera au trône continue d'agiter les esprits. Clarence House précise qu'elle deviendra « princesse consort » – une première dans l'histoire de la monarchie. L'usage commande pourtant (excepté en cas d'union morganatique) que l'épouse d'un souverain devienne automatiquement reine lors de l'avènement de son conjoint.

Pour David Starkey, grand spécialiste de l'institution et de son histoire, Charles se montre, à ce moment précis de son cheminement personnel, « extraordinairement radical » par sa décision de balayer les traditions et de se marier dans un simple bureau d'état civil. C'est un acte aussi décisif, affirme-t-il, que l'ont été les réformes introduites en 1917 par George V. La Première Guerre mondiale et ses ravages avaient, à l'époque, fait naître en Grande-Bretagne un fort sentiment anti-allemand. Une partie de l'opinion doutait de la loyauté de la famille régnante en raison de ses origines germaniques – le souverain et ses proches étaient issus de la lignée des Saxe-Cobourg-Gotha, et le Kaiser Guillaume II (un petit-fils de la reine Victoria) était un cousin germain du roi. George V entreprit donc, pour retrouver la confiance de ses compatriotes, de rebaptiser sa dynastie, donnant naissance à la maison de Windsor – un nom ancré dans l'histoire millénaire de

---

1. Chevalier de la Jarretière, chevalier du Chardon, chevalier grand-croix de l'ordre du Bain, ordre du Mérite.

la monarchie. Il abolit également un certain nombre de règles d'un autre âge, dont celle qui contraignait les princes de sang à prendre mari ou femme à l'étranger. Ses descendants, décida-t-il, seraient désormais libres d'aimer et d'épouser anglais.

Il faudra toutefois attendre les révolutions sociétales des années 1960-1970 pour voir s'assouplir l'attitude des membres de la famille royale à l'égard du divorce. Pendant toute la première moitié du XXe siècle, les divorcés, quel que soit leur sexe, ne peuvent être reçus à la Cour ni en présence du souverain en exercice. George V (encore lui) est le premier à les accepter dans l'enceinte royale de l'hippodrome d'Ascot, à la condition qu'ils n'aient pas été reconnus comme responsables de l'échec de leur couple. L'abdication d'Edward VIII pour Wallis Simpson conforte son successeur, George VI, dans un rejet sans appel du divorce qui influencera durablement sa propre fille. En octobre 1949, la future Elizabeth II – qui, à vingt-trois ans, est unie au prince Philip depuis près de deux ans et maman d'un petit Charles de onze mois – déclare, face à une assemblée de mères de famille britanniques, que « divorce et séparation sont responsables de certains des maux les plus noirs de notre société ».

George Lascelles[1], comte de Harewood, un cousin germain d'Elizabeth, sera le premier membre de la famille régnante à mettre publiquement fin à son mariage. En 1959, dix ans après avoir épousé la pianiste autrichienne Marion Stein, avec laquelle il a trois enfants, il s'éprend de Patricia Tuckwell, une mannequin australienne déjà divorcée. La jeune femme donne naissance à un fils en 1964. Marion Stein consent au divorce, et lord Harewood demande à Elizabeth II l'autorisation de se remarier. Consciente de ses obligations en tant que gouverneur suprême de l'Église d'Angleterre, celle-ci estime ne pas être en mesure d'accéder à sa requête. Le Premier Ministre Harold Wilson tire alors Sa Majesté de l'embarras en exposant la situation à ses ministres, lesquels, à leur tour, « conseillent » de manière officielle à la reine d'accorder son consentement à son cousin.

---

1. Il est le fils aîné de la princesse Mary (la seule fille du roi George V), né en 1923 et décédé en 2011.

Mais certains usages ont la peau dure. Une fois remarié, George Lascelles est écarté de la Cour – il ne sera convié ni aux funérailles de son oncle, l'ex-roi Edward VIII, en 1972, ni au mariage de la princesse Anne, la fille de la souveraine, l'année suivante. Le mariage du prince Michael de Kent (un autre cousin germain) avec Marie Christine von Reibnitz, catholique et divorcée, en 1976, et le divorce entre la princesse Margaret, la sœur cadette d'Elizabeth II, et Antony Armstrong-Jones, en 1977, marqueront un tournant dans la saga conjugale du clan Windsor et inciteront la reine à infléchir quelque peu sa position. « Le climat moral de la nation avait tellement changé depuis la fin des années 1960 qu'une attitude rigide à l'égard du divorce aurait fini par lui porter préjudice », commente l'un de ses biographes.

« Le cœur sur la table »

« Camilla a en elle une espèce de force intérieure que je lui ai toujours connue, et c'est cette force qui lui a permis de démarrer une vie professionnelle à cinquante ans passés, explique Lucia Santa Cruz. Elle m'a d'ailleurs dit un jour : "J'aurai commencé à travailler à l'âge où tout le monde prend sa retraite[1]." »

Le 9 mai 2013, la duchesse de Cornouailles assiste à une *tea party* en petit comité donnée au premier étage de Vogue House, sur Hanover Square, à Londres. L'épouse du prince Charles a tenu à venir remercier en personne les lecteurs du magazine *House & Garden* qui, l'été précédent, ont ouvert leur jardin au profit des Maggie's Cancer Caring Centres. La belle-fille de la reine Elizabeth préside l'organisation depuis 2008. Son regard bleu intense est à la fois appuyé et toujours en alerte, sa poignée de main franche, les intonations de sa voix chaleureuses. Il y a chez elle une empathie spontanée que d'aucuns attribuent à « une conscience aiguë du besoin qu'a tout être humain de se sentir apprécié, compris, consolé ».

---
1. Pour cette citation et toutes celles qui suivent : propos recueillis par l'auteur.

Les causes pour lesquelles elle s'engage ne sont pas de celles qui font le plus souvent la une des médias. Camilla a la réputation de toujours mettre « son cœur sur la table ». Son travail, dit-on dans son entourage, « prend souvent la forme de réponses pragmatiques à des problèmes précis, immédiats. Il s'enracine dans des préoccupations personnelles, des sujets qui revêtent une importance particulière à ses yeux ».

L'épouse du prince Charles soutient ainsi activement près de cent organisations. Marraine d'Emmaüs Royaume-Uni, de Barnardo's (qui vient en aide aux enfants sans abri, victimes de handicap ou en situation de grande vulnérabilité), elle est aussi présidente de JDRF, qui combat le diabète de type 1, ou encore de la Société nationale de lutte contre l'ostéoporose, maladie qui a emporté sa grand-mère, Sonia, en 1986, puis sa mère, Rosalind, huit ans plus tard. Elle sillonne le royaume à la rencontre des victimes de viol ou d'agression sexuelle. Elle s'engage pour des associations qui combattent la solitude et l'isolement chez les personnes âgées ; pour Cleanup UK, qui milite contre la prolifération des déchets dans les espaces publics ; pour Helen & Douglas House, des centres d'accueil et de soins pour enfants et jeunes adultes victimes d'affections graves et invalidantes ; pour Friends of Erlestoke Prison, qui aide les détenus à maintenir le contact avec leurs familles et à se réinsérer ; pour Unicorn Theatre for Children, concepteur de spectacles pour les jeunes de deux à vingt et un ans ; pour The PG Wodehouse Society of the Netherlands, le plus ancien des fan-clubs de l'écrivain sir Pelham Grenville Wodehouse ; ou encore pour Battersea Dogs & Cats Home, des refuges pour chiens et chats abandonnés où elle a adopté ses deux terriers Jack Russell, Beth et Bluebell.

Les membres de la famille régnante ne sont pas des politiciens en campagne, mais, à une époque où la déférence n'est plus automatique, il est essentiel que leur travail soit visible du plus grand nombre. Voilà pourquoi les activités du couple héritier, ses déplacements, son empreinte carbone et ses finances font l'objet, chaque année, d'un rapport extraordinairement détaillé. Les chiffres communiqués par Clarence House révèlent que, en 2015-2016, le prince Charles a effectué 546 engagements officiels, dont 129 à l'étranger.

La duchesse de Cornouailles, elle, totalise 218 engagements officiels, dont 80 hors des frontières du royaume. Ce, en dépit de sa réticence à voyager. « Elle n'aime ni les longs déplacements, ni les avions, confirme une proche. Elle aime passionnément la Grande-Bretagne, un point, c'est tout. » Le nombre d'obligations dont elle s'acquitte au service de la Couronne ne devrait pas augmenter de manière notable dans les années qui viennent. « Rien ne sert de cumuler six engagements officiels dans une même journée si, au sixième, vous êtes trop fatigué pour pouvoir donner encore quoi que ce soit », dit-on autour d'elle.

Lorsqu'elle entre chez les Windsor, en 2005, la duchesse de Cornouailles y trouve une « machine » bien rodée. Chacun des secrétaires particuliers (les principaux conseillers) du prince Charles est en charge de quatre portefeuilles recouvrant des domaines d'activité et des attributions bien précis. Après qu'une première sélection a été opérée parmi les invitations et autres sollicitations, officielles ou privées, adressées à l'héritier de la Couronne, l'agenda de ce dernier pour les six mois à venir est finalisé au cours de *programme meetings*. Très vite, une organisation similaire se met en place autour de Camilla. Indépendante de tempérament, la duchesse aurait eu du mal à s'habituer à sa nouvelle condition de membre de la famille régnante, même si ses proches insistent sur l'aide précieuse qui lui a été apportée dès le départ : « Autour d'elle, les gens connaissent parfaitement leur job. Au palais, tout est fait pour que vous soyez toujours à la bonne place au bon moment. »

Au fil du temps, la belle-fille d'Elizabeth II a constitué sa propre équipe, 100 % féminine. « Je travaille avec elle depuis seize ans, confie cette collaboratrice et amie. Elle s'efforce toujours de vous faciliter les choses. Tant que le travail est fait, les gens peuvent mener leur vie comme ils l'entendent. » Camilla a gagné en assurance, notamment lorsqu'elle parle en public, mais inutile, précise son entourage, de lui demander de s'exprimer sur un sujet qu'elle a l'impression de ne pas maîtriser. Le prince de Galles, qui a suivi avec attention le développement de son activité sur le terrain humanitaire et associatif, lui a fait partager son expérience et offert ses conseils. À sa demande, il continue, aujourd'hui encore, de lire ses discours à l'avance. Car en la matière, assure-t-elle, « il a toujours raison ».

Les chiffres communiqués par Clarence House font état de 63 137 lettres et cartes réceptionnées par le prince Charles, ses deux fils – les princes William et Harry – et Camilla en 2015-2016, sans compter les milliers de messages ayant transité par le Web et les réseaux sociaux. Le couple héritier a répondu personnellement à au moins 3 027 courriers, tandis qu'environ 40 600 ont été pris en charge par son secrétariat. La duchesse de Cornouailles lit l'ensemble de la correspondance qui lui est destinée. Celle-ci lui est transmise directement et revient invariablement aux membres de son staff accompagnée de commentaires et de suggestions. Camilla s'assure en effet que toutes les lettres qui lui sont envoyées reçoivent une réponse. Environ 90 % d'entre elles seraient « plutôt sympathiques et spontanées », souvent écrites par des Britanniques désireux de la complimenter après telle ou telle apparition publique. Quelques-unes – « assez rares » – sont des appels à l'aide. Dans ce cas, son équipe se charge de trouver le circuit le plus adéquat pour essayer de résoudre le problème. La belle-fille d'Elizabeth II reste en contact permanent avec ses trois secrétaires particulières, Joy Camm, Sophie Densham et Amanda MacManus, et rien ne se fait sans son aval.

« Le choix du roi »

Les résultats des enquêtes de popularité conduites ces dernières années demeurent contrastés. En novembre 2010, après l'annonce des fiançailles du prince William avec Catherine Middleton, entre 44 et 55 % des Britanniques déclarent souhaiter, à terme, voir le prince Charles, héritier sexagénaire dont l'histoire avec ses compatriotes a déjà été marquée maintes fois par le désamour, renoncer à la Couronne au profit de son fils aîné. Seules 14 % des personnes interrogées disent, à l'époque, accepter l'idée que Camilla puisse être un jour couronnée reine. En avril 2015, une enquête ComRes réalisée pour le quotidien *Daily Mail* révèle une opinion toujours aussi peu favorablement disposée envers le couple.

« ELLE AIME PASSIONNÉMENT LA GRANDE-BRETAGNE... »

Personne ne peut remettre en question le principe héréditaire de la monarchie – cela reviendrait à dynamiter les fondations sur lesquelles celle-ci repose depuis plus de mille ans. Mais, à mesure que le temps passe, certaines questions se font pressantes. En avril 2016, Elizabeth II a eu quatre-vingt-dix ans. Les récentes abdications qui ont eu lieu aux Pays-Bas, en Belgique et en Espagne n'ont en rien altéré sa détermination. Profondément croyante, « faite » reine par Dieu et devant Dieu le 2 juin 1953, jour de son couronnement en l'abbaye de Westminster, la souveraine entend que sa tâche ne prenne fin qu'à l'instant où elle sera rappelée par Lui. Si elle parvient à un âge aussi avancé que sa propre mère, Queen Mum, disparue en 2002 quatre mois avant ses cent deux ans, elle sera donc toujours reine... en 2027. Charles sera alors dans sa soixante-dix-neuvième année.

Aux relations compliquées que le prince de Galles a toujours entretenues avec les Britanniques s'ajoute donc la crainte – aujourd'hui formulée ouvertement par certains – de voir l'institution affaiblie par une possible succession de monarques vieillissants. « Imaginons, ainsi que nous l'espérons tous, qu'[Elizabeth II] vive aussi longtemps que sa mère, commente Richard Kay, l'un des *royal experts* les plus connus outre-Manche, dans le *Daily Mail*. Si le scénario devait se répéter avec [Charles], alors [William] lui-même pourrait ne monter sur le trône qu'à près de soixante-dix ans. »

La monarchie est par essence une organisation politique reposant sur le principe de l'hérédité. Au Royaume-Uni, le Parlement, seul à pouvoir en modifier le cours, est intervenu en ce sens à deux reprises seulement depuis la fin du xviiie siècle. La première en 1701, année où l'Act of Settlement (Acte d'établissement) a modifié l'ordre de succession au profit des seuls parents de confession protestante de la reine Anne et désigné le prince-électeur de Hanovre (le futur George Ier) comme son héritier. La seconde en décembre 1936, lorsque Edward VIII a renoncé au trône pour épouser Wallis Simpson. Légiférer s'était alors révélé indispensable, puisque aucun des textes régissant le fonctionnement de la royauté britannique ne prévoyait le cas de figure de l'abdication volontaire, sans précédent dans son histoire.

En 1994, le député travailliste Tony Benn, un fervent républicain, avait écrit au lord président du Privy Council[1] pour l'avertir que, après la disparition d'Elizabeth II, lorsque le Conseil se réunirait pour proclamer le nouveau souverain, il exprimerait officiellement son opposition à cette proclamation. La réponse du lord président avait été on ne peut plus claire : un prince de Galles « accède immédiatement et automatiquement au trône » à la mort du monarque précédent ; les objections, formulées en session du Privy Council ou ailleurs, n'ont ni valeur ni conséquence légales[2].

---

[1]. Cette assemblée est présidée par le monarque en exercice et principalement composée d'anciens élus. Ses réunions, qui se tiennent en moyenne une fois par mois, servent à requérir et à enregistrer formellement l'approbation de la reine à un certain nombre de mesures (comme des nominations) et autres décisions gouvernementales (dissolution du Parlement, établissement de jours fériés, etc.). Son origine remonte à l'époque des rois normands.

[2]. Vernon Bogdanor, *The Monarchy and the Constitution*, Oxford University Press, 1995.

II.

« À la fois l'amante, l'épouse et la mère »

La vie a placé Camilla dans une situation qui n'a rien d'ordinaire. Née dans la *gentry* du sud-est de l'Angleterre, la voilà désormais apparentée par alliance à la plupart des grandes dynasties royales européennes, épouse et belle-mère de futurs souverains et héritière de la longue et prestigieuse lignée des « reines consorts » de Grande-Bretagne. Sa rencontre avec le prince Charles – un descendant de Charlemagne, de l'empereur Frédéric Barberousse et, dit-on aussi, du Cid Campeador – a tout l'air, au premier abord, d'un heureux concours de circonstances. J'y vois plutôt une formidable pirouette de l'Histoire.

Les premiers liens entre la famille de Camilla et la Couronne britannique remontent en effet au xie siècle, époque où l'héritier du trône d'Angleterre, Edgar Atheling, décide de fuir l'avancée des troupes de Guillaume le Conquérant, l'envahisseur normand. Accompagné de sa sœur, Margaret, il se réfugie en Écosse. Margaret y épouse le monarque Malcolm III vers 1070. Les experts retrouvent trace d'un de leurs descendants, Henricus de Edmoundiston[1], à Newton, près d'Édimbourg, au xiiie siècle, avant qu'un second mariage, en 1425, vienne sceller pour de bon l'ascendance royale de la lignée : celui de

---

1. Raymond Lamont-Brown, *Edward VII's Last Loves : Alice Keppel & Agnes Keyser*, Sutton Publishing Limited, 1998.

William Edmonstone de Culloden et de lady Mary Stewart, comtesse d'Angus, fille de l'ancien souverain écossais Robert III et sœur du futur James Ier.

Pendant des années, les membres du clan s'enorgueilliront, dit-on, d'avoir dans les veines le sang des Stewart – maîtres de l'Écosse jusqu'en 1714. Éduqués dans les meilleures écoles et universités anglaises, propriétaires terriens, membres du Parlement dès le XVIe siècle et figures de la haute société, les Edmonstone paraissent à la cour de la reine Victoria dès son premier séjour au château de Balmoral, dans les Highlands, en 1842. Mais c'est à une femme à l'histoire et à la personnalité hors du commun que leur famille devra sa légende : Alice, l'arrière-grand-mère de Camilla.

Venue au monde à Woolwich, dans le comté anglais de Kent, en avril 1868, dernière des neuf filles de l'amiral sir William Edmonstone et de son épouse Mary Elizabeth, la jeune femme s'unit le 1er juin 1891, à l'âge de vingt-trois ans, à l'Honorable George Keppel, officier du régiment des Gordon Highlanders – un bel homme de 1,93 mètre, fils du 7e comte d'Albermarle et petit-fils (par sa mère) du Premier ministre canadien sir Allen McNab. Leur couple se révèle une « incarnation vivante de l'état d'esprit de l'époque, la preuve que deux conjoints peuvent être unis par un amour vrai sans pour autant être attirés physiquement l'un par l'autre[1] ». Alice Keppel fréquente d'autres hommes, souvent plus âgés qu'elle, on lui prête un souci de justice sociale, on la dit aussi généreuse, intelligente, énergique et pleine de tact. Elle a, rapporte-t-on encore, hérité la plupart des traits de caractère marquants de son père, décrit comme animé « d'une saine répugnance à l'égard du gaspillage, de l'oisiveté et de l'extravagance[2] », et convaincu du bien-fondé des ambitions matérielles. C'est à lui qu'elle devrait également sa fibre typiquement écossaise, mélange « de finesse de jugement, de vivacité d'esprit[3] » et de bon sens.

Plusieurs versions de la première rencontre entre Alice et le plus célèbre de ses amants, le fils aîné de la reine Victoria, sont parvenues

---

1. *Ibid.*
2. *Ibid.*
3. *Ibid.*

jusqu'à nous, mais il est probable que la jeune femme ait été présentée au futur roi Edward VII au printemps 1898, pendant un séjour sur la Riviera française, où celui-ci se rend alors fréquemment. Avec des mots qui ne sont pas sans rappeler ceux de Lucia Santa Cruz lorsqu'elle évoque les circonstances dans lesquelles les chemins de Charles et Camilla se sont croisés pour la première fois, la baronne Stoeckl (une aristocrate d'origine franco-irlandaise, mariée à un ancien écuyer des grands-ducs Michel et Georges de Russie) assure, dans ses Mémoires, être à l'origine de l'entrevue qui allait bouleverser leurs deux existences. « Connaissant les goûts du prince en matière de femmes, raconte l'historien Theo Aronson dans sa biographie d'Edward VII, persuadée qu'il pourrait être amusé par la jeune Mrs. Keppel, la baronne a organisé un déjeuner en petit comité. C'est là qu'il l'a vue pour la première fois, affirme-t-elle avec force, là qu'est née leur amitié[1]. »

Le futur souverain découvre une femme de trente ans aux traits délicats encadrés par un flot ondulant de cheveux châtains. Alice, maman d'une petite fille, Violet, est dotée d'un humour ravageur et sûre de ses charmes. Elle devient pour lui une maîtresse, une amie, une confidente, « suffisamment belle pour l'intéresser sur le plan sexuel », écrira l'un de ses biographes, mais aussi « amusante lorsqu'il s'ennuyait, patiente lorsqu'il était grincheux, compatissante lorsqu'il était malade. Comme toute bonne maîtresse, elle était à la fois l'amante, l'épouse et la mère[2] ». « Bertie[3] » apprécie les fortes personnalités. Sa jeune conquête, attentive à ses moindres besoins, toujours disponible, jamais à court de sujets de conversation, sans pour autant faire preuve de trop de prétentions intellectuelles, a pour lui tout de la compagne idéale. Marié depuis trente-cinq ans à la princesse Alexandra, chroniquement infidèle et père d'une famille nombreuse, il est alors à l'automne de sa vie. Voilà des années qu'il promène sans but apparent sa silhouette bedonnante, nimbée de

---

1. Theo Aronson, *The King in Love : Edward VII's Mistresses : Lillie Langtry, Daisy Warwick, Alice Keppel and Others*, Harper & Row, 1988.
2. *Ibid.*
3. Né Albert Edward, c'est ainsi qu'il est surnommé par ses proches.

fumée de cigare et d'effluves d'eau de Portugal, dans les soirées chic de Londres. Lui, l'héritier peu considéré par sa mère, fermement tenu à l'écart du business de la monarchie, vient de trouver la femme capable de redonner un sens à son existence. Alice sera son dernier amour. Sa « Petite Mrs. George ».

« Cet arrangement lui allait très bien »

Inséparable du prince de Galles, la favorite devient l'un des sujets de prédilection des commères qui encombrent les salons de la bonne société. Habillée par Worth, couverte de diamants et de perles, Mrs. Keppel assiste aux courses à Ascot, aux régates de Cowes, aux chasses à la grouse organisées sur le domaine royal de Sandringham, dans le Norfolk, et se déplace en tout lieu escortée d'une « dame d'honneur », lady Sarah Wilson, née Spencer-Churchill – la tante de Winston. Dans les châteaux et palais de l'aristocratie britannique, où elle a droit aux égards réservés aux épouses de roi, elle séduit par sa franchise, son humour et ses talents de bridgeuse. À Paris, l'héritier de la Couronne l'installe à grands frais à l'hôtel Vendôme, non loin du Bristol, où lui-même s'inscrit sous le nom de baron Renfrew. Entre deux courses hippiques à Longchamp, Alice est reçue avec les honneurs dans les cercles les plus huppés de l'Hexagone. Elle se lie également d'amitié avec l'ex-impératrice Eugénie, en exil en Angleterre. À quatre-vingts ans passés, la veuve de Napoléon III, dernier empereur des Français, n'a rien perdu de sa forte personnalité ni de sa reconnaissance envers le prince de Galles, dont le soutien à sa famille n'a jamais failli.

Le 24 mai 1900, jour du quatre-vingt-unième anniversaire de la reine Victoria, la favorite donne naissance à une deuxième petite fille, prénommée Sonia. L'enfant a pour parrain le grand-duc Michel Mikhaïlovitch, un petit-fils du tsar Nicolas Ier. Les commères – encore elles – doutent que George Keppel soit le père biologique du bébé. Après son accession au trône, en janvier 1901, le nouvel Edward VII favorise la montée en puissance de sa maîtresse. À l'hiver des dernières années victoriennes succède l'été edwardien, le retour des fêtes et des plaisirs dans une haute société dominée par une nouvelle génération de femmes, modernes, séduisantes et cultivées.

Alice n'aime pas être présentée comme une femme de pouvoir, mais, avec l'avènement de son compagnon, la voici entraînée dans ces sphères où se décide l'avenir de la Grande-Bretagne. « Mrs. George », qui ne déteste pas les débats politiques et à qui l'on prête des sympathies pour le parti libéral, acquiert au contact des hommes les plus puissants de l'Empire une solide connaissance des affaires intérieures et internationales. Son influence sur le monarque est réelle, et dans tous les milieux on recherche son avis, son appui. Sir Charles Hardinge, sous-secrétaire adjoint aux Affaires étrangères, confiera bien des années plus tard avoir admiré sa « merveilleuse discrétion » : « Pas une seule fois elle n'a cherché à utiliser les informations en sa possession à son avantage ou à celui de ses amis. Et jamais je ne l'ai entendue répéter une parole médisante à propos de quelqu'un. Lorsque, à une ou deux reprises, le roi s'est trouvé en désaccord avec le ministère, j'ai pu, grâce à elle, lui faire parvenir des éléments qui l'ont ensuite convaincu de se ranger à la politique adoptée par le gouvernement. Elle était à la fois loyale envers le souverain et animée d'un fort esprit patriotique[1]. »

Un soir de décembre 1907, Edward VII insiste, au mépris le plus absolu de toutes les règles de préséance, pour que sa compagne soit placée à dîner à côté de son neveu, le Kaiser Guillaume II, dont l'humeur imprévisible et le tempérament belliqueux l'inquiètent. « Je donnerais cher pour savoir quel genre de rapport elle a pu faire parvenir à Sandringham[2] », écrit dans son journal le comte Mensdorff, ambassadeur de l'empire d'Autriche-Hongrie à la cour de St. James's. Quelques mois plus tard, le nouveau Premier Ministre, Herbert Asquith (un libéral), se rend à Biarritz pour sa toute première audience avec le roi, qui séjourne alors à l'Hôtel du Palais. Mrs. Keppel lui prodigue-t-elle ce jour-là des conseils avisés dans l'art et la manière de composer avec la personnalité du souverain, un homme agité, changeant, prompt à s'ennuyer et peu porté sur

---
1. Raymond Lamont-Brown, *Edward VII's Last Loves*, op. cit.
2. Theo Aronson, *The King in Love*, op. cit.

les agréments de la conversation ? En tout cas, l'hôte de Downing Street lui écrira, peu après son retour à Londres : « [Merci] pour vos paroles attentionnées et vos sages recommandations, qui me seront précieuses et, je l'espère, d'une grande utilité. »

Alice a fait siens les usages du grand monde avec une aisance et un naturel qui n'en finissent pas d'étonner. Sa passion communicative pour les créations de Fabergé, l'orfèvre et joaillier des tsars devenu la coqueluche de la haute société et de la Cour, conduit son royal amant à constituer une impressionnante collection de précieux objets décoratifs signés de la main du maître. « Mrs. Keppel est venue, raconte dans ses Mémoires Henry C. Bainbridge, le représentant du joaillier à Londres. La collection de pièces Fabergé réunie par la reine [Alexandra] était fréquemment un sujet de conversation lorsque les amis du souverain et de la souveraine venaient [ici], nous en avons donc naturellement parlé avec Mrs. Keppel. [...] "Pourquoi pas les animaux tant aimés de Sandringham, me dit-elle, si le roi est d'accord ?" Le lendemain, je recevais un télégramme en provenance du château : "Le roi est d'accord[1]." » Soucieux d'assurer l'avenir de sa favorite, Edward VII charge par ailleurs son conseiller et ami, le banquier sir Ernest Cassel, de prendre en main ses intérêts financiers. Sur ses conseils, la jeune femme investit massivement dans les « actions canadiennes » – elles feront sa fortune – et met en pratique son remarquable flair pour les bonnes affaires. De son côté, le monarque lui-même place, dit-on, d'importantes sommes d'argent à son intention sur un compte privé.

Alice et George Keppel sont invités à toutes les *house parties* données par le couple régnant au château de Sandringham, aux parties de chasse organisées à Balmoral et à Abergeldie, en Écosse, aux réceptions en l'honneur des anniversaires du monarque, le 9 novembre, et de la souveraine, le 1er décembre. Mais aussi à Wynyard Hall, chez le marquis de Londonderry, ou encore à Chatsworth, le petit Versailles du duc et de la duchesse de Devonshire, où Daisy, princesse de Pless, décrit les deux amants absorbés dans leur partie de bridge

---

1. Henry Charles Bainbridge, *Peter Carl Fabergé, Goldsmith and Jeweller to the Imperial Court : His Life and Work*, Spring Books, 1966.

pendant que, dans une pièce voisine, Alexandra assiste à un concert de musique et de chants. Certains intimes de la reine évoquent la cordialité des relations entre les deux femmes. « Il y avait beaucoup de commérages, beaucoup de désapprobation de la part du public, ainsi qu'une commisération vis-à-vis de tante Alex, qui était inutile, car cet arrangement lui allait très bien », confiera bien des années plus tard une parente d'Elizabeth II, la comtesse d'Athlone[1]. D'autres témoignages disent une autre histoire. « Quelle pitié que Mrs. G.K. soit une nouvelle fois à ce point mise en avant ! écrit l'une des belles-filles du couple régnant à son mari après avoir croisé la favorite aux régates de Cowes[2]. *Mamma* va en être terriblement contrariée. » Et si George Keppel, décrit par Consuelo Vanderbilt, l'épouse du 9e duc de Marlborough, comme un « parfait *gentleman* », paraît, de son côté, accepter l'idylle de son épouse avec compréhension et bonne humeur, il n'en va pas de même de plusieurs des proches d'Alice, notamment de ses frère et sœurs. « Ils faisaient mine de l'ignorer, raconte l'un des biographes d'Edward VII, ou alors accueillaient les commentaires entendus ici et là par un silence glacé. En privé, ils exprimaient leur désapprobation, voire, pour certains, leur souffrance et leur humiliation[3]. »

« Les choses étaient mieux faites de mon temps »

Depuis 1906, le monarque a pris l'habitude de passer chaque année trois ou quatre semaines de vacances sur la côte basque. Là, il mène au vu et au su de tous, en compagnie de Mrs. Keppel et de ses filles, la vie de famille qui lui est interdite en Grande-Bretagne. Au cours du printemps 1910, le temps, à Biarritz, est pluvieux et froid. Le souverain attrape un mauvais rhume, qui dégénère en bronchite. Il décède au palais de Buckingham le 6 mai. Éperdue de chagrin, consciente

---

1. Princesse Alice, comtesse d'Athlone (1883-1981), fille du prince Leopold, duc d'Albany, le plus jeune des fils de la reine Victoria et du prince Albert.
2. Mary, l'épouse du futur roi George V.
3. Raymond Lamont-Brown, *Edward VII's Last Loves*, op. cit.

que la mort de son amant entraînera inévitablement la fin brutale des honneurs et des privilèges associés à sa condition de maîtresse en titre, Alice s'installe quelque temps à Ceylan, où sir Thomas Lipton l'invite à séjourner, en compagnie de ses filles, dans sa plantation de thé de Nuwara Eliya, puis entreprend de visiter la Chine, accompagnée de quelques amis. Lorsqu'elle rentre à Londres, au bout de près de deux ans d'absence, ses magnifiques cheveux châtains sont devenus blancs comme neige.

Edward VII n'est plus, mais le règne de Mrs. Keppel, lui, n'est pas terminé. Ses salons de Grosvenor Street comptent toujours parmi les plus courus de la capitale. Les récits de l'époque témoignent de réceptions fastueuses où se côtoient les personnalités les plus en vue du moment et les ambitieux désireux de faire progresser leur carrière. Alice est désormais tenue à l'écart de la Cour. Si elle n'a sans doute rien oublié des humiliations qui lui ont été infligées à la disparition de son amant – elle n'avait pu se recueillir devant la dépouille exposée dans l'enceinte de l'abbaye de Westminster qu'après la fermeture des lieux au public, et n'avait été autorisée à assister aux funérailles qu'à la condition d'accéder à la chapelle St. George du château de Windsor par une porte dérobée –, ses liens avec la famille royale n'ont cependant pas été rompus. Ainsi, en février 1916, raconte le *Times*, la reine Mary, l'épouse du nouveau souverain George V, accompagnée de plusieurs de ses enfants et de sa belle-mère, la reine Alexandra, assiste à une matinée théâtrale organisée par Mrs. Keppel à l'hôtel Ritz au profit d'un hôpital de Holt, dans le comté de Norfolk. Parmi les jeunes acteurs : Elizabeth Asquith, la fille du Premier Ministre Herbert Asquith, et les filles d'Alice, Violet et Sonia.

Cette dernière, la grand-mère de Camilla, fait son entrée officielle dans le monde en 1919, année où elle est présentée au couple régnant. Un an plus tard, le 16 novembre, elle épouse Roland Calvert Cubitt, un officier des Coldstream Guards, héritier du 2ᵉ baron Ashcombe, dont elle est alors très amoureuse – elle le décrira dans ses Mémoires comme doté de « la beauté d'Adonis, la chevalerie de Lancelot, la fidélité de Léandre et l'héroïsme du roi Arthur ». Le mariage de Sonia, célébré en présence du grand-duc Michel à la chapelle des

« À LA FOIS L'AMANTE, L'ÉPOUSE ET LA MÈRE »

Gardes de Wellington Barracks, à Londres, fait l'objet de descriptions enflammées dans la presse. « La mariée, accompagnée jusqu'à l'autel par son père, portait une robe d'inspiration médiévale en brocart de velours couleur argent pourvues de manches à la florentine », relate notamment le *Times*. Parmi ses six demoiselles d'honneur figure Sarah Churchill, l'une des filles de Winston Churchill, alors secrétaire d'État à la Guerre.

La liste des invités à la cérémonie – le duc et la duchesse d'Albe, la duchesse de Westminster, l'ambassadeur d'Espagne et quelques-uns des plus grands noms de l'aristocratie – donne une idée précise de la place que sa famille occupe alors au sein de la « meilleure » société européenne. « Alice Keppel présente un intérêt quasiment historique, en raison non seulement de cette amitié qu'elle entretenait avec le roi Edward, mais aussi de sa personnalité joyeuse, de sa connaissance unique de la société et des gens qui comptent, écrit Margot Asquith, la seconde épouse du Premier Ministre Herbert Asquith. C'est une mondaine, non dénuée de courage ; une femme pleine d'humanité, d'audace et de gaieté, qui, tout en n'ayant jamais fait que ce dont elle avait envie, ne s'est jamais attiré le moindre ennemi. Son esprit cache un certain manque de culture ; mais son désir de plaire n'a jamais entamé sa sincérité[1]. »

Tout au long de la Première Guerre mondiale, l'ancienne favorite multiplie les allers-retours en France, où elle décide de se rendre utile en travaillant dans des hôpitaux de campagne, notamment à Étaples, dans le Pas-de-Calais. À bientôt cinquante ans, Alice estime sans doute n'avoir plus rien à prouver de l'autre côté de la Manche et rêve désormais d'exercer ses talents d'hôtesse sur le continent. En 1925, elle fait l'acquisition de la Villa dell'Ombrellino sur les hauteurs de Florence, en Italie. Pendant quinze ans, la nouvelle résidence du couple Keppel accueille une jet-set hétéroclite faite d'aristocrates désœuvrés, d'artistes de renom, d'hommes politiques et d'écrivains, attirés tout autant par les beautés de la région que par la curiosité que leur inspire la maîtresse de maison. S'y croisent Winston Churchill, le roi Carol II de Roumanie et son épouse, Paul de Yougoslavie et les

---
1. Raymond Lamont-Brown, *Edward VII's Last Loves*, op. cit.

représentants des plus anciennes familles de Toscane – les Rucellai, les Guidi ou encore les Ricasoli.

Comme pour échapper au souvenir obsédant de son amour perdu, l'arrière-grand-mère de Camilla continue par ailleurs de courir le monde au gré des changements de saison. Elle séjourne notamment en Espagne, où l'une de ses amies fait exécuter son portrait par Pablo Picasso. Virginia Woolf, qui la rencontre en mars 1932, dresse d'elle, dans son journal, un portrait en demi-teinte : « [Mrs. Keppel] nous a raconté comment ses amis avaient l'habitude de chaparder, dans les grandes propriétés à la campagne, au temps d'Ed. 7. Une femme [par exemple] subtilisait le moindre sac de bijoux qui traînait. Elle a un appartement au Ritz ; mobilier ancien ; &c. Je l'ai bien aimée, en surface. Je veux dire par là l'apparence joviale et culottée de la courtisane âgée ; qui a perdu tout éclat ; & acquis à la place une espèce de cordialité, d'humour, de franc-parler. Aucune sensibilité d'aucune sorte, du moins d'après ce que j'ai pu voir ; pas de snobisme non plus ; une culture à la fois superficielle et immense. »

Le 10 décembre 1936, après moins d'un an de règne, le roi Edward VIII renonce au trône de Grande-Bretagne pour l'amour de l'Américaine Wallis Simpson. La bonne société ne peut s'empêcher de comparer ce couple à celui qu'Edward VII et Alice formaient autrefois. « Les choses étaient décidément mieux faites de mon temps », se contente de commenter cette dernière. Lorsque l'Italie entre en guerre aux côtés de l'Allemagne nazie, en juin 1940, les Keppel ferment la Villa dell'Ombrellino, font escale quelque temps à Monte-Carlo, puis rentrent à Londres, où ils s'installent à l'hôtel Ritz dans une suite avec vue sur le palais de Buckingham. L'établissement – où, autrefois, Edward et sa « Petite Mrs. George » aimaient tant se rendre – est devenu le point de ralliement des familles royales européennes chassées de leurs pays. Son éternel fume-cigarette à la main, Alice, désœuvrée, passe le plus clair de ses journées à arpenter les corridors et les salons du palace. « Quand elle s'asseyait, se souvient un témoin, la vieille dame aux cheveux blancs et à la mise soignée avait le dos aussi droit que lorsqu'elle servait le thé au roi Edward. Et lorsque les bombes nazies s'abattaient sur la capitale, le visage d'Alice Keppel, ce visage qui n'avait pourtant jamais montré le moindre dédain pour qui que ce soit, devenait l'expression du mépris le plus absolu[1]. »

À la fin du conflit, Mrs. Keppel apprend qu'elle est atteinte d'une cirrhose du foie. Elle meurt le 11 septembre 1947, à l'âge de soixante-dix-neuf ans, dans sa chère villa de Florence, sans avoir eu le temps de tenir dans ses bras son arrière-petite-fille, Camilla, la première des petits-enfants de Sonia, née le 17 juillet précédent à l'hôpital King's College de Londres.

Aussitôt, les élégies fleurissent dans les colonnes des quotidiens du royaume. Alice « a peut-être été la figure la plus brillante de cette scène mondaine edwardienne qui nous paraît si lointaine aujourd'hui, écrit le poète Osbert Sitwell dans le *Times*. […] Son caractère était plein de surprises, et l'une d'elles, non des moindres, était sa gentillesse, étonnante pour une femme qui avait vécu tant de choses et n'avait certainement aucune tendresse pour les sots. […] Ni sévère ni critique, toujours directe, elle ne faisait jamais d'histoires, ne créait jamais d'embarras et ne disait jamais de mal des gens derrière leur dos. Ceux qui la connaissaient n'oublieront jamais sa personnalité, sa longue et impressionnante silhouette, cet œil à la fois effronté et plein de compréhension, son regard franc, sa voix grave, le plaisir que l'on avait à lui parler, la grandeur et la générosité qui émanaient de son caractère, de tout ce qu'elle disait et faisait ». Alice Keppel « était l'un des êtres les plus merveilleusement vivants, personne n'a aimé l'existence autant qu'elle », lit-on ailleurs.

Avec Alice Keppel s'est éteint le temps des courtisanes. Fidèle jusqu'au bout à la ligne de conduite qu'elle s'était fixée, la favorite n'a jamais tenu de journal intime, de peur que son contenu ne puisse un jour être porté à la connaissance du public, et ne s'est jamais confiée à quiconque. Emportant dans la tombe le souvenir des joies et des chagrins de sa vie avec Edward VII. Et ses secrets.

---

1. Raymond Lamont-Brown, *Edward VII's Last Loves*, op. cit.

III.

Le cœur du prince est un jardin

The Orchard. Une vaste salle de restaurant dont les murs ocre s'ornent des portraits des intimes du « patron », croqués dans un style contemporain par le peintre John Wonnacott. De chaque côté de la pièce, de grands vaisseliers chargés d'assiettes et de pièces de porcelaine ancienne bleues et crème. Un agencement harmonieux de petites tables rondes recouvertes de nappes fleuries accueille les touristes qui se pressent, chaque année plus nombreux, dans les jardins de Highgrove, la propriété privée du prince Charles, située à proximité du village de Tetbury, dans le Gloucestershire.

L'atmosphère qui règne ici est paisible. Tout, des pâtisseries faites maison à la terrasse dallée offrant une vue panoramique sur des buissons de lavande et des animaux en saule tressé, invite les visiteurs à s'imprégner de la quiétude des lieux. Au menu du restaurant, des plats mitonnés à partir d'ingrédients produits localement et issus de l'agriculture biologique, dont un scone au cheddar servi avec une tranche de fromage Wyfe of Bath, du saumon des rivières écossaises Severn and Wye rôti aux herbes, l'assiette des jardiniers du domaine (un bol de soupe accompagné d'un scone tiède au fromage); et, en dessert, un Victoria Sponge et un Bara Brith, sorte de cake aux fruits d'origine galloise, au thé de Highgrove.

Les jours d'ouverture, un flot ininterrompu de voitures particulières et d'autocars vient déposer son offrande de touristes accourus du monde entier (plus de 38 000 en 2013), mélange subtil de curieux, de passionnés de jardinage et d'admirateurs de la royauté britannique. Toutes les vingt-cinq minutes, un groupe de vingt-six promeneurs pénètre dans le saint des saints, les jardins conçus par le prince de Galles comme « un lieu empreint de beauté et de quiétude, avec le moins d'incidence possible sur l'environnement ». Ils sont considérés par tous ceux qui l'entourent et le connaissent comme le véritable reflet de son âme.

Difficile de mettre des mots sur l'expérience de profond bien-être qui attend le promeneur de Highgrove, ce vaste domaine où Charles s'est établi au début des années 1980 et où, tous les week-ends, il vient fuir les contraintes de son quotidien de futur roi. Le prince l'a construit comme « une maison où l'on peut se promener de pièce en pièce et ressentir des émotions particulières chaque fois que l'on en découvre une nouvelle[1] », explique sa jardinière en chef, Debs Goodenough. Depuis 2008, cette femme chaleureuse veille, avec l'aide d'une équipe de quatorze personnes, sur ces quinze hectares de nature sans cesse réinventée où le fils d'Elizabeth II a investi une grande partie de son temps et de son énergie. La décision de l'ouvrir au public procédait moins du désir de faire impression que de celui d'être mieux connu du reste du monde. Ceux qui viennent ici pour la première fois sont d'ailleurs surpris de pouvoir s'approcher aussi près de la maison de famille de l'héritier du trône. Des portes et des fenêtres grandes ouvertes s'échappent des notes de musique classique ; à travers les baies vitrées se devinent, ici une lampe ancienne inclinée au-dessus d'un canapé, là un désordre de coussins, des livres d'art posés sur un bureau, des pièces d'argenterie savamment disposées sur une table prête pour le thé. Le long du *driveway* de gravier blanc qui mène à l'entrée principale s'étend une prairie parsemée d'herbes hautes et de fleurs des champs régulièrement tondue à la faux, recréée par le prince pour lutter contre la disparition des variétés endémiques. Une vigne de Coignet et des entrelacs de glycine courent au-dessus du porche de style victorien.

---

1. Propos recueillis par l'auteur.

À l'arrière de la résidence, une volée de marches mène à un jardin dallé clos et foisonnant, organisé autour d'une fontaine dessinée par le futur roi en collaboration avec le sculpteur William Pye. Le fond du bassin est semé de petites pierres et de cailloux polis que Charles a rapportés de ses voyages. Partout où se pose le regard, des pots et des jarres de terre cuite débordants de fleurs, placés en des endroits « stratégiques » afin de créer une ambiance méditerranéenne. C'est là qu'au printemps s'épanouit la collection d'azalées et de rhododendrons offerte au prince par Edmond de Rothschild. Dès le début du mois de juin, des touffes d'Alchemilla jaune y poussent entre les pierres disjointes. De ce fouillis minéral et végétal jaillissent des buissons de roses, des cistus, des oliviers, des vases bleu azulejos, des pétunias d'un rose ardent, des Philadelphus Belle Étoile au parfum entêtant, pour lesquels le prince a une « tendresse particulière », enfin des arbustes offerts aux oiseaux, car le futur roi « aime leur chant et fait tout pour les inciter à venir se poser sous ses fenêtres ».

Le fils d'Elizabeth II a une prédilection pour les plantes « sans prétention ». Dans le prolongement du jardin-terrasse s'étend la promenade des Thyms, une avenue de carte postale longue de quatre-vingt-quinze mètres, ourlée d'une vingtaine de variétés de cette petite plante aromatique et d'une rangée d'ifs auxquels des experts de l'art topiaire ont donné des contours biscornus. Leur alignement parfait conduit le regard jusqu'à un gladiateur en bronze à la silhouette tendue comme un arc – copie d'une statue conservée au Louvre.

Le jardin est constamment retravaillé au rythme soutenu des idées et des envies du propriétaire. « Tout ce que vous voyez autour de vous a été choisi par lui, raconte encore Debs Goodenough. Souvent, nous nous contentons de poser les plantes à l'endroit souhaité, et le prince les met en terre lui-même pendant le week-end[1]. » Claude Monet est, pour lui, une source d'inspiration. Au détour d'un chemin surgit un parterre de lupins jaunes, rouges, violets, fuchsia et mauves dressés comme des lanternes phosphorescentes. Charles aime par-dessus tout le pourpre des érables japonais, le violet des Camassia Leichtlinii Caerulea et les Delphinium – « surtout les bleus ». Parmi

---

1. Propos recueillis par l'auteur.

ses fleurs de printemps favorites, les crocus Remembrance et les narcisses Jenny et W.P. Milner, une variété ancienne aux pétales jaune crémeux.

L'héritier du trône reçoit chaque année un nombre « astronomique » de présents, des statues, des plantes, des éléments décoratifs, toutes sortes d'objets auxquels Debs Goodenough et ses équipes ont pour mission de trouver une place. Ils confèrent aux jardins de Highgrove leur caractère à la fois éclectique et un brin excentrique. Dans ce labyrinthe de verdure, le visiteur désireux d'en apprendre davantage sur le caractère et l'histoire personnelle du prince de Galles pourra découvrir les « indices » que celui-ci a semés à dessein ici et là et qui racontent, chacun à sa manière, un peu de sa vie.

Couverte de roses Jude the Obscure, une variété grimpante extraordinairement parfumée et d'un beau jaune orangé, la Shand Gate (la porte Shand) se distingue des autres par deux appliques couleur de jais en forme de seins de femme, offertes par Mark Shand, le frère de la duchesse de Cornouailles, décédé brutalement en avril 2014. Face à l'entrée du potager se trouve un porche conçu à partir d'éléments architecturaux disparates – un fronton à l'égyptienne orné d'hiéroglyphes[1] et soutenu par deux piliers gravés d'un entrelacs de fleurs et de feuillages d'inspiration orientale. La structure est décorée d'un alignement de bustes à l'effigie de plusieurs amis proches du futur roi et de personnalités dont l'œuvre a profondément influencé sa pensée et son travail : Patrick Holden, l'ex-directeur de la Soil Association, aujourd'hui à la tête du Sustainable Food Trust – deux organisations qui œuvrent à la promotion d'une agriculture et d'une alimentation saines et durables ; Vandana Shiva, une écologiste indienne, prix Nobel alternatif en 1993 ; l'évêque de Londres Richard Chartres ; Dame Miriam Rothschild, entomologiste et écrivain britannique décédée en 2005 et reconnue comme l'une des grandes voix de la biodiversité ; la poétesse Kathleen Raine, disparue en 2003 et qui fut l'une de ses confidentes ; ou encore Deborah, duchesse de Devonshire, qui, jusqu'à sa mort en septembre 2014, comptait au

---

1. Ces hiéroglyphes signifient : « Les étoiles du ciel sont représentées sur terre par les fleurs. »

nombre de ses rares vrais intimes. Au fil des chemins sinueux qui parcourent le jardin : le « mur aux Cadeaux », un échafaudage biscornu fait d'un enchevêtrement de pierres et de pièces de maçonnerie envoyées des quatre coins du royaume par des étudiants en architecture et en bâtiment. Un ensemble de bouleaux, présent de la reine Elizabeth II ; un jardin de mousses offert par la population de Kyoto, au Japon ; une fontaine tapissée d'une collection de coquillages rassemblée par Edward VII. Ou encore ce Catalpa Brignonioides Aurea, cadeau d'Elton John pour le cinquantième anniversaire du prince.

Profondément attaché au souvenir de Queen Mum, sa grand-mère maternelle, née Elizabeth Bowes-Lyon – son roc, sa confidente numéro un, doublée d'une jardinière hors pair, qui l'a beaucoup influencé dans ce domaine –, Charles a cherché à recréer l'atmosphère des parterres de sa résidence de Royal Lodge[1] en plantant à profusion dans son jardin anglais des buissons d'azalées et d'hortensias. Les portes en bois qui ferment l'entrée du potager ont été peintes en rose poudré, l'une des couleurs favorites de l'épouse de George VI. Ici, au cœur de l'arboretum, une petite plaque gravée au chiffre de la reine mère, encastrée dans un rocher, vient lui rendre un hommage discret. Là, dans l'écrin boisé du *Stumpery*[2], un petit temple orné d'un bas-relief en bronze à son effigie, érigé peu après sa mort, en mars 2002. « À l'époque, le prince était en train d'aménager cette partie-ci du jardin, raconte Debs Goodenough. Ainsi, il avait le sentiment qu'elle continuait de veiller sur lui[3]. »

Queen Mum : une vision éclairée du métier d'altesse royale

Le XXe siècle a à peine plus de vingt ans lorsque les Windsor découvrent grâce à lady Elizabeth Angela Marguerite Bowes-Lyon,

---

1. L'ancienne résidence de la reine mère, située sur les terres du château de Windsor.
2. Assemblement paysager de souches d'arbres déracinés, ici mêlées à des fougères, à des euphorbes, et à la collection d'hostas du prince (l'hosta est l'une de ses plantes préférées).
3. Propos recueillis par l'auteur.

une jolie et pétillante aristocrate écossaise, qu'il est possible de « rafraîchir » l'image de la royauté sans que celle-ci y perde son âme. À l'heure de son mariage, le 26 avril 1923, le *Times* brosse de la future duchesse d'York, âgée de vingt-deux ans, le portrait d'une « danseuse accomplie », « experte en tennis sur gazon » et dépourvue de goût pour la chasse, « qu'elle espère tout de même avoir l'occasion de pratiquer avec plus d'assiduité à l'avenir ». Le vieux roi George V voit surtout dans la fille cadette du comte et de la comtesse de Strathmore et Kinghorne une « partenaire formidable » pour son fils Albert, lui aussi surnommé « Bertie », un prince timide et torturé par le doute, handicapé depuis l'enfance par un bégaiement auquel les médecins n'ont encore trouvé aucun remède.

La presse, comme le veut l'époque, ne livre à ses lecteurs que peu d'informations sur l'élue. « Les vertus naturelles d'une femme ne se mesurent pas au degré d'attention que lui portent les médias, écrit encore le *Times*. Et si le duc d'York n'a pas choisi son épouse parmi celles qui sont déjà bien connues du public, la nation tout entière va maintenant suivre avec la plus grande appréciation et la plus grande sympathie les devoirs, nombreux et utiles, que celle-ci va bientôt être appelée à remplir. Le public anglais est, à juste titre et non sans fierté, un peu jaloux de tout ce qui concerne sa famille régnante. Dans son esprit, Elizabeth Bowes-Lyon est une addition d'autant plus bienvenue à cette famille qu'il ne connaît pratiquement rien d'elle. »

Un ou une ami(e) livre toutefois quelques détails sur le quotidien de la jeune *lady* dans un billet non signé, publié par le quotidien : « Tous ceux qui la connaissent sont convaincus qu'elle a toutes les qualités nécessaires pour occuper cette position. [...] Elle a été éduquée selon de bons vieux principes écossais, au sein d'une famille exceptionnellement unie. [...] Elle maîtrise l'art de l'hospitalité, car des réceptions sont données tout l'automne au château de Glamis[1]. [...] Physiquement, elle est petite, sa silhouette est soignée. [...] Elle a un teint magnifique, la chance de posséder cette "chose merveilleuse" qu'est une voix douce et attrayante. Dans son apparence, rien, ou peu, de moderne, et pourtant elle est toujours vêtue de manière

---

1. Le château familial des comtes de Strathmore et Kinghorne.

charmante, avec une touche de pittoresque, un petit quelque chose d'évocateur de ce qu'elle est, de sa personnalité. Mais ce qui frappe bien plus encore, c'est l'expression de son visage, particulièrement joyeuse, rayonnante, même. Elle traduit ce dont tous ses amis la savent dotée – une nature généreuse, affectueuse et pleine de simplicité ; un esprit et un caractère incapables de la moindre méchanceté de parole ou d'action ; une absence totale d'affectation ou de faux-semblants ; une sincérité et une gentillesse de chaque instant. » Sous peu, Elizabeth Bowes-Lyon révélera aussi une compréhension innée et une vision particulièrement éclairée du métier d'altesse royale.

L'abdication d'Edward VIII, le 10 décembre 1936, bouleverse sa destinée et celle de son époux. Bertie succède à son frère aîné et, en hommage à son père, choisit de régner sous le nom de George VI. Il ne fait aucun doute que les deux conjoints s'envisagent désormais comme deux associés, deux partenaires unis pour le meilleur et pour le pire dans une vaste entreprise visant à rétablir le prestige de la monarchie, mis à mal par l'abdication, ainsi qu'à instaurer des liens de confiance et d'affection entre le nouveau roi et ses compatriotes. En public, ce dernier insiste d'ailleurs pour marcher quelques pas derrière sa femme de manière à laisser sa gaieté communicative, sa vivacité d'esprit et son humour charmer les foules avant qu'il les affronte à son tour.

En prévision de sa toute première visite d'État à Paris, en 1938, le couturier Norman Hartnell dessine pour elle des robes à crinoline d'un blanc immaculé, inspirées des toilettes arborées par la reine Victoria sur les tableaux de Franz Xaver Winterhalter, le dernier grand peintre de cour que l'Europe ait connu. Nimbée de flots de tulle et de dentelle ancienne, la souveraine installe le règne de son mari dans la rassurante continuité des grandes heures de l'histoire de la monarchie. En juillet 1939, elle pose, altière, magnifique, pour Cecil Beaton. À sa demande, le photographe fait retoucher chacun des clichés. « Il n'y a rien, décidément rien », qu'Elizabeth ne consentirait à faire pour l'Angleterre.

La Seconde Guerre mondiale scelle à jamais le pacte d'indéfectible loyauté qui unit déjà le couple royal à ses sujets. Mener une nation à la victoire, devenir une source d'inspiration et d'espoir pour un peuple tout entier, voilà bien une tâche à la hauteur de l'épouse de George VI. Celle-ci s'entraîne au tir au revolver dans les jardins de Buckingham et arpente les rues de Londres en ruine en talons hauts, capeline et boa. Le 13 septembre 1940, six bombes de la Luftwaffe s'abattent sur le palais. « Je peux enfin regarder les habitants du quartier de l'East End en face », dit la reine. En l'espace de quelques semaines, elle comble le gouffre psychologique qui séparait les membres de la maison de Windsor de leurs contemporains, tout en veillant à mettre en scène ses moindres faits et gestes. Les commentateurs lui découvrent des talents de comédienne et une aura comparable à celle des grandes actrices hollywoodiennes du moment. « Le contrôle qu'elle exerce sur chacun des muscles de son visage est extraordinaire », note un journaliste. « Chacun de ceux qui étaient venus là pour la voir est reparti avec la conviction qu'il avait été la seule personne sur laquelle elle ait vraiment posé les yeux », affirme un autre.

Instigatrice d'une vaste campagne de relations publiques qui jamais n'osera dire son nom, la souveraine propulse avec tout autant d'efficacité ses deux filles, Elizabeth (la future Elizabeth II) et Margaret, sur le devant de la scène. Elle trouve dans les actualités cinématographiques des années 1940 le meilleur allié qui soit pour parfaire son ouvrage. Sous l'œil expert des journalistes de Pathé et Gaumont, les petites princesses passent en revue les exposants des foires agricoles et des salons de la capitale, sourient et saluent avec une aisance incroyable et cette imperturbable dignité que l'on dit héritée de leur mère. La monarchie britannique puise dans ces images une force nouvelle.

Au cours des premières années de règne de George VI, la reine peaufine encore son style. Elle adopte les ensembles de couleur vive qui la rendent plus aisément visible, apprend à marcher plus lentement, de manière à permettre à ses admirateurs de profiter de sa présence le plus longtemps possible, et ouvre la voie à toutes les femmes de la famille en décidant d'assumer seule fonctions et engagements officiels. Dans sa vie publique comme dans l'intimité des week-ends au château de Windsor ou des vacances à Sandringham et Balmoral, elle est toujours un peu trop chic, un peu trop apprêtée, comme si, au détour du chemin, il allait se trouver une première pierre à poser, un enfant pour lui offrir un bouquet.

À la mort de son père, en février 1952, Elizabeth II hérite, à vingt-cinq ans seulement, d'une institution rendue plus populaire que jamais par la relation quasi symbiotique qu'entretient Queen Mum avec l'ensemble de ses sujets. Loin de se satisfaire de la retraite paisible où s'était, avant elle, cantonnée la reine Mary à la mort du roi George V, la reine mère va s'appliquer, dès 1953, à personnifier les valeurs de permanence et de dignité dont ses contemporains – elle en est persuadée – feront bientôt autant de repères rassurants dans un monde de plus en plus incertain. Des années durant, son sourire va se dresser tel un rempart infranchissable face aux scandales qui menaceront d'ébranler jusqu'aux fondations mêmes de l'institution monarchique. Son grand âge se fait alors symbole d'une royauté qui, en dépit des outrages, résiste au temps. Elle devient une icône. Attendris par ses rondeurs et ses bibis compliqués, les Britanniques reconnaissent aussi dans l'indomptable Granny le courage, la ténacité et la foi en l'avenir qui ont permis à leur pays de triompher des pires épreuves de son histoire. On lui pardonne tout. Sa passion pour le gin et les courses de chevaux, les coûts d'entretien exorbitants de sa résidence de Clarence House, surnommée le « Petit Versailles », ses dettes et les fêtes toujours plus somptueuses dont elle est l'hôte... Autant d'échos nostalgiques d'une splendeur passée dont la reine mère, née sous le règne de Victoria, est alors perçue comme le dernier des témoins.

Le 30 mars 2002, à 15 h 15, Queen Mum s'éteint doucement à Royal Lodge, entourée de la souveraine, de l'une de ses nièces et des enfants de la princesse Margaret, David et Sarah. Le lendemain, sa dépouille est transférée jusqu'à une chapelle toute proche. En tête du cortège, l'un des membres de son personnel tenant entre ses mains le plant de jasmin qui lui avait été offert par le prince Charles pour les fêtes de Pâques. À la demande de la reine mère, la petite plante parfumée avait été placée à côté du fauteuil dans lequel, quelques heures plus tard, elle s'était éteinte.

L'héritier du trône, qui était en vacances avec ses fils à Klosters, en Suisse, au moment de son décès, lui rend un hommage vibrant, le

1er avril, dans une courte allocution télévisée sur la BBC : « Elle était tout pour moi. Dieu sait combien j'ai pu redouter ce moment. [...] Depuis ma plus tendre enfance, je l'adorais. Tout ce que j'ai appris d'important, je le lui dois. Par-dessus tout, elle possédait cette aptitude extraordinaire à toujours voir le côté amusant de l'existence. Il nous arrivait de rire jusqu'à en pleurer et... mon Dieu, comme ces rires vont me manquer. » Son chagrin est immense. Granny, ajoute-t-il, « était tout simplement la grand-mère la plus magique que l'on puisse imaginer ». Ses compatriotes seront plusieurs centaines de milliers à faire la queue autour de l'abbaye de Westminster afin de pouvoir s'incliner devant le cercueil de la doyenne des Windsor ou de signer les registres de condoléances ouverts aux quatre coins du pays. Avec elle disparaît le souvenir « romantique » d'une certaine aristocratie et du monde qui avait précédé l'invention de la minijupe, du rock 'n' roll, des satellites et de la télévision. La veuve de George VI avait, c'est vrai, une grâce particulière. Une lumière contagieuse dont le seul défaut avait probablement été, par moments, d'éclipser ses proches.

Une révolution conjugale sans précédent

Dès sa naissance, en novembre 1948, Charles avait pris auprès de Queen Mum la place du fils qu'elle n'avait jamais eu. L'épouse de George VI était devenue sa conseillère numéro un, son mentor, la confidente des bons comme des mauvais jours ; elle-même semblait retrouver chez son petit-fils plusieurs des qualités et traits de caractère de son mari. « C'est un ange », disait-elle. Personne ne le comprenait aussi bien qu'elle ; personne, tout au moins jusqu'à ce que Camilla entre dans sa vie, n'avait jamais exercé plus d'influence sur lui. Mais, malgré cette immense complicité, malgré toute l'affection qui les unissait l'un à l'autre, la reine mère s'était toujours montrée résolument opposée à ce que l'héritier du trône épouse son grand amour – et ce, même si « les deux femmes s'entendaient bien[1] », insiste-t-on dans leur entourage.

---

1. Propos recueillis par l'auteur.

Les traumatismes engendrés par l'abdication d'Edward VIII et les valeurs héritées de son éducation écossaise avaient donné à la veuve de George VI une foi inébranlable dans le caractère sacré de l'hymen. Elle craignait en outre qu'un remariage avec sa compagne ne rende le prince Charles par trop impopulaire et ne compromette durablement son avenir de roi. Tout en autorisant le couple à séjourner dans sa résidence de Birkhall, un petit manoir aux murs blancs entouré d'un jardin plein de charme situé sur les terres du château de Balmoral, en Écosse, elle avait toujours refusé de recevoir officiellement Camilla – dont l'ex-conjoint, Andrew Parker Bowles, se trouvait en outre être le fils d'un de ses meilleurs amis[1]. C'est peut-être cette attitude qui, plus encore que les réticences exprimées par Elizabeth II elle-même, avait incité le prince à ne pas concrétiser plus tôt son projet.

Des modèles nouveaux

La doyenne des Windsor n'avait pas pris conscience que le délitement de l'union de Charles et Diana pendant dix ans (1986-1996) sous les yeux des opinions publiques du monde entier avait signé l'acte de décès de la monarchie « vertueuse » qu'elle avait incarnée aux côtés de son époux. Ni que, dans la plupart des familles régnantes d'Europe, une révolution conjugale sans précédent s'annonçait.

Le 26 août 2001, le prince héritier Haakon de Norvège dit oui pour la vie à Mette-Marit Tjessem Hoiby, une jeune femme au passé un peu chaotique, maman d'un garçon de quatre ans, et fait sensation en invitant à ses noces un petit groupe de prostituées et de toxicomanes. Six mois plus tard, Willem-Alexander des Pays-Bas, le fils aîné de la reine Beatrix, prend pour femme Maxima Zorreguieta, fille d'un ancien haut fonctionnaire de la junte militaire argentine. Le 14 mai 2004, le royaume de Danemark célèbre dans la liesse le mariage du prince Frederik et de Mary Donaldson, une ravissante Australienne originaire de la province de Tasmanie. Le 22 mai, Felipe, prince des Asturies, l'héritier des Bourbons d'Espagne, s'unit en grande pompe

---

1. Derek Parker Bowles, un arrière-petit-fils du 6ᵉ comte de Macclesfield.

à Letizia Ortiz Rocasolano, trente et un ans, ancienne présentatrice du 20-heures de la chaîne TVE, fille de syndicaliste, agnostique… et divorcée. Depuis, ces Cendrillons des temps modernes ont réussi là où avaient échoué tous les experts en communication du monde, réveillant l'intérêt des populations pour leurs familles régnantes tout en proposant aux jeunes générations d'autres modèles susceptibles de gagner plus facilement leur adhésion.

« Une reine… différente », titre le quotidien espagnol *El Mundo* au lendemain de l'accession au trône du roi Felipe VI et de la reine Letizia, en juin 2014. Différente de tout ce que la péninsule a connu jusqu'alors, en effet, la première souveraine « classe moyenne » de l'histoire de l'Espagne, une femme avec un CV, un tempérament et des talons aiguilles, fermement décidée à en découdre avec le stéréotype de l'altesse pince à sucre.

À l'époque de son mariage, peu d'observateurs ont pris la peine de souligner que la demoiselle Ortiz Rocasolano renonçait par cette union à sa carrière de journaliste, à son indépendance, à cette liberté de parole et d'action à laquelle elle tenait tant. Dès son arrivée au palais de la Zarzuela – où les principaux postes à responsabilité de la Maison royale sont tenus par des hommes –, la princesse des Asturies a mis autant de volonté, d'ardeur et d'ambition à trouver sa place dans les antichambres dorées de la monarchie qu'auparavant à faire son chemin dans le monde des médias. Elle a bûché les langues étrangères, les règles de l'étiquette et du protocole, la constitution et l'histoire de l'Espagne, mais aussi épousé des causes qui lui ont permis de s'émanciper du modèle de sa belle-mère, la reine Sophie – l'éducation et la formation professionnelle, la lutte contre le cancer et les maladies orphelines, la recherche scientifique ou encore l'action des Nations unies contre la faim et la malnutrition.

Fille du roi Paul Ier de Grèce, apparentée à toutes les dynasties royales et impériales d'Europe, Sophie, l'épouse de Juan Carlos Ier, avait le « métier » dans le sang depuis toujours. Sa bru, elle, impose progressivement (non sans difficulté) une conception plus moderne de la fonction. En septembre 2013, pour ses quarante ans, une série de photographies prises à la Zarzuela vient révéler l'intimité du prince et de la princesse des Asturies, un couple tendre et uni aux côtés de ses deux filles, les infantes Leonor et Sofia, alors âgées de six et cinq ans. Ces clichés rompent avec la solennité habituelle des portraits officiels pour en appeler aux valeurs familiales chères aux Espagnols. Ils sont une première dans l'histoire des Bourbons, dynastie d'ordinaire peu encline à entrouvrir les portes de ses palais.

Alors que les dernières années du règne de Juan Carlos voient l'institution monarchique malmenée par une longue série de scandales affectant jusqu'à la personne du roi, Letizia œuvre à resserrer les liens entre Felipe et les médias, tisse autour de lui un réseau de journalistes influents. La jeune femme parvient à changer en profondeur la vision de ses compatriotes sur son conjoint, un prince que l'on disait un tantinet froid et distant, perçu désormais, grâce à elle, comme un époux et un père moderne, souriant et bien dans sa peau. Après l'avènement de son mari, la Zarzuela s'ouvre à des experts, des professionnels issus de la société civile. Servir l'Espagne et les Espagnols, aider à préparer leur avenir, contribuer à bâtir une société plus juste... Pour Letizia et Felipe, régner est « un projet personnel, politique, institutionnel, dans lequel ils sont totalement engagés, côte à côte », peut-on lire dans les colonnes du quotidien *El Mundo*.

« Une femme que le pouvoir n'intéresse pas du tout »

La duchesse de Cornouailles, affirme-t-on autour d'elle, se veut « avant tout l'épouse et le premier supporter du prince de Galles », appelé à devenir le trente-neuvième souverain de l'histoire de la monarchie britannique. Dans une époque comme la nôtre, où le culte de l'hypercélébrité a tendance à devenir la norme, je reconnais admirer sa belle obstination à n'accorder jamais d'interviews. On lui prête d'ailleurs une indifférence totale aux attraits supposés de la notoriété. « C'est une femme patiente, paisible, que le pouvoir n'intéresse pas du tout[1] », dit l'un de ses proches.

---

1. Graham Turner, « At least the Windsors are putting their house in order », art. cité.

Peu de ses amis parlent des années de plomb au cours desquelles elle s'est régulièrement vue dépeinte comme la personnalité « la plus haïe de Grande-Bretagne » par la presse du royaume. « Un soir, raconte l'un d'eux, je l'ai emmenée au théâtre. En sortant, nous avons eu du mal à trouver un taxi. Les gens qui la reconnaissaient criaient : "Regardez, c'est Camilla !", mais on ne sentait aucune agressivité. Personnellement, je n'ai jamais été témoin de la moindre manifestation d'hostilité envers elle[1]. » Charles et sa seconde épouse n'ont jamais douté que « gagner l'adhésion du public allait prendre du temps[2] ». Dans un pays qui ne montre généralement pas beaucoup de patience ni d'estime pour les râleurs, relève le *New York Times*, la duchesse de Cornouailles « n'a jamais succombé à la tentation de riposter publiquement ou de tenter de se défendre face à ses détracteurs[3] », ce qu'une partie de l'opinion porte à son crédit aujourd'hui. « Grand fan » (*dixit*), l'ancien Premier Ministre conservateur David Cameron affirmait, en 2010, que la Grande-Bretagne était « en train d'apprendre à mieux connaître [Camilla], une personne chaleureuse dotée d'un formidable sens de l'humour et d'un grand cœur[4] ».

L'auteure australienne Kathy Lette – qui, pour sa part, n'a jamais fait mystère de ses sympathies républicaines – brosse le portrait d'une femme « intelligente, à qui il est impossible de résister », et « bien dans sa peau » : « Nous nous sommes rencontrées il y a dix ans par l'intermédiaire d'un ami commun. Nous nous sommes retrouvées à parler de la difficulté qu'il y a à vivre en permanence sous l'œil des médias. J'ai éprouvé une sympathie immédiate pour elle lorsqu'elle nous a confié que des Américaines, croyant bien faire, lui avaient envoyé les coordonnées de leur chirurgien esthétique. Ce qui lui avait donné quelques rides supplémentaires. De rire, cette fois[5]. »

---

1. Propos recueillis par l'auteur.
2. Propos recueillis par l'auteur.
3. John F. Burns, « In This Fairy Tale, Not One, but Two Queens in Waiting », *New York Times*, 18 avril 2011.
4. Victoria Ward, « David Cameron Hints that he would support Duchess of Cornwall as Queen », telegraph.co.uk, 21 novembre 2010.
5. Kathy Lette, « Why Australia fell for the Duchess of Cornwall », telegraph.co.uk, 11 novembre 2012.

Une partie de son charme tient à sa capacité à l'autodérision, à sa vision des événements toujours pleine de bon sens, à sa complicité spontanée avec les femmes. « Vous voulez que les choses avancent ? Alors, confiez-les à une femme », dit-elle souvent. « Nous avons passé un week-end avec [le prince Charles et son épouse] au château de Sandringham, raconte l'avocate Helena Kennedy. [Camilla] nous paraissait si pleine de bon sens, si normale lorsqu'elle parlait de son couple, confiant que lui préfère dormir la fenêtre ouverte, alors qu'elle préfère les chambres bien chauffées[1]. » Le fait que la bru d'Elizabeth II ne soit pas née « royale » rend probablement le contact plus aisé, plus naturel. Après le décès soudain de son frère, Mark, à New York, en avril 2014, des milliers de lettres de condoléances sont parvenues à Clarence House, envoyées par des représentants de la classe politique et des membres de familles régnantes, mais aussi par des anonymes, beaucoup de femmes, justement, qui tenaient à lui témoigner leur sympathie. Pourtant, si elle a sans doute pris note du changement d'attitude du public à son égard, la duchesse, affirment ses amis, « n'est pas du genre à en parler ou à s'appesantir sur le sujet[2] ».

---

1. *Ibid.*
2. Propos recueillis par l'auteur.

IV.

« Je suis de ceux qui cherchent »

Du haut de son portrait, accroché dans le hall principal du rez-de-chaussée de Clarence House, Augusta, duchesse de Cambridge, imposante et altière dans une robe rouge à taille Empire ornée d'une guirlande de broderies, jette sur nous, ses envahisseurs du jour, un regard où pointe comme un soupçon d'ennui. Sur ses genoux, sa fille cadette, la princesse Augusta, âgée de quelques mois et habillée à la mode des bébés de l'époque. L'enfant tend la main vers une miniature attachée à un collier de perles que brandit son frère aîné, le prince George, un garçonnet de quatre ans aux traits rieurs, vêtu d'un costume à impressions tartan. Réalisé en 1823 par Melchior Gommar Tieleman, le peintre attitré du prince Adolphus, duc de Cambridge[1], ce tableau vient rappeler au visiteur que la maison dans laquelle il s'apprête à pénétrer n'est pas celle d'une famille tout à fait comme les autres. Des tapis persans, de fines boiseries couleur or, une tapisserie de Bruxelles du XVIIe siècle, des couples de vases de porphyre, les plus belles pièces du service de porcelaine de Worcester « Roi de Hanovre » (1795) disposées dans un cabinet en bois de satin… L'histoire du prince Charles, de ses proches et des générations qui les ont précédés se déploie ici, dans ces toiles de Van Dyck, d'Allan

---

1. Le 7e fils du roi George III et de la reine Charlotte, né en 1774 et mort en 1850.

Ramsay et de Simon Elwes montrant la reine Charlotte et George III en manteau de cour, ce visage bienveillant, reconnaissable entre tous, de George VI, le grand-père maternel de l'héritier du trône, décliné en une série de bustes et de portraits.

En 2003, Clarence House, le petit manoir blanc du Mall accolé à la forteresse de brique rouge du palais de St. James's, est devenue la résidence officielle du futur souverain et de ses fils, les princes William et Harry. Construite entre 1825 et 1827 par l'architecte John Nash pour William Henry, duc de Clarence et St. Andrews – qui régnera par la suite sous le nom de William IV –, la demeure a toujours été étroitement associée à l'histoire de la monarchie britannique. En un peu plus d'un siècle, y élisent successivement domicile la mère de la reine Victoria – Victoire, duchesse de Kent –, puis deux de ses fils, les princes Alfred et Arthur. Entre 1947 et 1949, elle est entièrement restaurée pour accueillir la fille aînée du roi George VI, la princesse Elizabeth, et son époux, le prince Philip. Les photographies de l'époque révèlent l'étonnante sobriété de l'ameublement et du décor choisis par le couple. « Le résultat est délicieusement frais et contemporain, commente l'historien de l'architecture Christopher Hussey. Partout, l'accent est mis sur la simplicité. Cela reflète sans nul doute les goûts et le tempérament de la princesse et du duc d'Édimbourg[1], mais aussi leur souci d'indépendance, leur volonté clairement affichée de ne rien emprunter aux palais royaux[2]. »

Philip entreprend d'équiper son foyer des dernières nouveautés en matière d'électroménager. Il court les salons spécialisés, fait installer la télévision dans le *living room* réservé au personnel et des machines à laver dernier cri dans la buanderie. Il aime voir des fleurs dans chaque pièce, s'intéresse à tout ce qui touche de près ou de loin à l'organisation de la maisonnée. Les Mémoires de son valet, John Dean, donnent une idée assez précise des arrangements domestiques des deux conjoints : « La chambre de la princesse Elizabeth et celle du

---

1. C'est le titre conféré au prince Philip lors de son mariage avec Elizabeth.
2. Christopher Hussey, *Clarence House*, Country Life Ltd./Charles Scribner's Sons, 1949.

duc communiquaient, et leurs coiffeuses respectives étaient placées à proximité de la porte afin qu'ils puissent bavarder ensemble tout en se préparant. [...] La chambre à coucher de la princesse était rose et bleu, avec un très beau lit double surmonté de tentures tombant d'un ciel de lit en forme de couronne. La chambre du duc, elle, était lambrissée de bois clair, avec un ameublement, des rideaux et des coussins choisis dans des tons de rouge. Elle était dotée d'une énorme penderie intégrée au mur, qui, en s'ouvrant, révélait de magnifiques miroirs. Sa salle de bains, qui jouxtait immédiatement la pièce, était entièrement bleue et décorée de photographies des navires sur lesquels il avait servi. Il avait fait installer un petit réfrigérateur dans un cabinet placé dans son bureau, qui lui permettait d'avoir de la glace ou des boissons fraîches à toute heure sans avoir besoin d'appeler un domestique[1]. »

Trois ans plus tard, l'accession au trône d'Elizabeth contraint le couple et ses deux aînés, le prince Charles, âgé de quatre ans, et la princesse Anne, de deux ans plus jeune, à emménager à Buckingham, en dépit de leurs réticences. La veuve de George VI (la nouvelle Queen Mum) s'installe alors à Clarence House en compagnie de sa fille cadette, la princesse Margaret. Dans ses bagages, le mobilier de la suite qu'elle occupait au palais et son impressionnante collection d'œuvres d'art : des tableaux de maître – Claude Monet, Franz Xaver Winterhalter, Walter Sickert, Alfred Sisley ou encore Augustus John, ainsi que *La Vierge et l'Enfant* de Raffaellino del Garbo, qu'elle accrochera au-dessus de la cheminée de sa chambre –, des miniatures de Fabergé, une série de chaises XVIIIe achetées dans une vente aux enchères à la fin des années 1940, un nombre infini de trésors rapportés de ses voyages officiels, sans oublier d'inestimables collections d'argenterie, de porcelaine et de pendules, dont deux Ragot et Dubois, horlogers à Paris au temps de Louis XVI. La grand-mère du prince Charles fait, à l'époque, ouvrir un passage entre les pièces situées côté jardin, au rez-de-chaussée de la maison, depuis la Morning Room jusqu'à la salle à manger, peu

---

1. John Dean, *H.R.H. Prince Philip, Duke of Edinburgh : A Portrait by His Valet*, Robert Hale Limited, non daté (début des années 1950).

utilisée jusqu'alors parce que jugée trop sombre. À sa disparition, le 30 mars 2002, dix-neuf camions seront nécessaires pour vider le bâtiment de son contenu. Et permettre à sa rénovation de débuter.

La doyenne des Windsor, qui n'aimait pas voir sa routine quotidienne perturbée par le bruit des marteaux ou l'odeur de la peinture, n'y avait en effet, en un demi-siècle, entrepris aucuns travaux. Une fois la plomberie et l'électricité remises aux normes, la maison débarrassée de ses dernières traces d'amiante et les cuisines du sous-sol agrandies, l'héritier du trône confie à Robert Kime, déjà en charge de la décoration intérieure de Highgrove, le soin de réaménager les lieux en restant fidèle à l'esprit qu'elle leur avait insufflé. « Les instructions étaient les suivantes : "Rien ne doit changer[1]" », confirmera le designer. Le prince Charles emménage au premier étage, dans les anciens appartements de Granny. Tableaux, meubles et bibelots reprennent leur place initiale. Les portraits de lord Strathmore en selle, de Laffy, Double Star et The Rip, trois des chevaux de Queen Mum vainqueurs à Lingfield Park, ainsi que ceux de tous les cracks du steeple-chase britannique, dont la veuve de George VI collectionnait peintures et dessins, réintègrent le Horse Corridor (le « couloir aux chevaux »), et la tapisserie de Bruxelles, George III et les assiettes du service « Roi de Hanovre » le hall principal, à l'endroit exact où elle les avait elle-même disposés. La résidence retrouve cette ambiance feutrée, intimiste, propre à donner au visiteur le sentiment qu'il partage une forme de proximité avec ses occupants. Aussitôt après avoir officiellement pris possession des lieux[2], le 4 août 2003, jour du cent troisième anniversaire de la naissance de sa grand-mère, le prince de Galles choisit d'ailleurs d'ouvrir Clarence House au public pendant un peu plus de deux mois. L'hôtel particulier – ainsi en a-t-il décidé – ne sera pas seulement une maison de famille, mais le nouveau point de ralliement des forces vives du royaume.

---

1. Candida Crewe, « I love rearranging other people's stuff », telegraph.co.uk, 10 octobre 2003.
2. Les travaux auraient coûté, selon la presse britannique, un peu plus de 7 millions d'euros.

« Le message que je suis venu vous délivrer »

Ce 17 décembre 2013, l'héritier du trône invite les représentants de l'ensemble des communautés religieuses de Grande-Bretagne à participer à une journée d'action et de réflexion en soutien aux chrétiens du Moyen-Orient. En cette période de l'Avent, le prince Charles souhaite à nouveau lancer un appel « à l'harmonie et à la compréhension entre les peuples de toutes les fois ». Il est accompagné du prince Ghazi de Jordanie, envoyé personnel et principal conseiller pour les questions religieuses et culturelles du souverain Abdallah II. Les deux hommes effectuent une visite d'une heure et demie au Centre de l'Église copte orthodoxe de Stevenage, dans le Hertfordshire, avant de regagner Londres pour se rendre à la cathédrale St. Thomas, siège de l'Église syriaque orthodoxe au Royaume-Uni. Ils rejoignent ensuite leurs invités à Clarence House : des chrétiens venus d'Égypte, de Syrie, d'Irak, de Jordanie, du Liban, de Turquie, de Palestine et d'Israël, des représentants des Églises orthodoxes d'Antioche et de Grèce ainsi que de l'Église apostolique arménienne, et des catholiques melkites, maronites et romains.

Dans la Morning Room et la bibliothèque, au rez-de-chaussée du petit hôtel particulier, de petits groupes animés se sont formés. Il y a là des intellectuels, comme Edward Kessler, directeur et fondateur du Woolf Institute, spécialiste des relations entre le judaïsme, le christianisme et l'islam ; des représentants de la classe politique, comme la baronne Warsi, quarante-deux ans, ministre d'État en charge des Cultes et des Communautés, rattachée au ministère des Affaires étrangères et du Commonwealth[1], ancienne coleader du parti conservateur et première femme de confession musulmane à avoir servi au sein du cabinet du gouvernement de Sa Majesté ; mais aussi l'archevêque de Canterbury, Justin Welby, primat de la Communion anglicane, l'évêque de Londres, Richard Chartres, un proche de l'héritier du trône et de sa famille, l'archevêque de Westminster, Vincent

---

1. L'organisation internationale regroupant d'anciens protectorats et colonies de l'Empire britannique, aujourd'hui indépendants, dont l'adhésion reposait au départ sur une allégeance commune à la Couronne.

Nichols, primat de l'Église catholique d'Angleterre et du pays de Galles, et le Grand Rabbin Ephraim Mirvis.

L'héritier du trône, attentif, souriant, veille à prendre le temps de discuter avec chacun. Pour l'archevêque de Canterbury, son action est « concrète » et « d'une grande importance ». Charles, dit-il, « est lui-même un fidèle, un chrétien pratiquant. Comme la reine, et comme le veut la tradition de la famille régnante, il protège autant l'idée même de la foi que les fois individuelles, tout en gardant son identité de pratiquant anglican[1] ». « Le prince considère le rôle de la religion au sein de la société comme un sujet essentiel, commente quant à lui Vincent Nichols. Ce qui se passe aujourd'hui montre qu'il ne limite pas ses perspectives au Royaume-Uni et qu'il entend être en contact avec l'ensemble des Églises chrétiennes. Il a une vision large de la foi. »

Une universitaire irakienne, originaire de la ville de Mossoul, contrainte de quitter son pays avec sa famille au début des années 1990, reconnaît que « les gens là-bas ne savent pas ce que le prince fait. Ils ont tant de problèmes… ». Mais, pour la plupart des personnes présentes, il ne fait aucun doute que le fils aîné d'Elizabeth II accomplit un « travail considérable » en « attirant l'attention des opinions publiques du monde entier sur les problèmes que rencontrent les chrétiens ». Comme l'admet l'évêque de Londres, « le fait d'appartenir à une famille royale confère un remarquable pouvoir catalyseur, une capacité à fédérer – et la sienne est significative. Ici, toutes les communautés peuvent s'exprimer, raconter leurs souffrances. Voilà pourquoi elles se sentent chez elles. De plus, les initiatives comme celle-ci favorisent un dialogue constructif entre les unes et les autres ».

En toute fin d'après-midi, l'héritier de la Couronne rassemble ses invités dans le hall de la résidence, au pied de l'escalier menant aux appartements privés du premier étage. La nuit est tombée, un grand sapin de Noël illuminé nimbe les visages d'une lueur douce. Notes à la main, le prince Charles rend d'abord un hommage appuyé au prince Ghazi et au roi Abdallah II, dont le leadership a fait de la Jordanie l'exemple « à la fois réconfortant et courageux du respect et de la

---

1. Pour cette citation et celles qui suivent : propos recueillis par l'auteur.

tolérance féconde entre les fois ». Puis il rappelle les épreuves endurées par les chrétiens du Moyen-Orient, « pris de plus en plus souvent pour cibles, de manière délibérée, par des militants islamistes fondamentalistes. Il me semble essentiel de rappeler que le déclin des chrétiens dans la région est un coup majeur porté à la paix, car ceux-ci font partie intégrante du tissu social et servent souvent de médiateurs entre les autres communautés. Ce rôle crucial qu'ils exercent dans la société moyen-orientale est reconnu par les nombreux musulmans qui ne sont pas des extrémistes, des chiites comme des sunnites, qui témoignent que les chrétiens sont leurs amis ». Abba Seraphim El-Suriani, le primat de l'Église orthodoxe de Grande-Bretagne, confie voir dans le futur roi une « influence bénéfique », un homme capable « de parler à toutes les parties concernées et de jeter des ponts » entre elles. « Au Caire, ajoute-t-il, il avait déjà fait une excellente impression. »

Le 21 mars 2006, lors d'un voyage officiel en Égypte, le fils d'Elizabeth II avait prononcé un discours intitulé « L'unité dans la foi » à l'université Al-Azhar, l'un des principaux centres d'étude de l'islam dans le monde et l'une des institutions majeures de l'islam sunnite, face à un auditoire de 800 érudits. « Je ne prétends pas être un spécialiste, avait-il alors déclaré, j'ai simplement étudié l'histoire à l'université de Cambridge – loin d'être aussi ancienne que celle-ci –, mais explorer la tradition abrahamique dans laquelle je suis né m'a toujours intéressé. Cette tradition m'a façonné, elle a fait de moi l'homme que je suis. Aujourd'hui, je me tiens devant vous en tant que membre de la grande famille des fois liées par cette tradition. [...] Les racines de notre foi commune dans le Dieu unique, le Dieu d'Abraham, nous donnent des valeurs durables. Nous nous devons d'avoir le courage de les affirmer encore et encore dans un monde perturbé par le changement et les dissensions. Voilà le message que je suis venu vous délivrer. Le respect mutuel, ainsi que le respect de Sa création, doivent toujours être la première et la plus fondamentale des valeurs nées de l'amour de notre Dieu, qui sont notre héritage à tous. [...] Nos croyances et nos valeurs appellent la paix, non la mésentente[1]. »

---

1. « A speech by HRH the Prince of Wales titled "Unity in Faith" at Al-Azhar University, Cairo, Egypt », princeofwales.gov.uk, 21 mars 2006.

« Ce qui sort du cœur trouve le chemin du cœur »

Au cours d'une conversation avec Jonathan Dimbleby, auteur de sa biographie autorisée, le prince Charles a un jour dit faire partie de « ceux qui cherchent ». Bien que conscient, affirme Dimbleby, des périls qu'il encourrait à trop s'éloigner de ses propres racines culturelles et religieuses, le futur gouverneur suprême de l'Église anglicane poursuit depuis plus de quarante ans une irrépressible quête d'ailleurs spirituels, au mépris de l'incompréhension et des railleries qu'elle a pu susciter. « J'ai dû faire face à pas mal de dérision », admet-il d'ailleurs. Par le passé, plusieurs auteurs et chroniqueurs royaux ont ainsi évoqué la relation du prince avec Zoe Sallis, une comédienne d'origine indienne de huit ans son aînée, devenue (brièvement) sa *girlfriend* dans les années 1970. Celle-ci lui offre à l'époque un exemplaire de *The Path of the Masters*, de Julian Johnson, un ouvrage consacré aux religions et aux philosophies orientales traitant, entre autres, de la réincarnation. L'étude des sagesses du bout du monde vient combler ses appétits de mysticisme et son désir d'explorer de nouvelles voies. Captivé par le livre autant que par les charmes de miss Sallis, le fils d'Elizabeth II se passionne alors pour le bouddhisme. Son enthousiasme est tel que son secrétaire particulier, Edward Adeane, craignant de le voir se couper durablement de la réalité – celle du quotidien de ses compatriotes, et celle de sa condition de futur roi –, se décide à intervenir. L'idylle prend fin. Elle n'en a pas moins profondément marqué Charles. Le prince, révèle Jonathan Dimbleby, est désormais convaincu que l'expérience religieuse doit être « une sensation individuelle, libre de tout dogme ».

Lorsque Charles est né, à la fin de 1948, le Royaume-Uni était encore, peu ou prou, une nation monoculturelle. Depuis, la société britannique s'est changée en une mosaïque de nationalités et de confessions. Une enquête réalisée en Angleterre et au pays de Galles par l'Office national des statistiques révèle que, entre 2001 et 2011, le nombre de chrétiens y a chuté de plus de 12 % (ils représentaient 71,7 % de la population en 2001 contre 59,3 % dix ans plus tard), celui des musulmans progressant sur la même période de 1,5 à 2,7 millions (3 % contre 4,8 %). Viennent ensuite les hindous (1,1 %

contre 1,5 %), les sikhs (0,6 % contre 0,8 %), les juifs (0,5 %, un chiffre resté stable sur la période) et les bouddhistes (0,3 % contre 0,4 %). L'enquête confirme également que les Anglais et les Gallois se détournent de la foi. Plus de 14 millions d'entre eux, soit 25,1 % de la population, se déclarent aujourd'hui « sans religion » – ils étaient 7,7 millions en 2001. Les non-croyants sont donc aujourd'hui plus nombreux que les musulmans, les hindous, les sikhs, les juifs et les bouddhistes réunis. « Cela fait peut-être de notre pays le plus "sans-Dieu", le moins "églicisé" du monde industrialisé[1] », note *The Guardian*.

Comme la reine Elizabeth, le prince de Galles prend très au sérieux ses devoirs envers l'Église anglicane, ainsi que tous les sujets ayant trait de près ou de loin à la foi. Résolu à représenter la Grande-Bretagne dans sa diversité autant qu'à défendre « la spiritualité dans le monde moderne » – spiritualité qui, dit-il, « protège notre humanité contre les influences destructrices et déshumanisantes de l'époque que nous vivons » –, il souhaite, lorsqu'il accédera au trône, pouvoir porter le titre de « défenseur de foi » plutôt que celui de « défenseur de *la* foi » porté par tous les monarques anglais et britanniques depuis le règne de Henry VIII, au XVIe siècle. Le dialogue et la coexistence harmonieuse entre toutes les communautés constituent l'une de ses priorités. L'agenda de ses déplacements officiels, au Royaume-Uni comme partout ailleurs dans le monde, inclut invariablement des visites à caractère religieux.

En juillet 2010, à Peckham, au sud-est de Londres, il vient rendre publiquement hommage à cinq femmes dont la détermination a permis de sauver de la démolition l'église All Saints et d'accroître de manière non négligeable le nombre de ses paroissiens. En novembre 2013, en Inde, le futur roi assiste, en compagnie de son épouse, à un service de prières dans une synagogue de Kochi, dans l'État du Kerala. Un voyage officiel dans les pays du Golfe, en février 2014, le voit rendre successivement visite à l'église grecque orthodoxe de St. Isaac and St. George, à l'église catholique Notre-Dame-du-Rosaire et à

---

1. Jonathan Freedland, « Census shows a changing of the guard in Britain », theguardian.com, 11 décembre 2012.

l'église (anglicane) de l'Épiphanie, à Doha. En janvier 2015, il prononce un discours dans le plus grand temple jaïn de Grande-Bretagne, à Potters Bar, dans le Hertfordshire. L'héritier de la Couronne est de toutes les cérémonies célébrant la Bible du roi James ou encore le Livre de la prière commune, recueil regroupant les prières et les rites traditionnels de la Communion anglicane. Il soutient une multitude d'organisations qui se sont donné pour mission de faire (re)vivre les lieux de culte et parraine à la fois le Centre d'études islamiques de l'université d'Oxford et le musée du Judaïsme de Camden, à Londres. Et tant pis s'il peine à convaincre ou si certains brocardent son absence de légitimité.

En octobre 1993, dans un discours intitulé « L'islam et l'Occident », prononcé à Oxford, il reconnaissait : « Je n'ai que trop conscience du terrain miné qui attend le voyageur inexpérimenté décidé à s'engager sur cette route difficile. Une partie de ce que je m'apprête à vous dire va sans doute provoquer des désaccords, des critiques, de l'incompréhension, voire pis encore. Mais peut-être n'est-il pas inutile de rappeler ce proverbe arabe : "Ce qui sort de la bouche atteint l'oreille, mais ce qui sort du cœur trouve le chemin du cœur." »

« J'ai la conviction que les liens entre ces deux mondes ont encore plus d'importance aujourd'hui qu'ils n'en ont eu par le passé, poursuivait-il. [...] Notre jugement sur l'islam se trouve largement déformé par le fait que nous considérons les extrêmes comme y étant la norme. [...] L'extrémisme n'est pas davantage le monopole de l'islam qu'il n'est celui des autres religions, christianisme inclus. [...] Nous devons apprendre à opérer une distinction claire entre ce que pensent la grande majorité [des musulmans] et la violence terrible d'une petite minorité en leur sein, violence que tous les êtres civilisés, partout dans le monde, se doivent de condamner[1]. » Après les attentats du 11 septembre 2001, comme après la publication de dessins caricaturant le prophète Mahomet, au Danemark, en 2005,

---

1. « A speech by HRH the Prince of Wales titled "Islam and the West" at the Oxford Centre for Islamic Studies, The Sheldonian Theatre, Oxford », princeofwales.gov.uk, 27 octobre 1993.

le prince a lancé des appels répétés à la tolérance et au respect entre les communautés.

Poussé par une curiosité permanente, Charles puise ses références dans la littérature, les grands textes, les écrits des spécialistes, tout en délivrant un message qui laisse parler ses convictions et ses sentiments personnels. La relation entre l'homme, ses convictions religieuses et son environnement est l'un des thèmes qui reviennent le plus régulièrement dans ses prises de parole publiques. Son intérêt pour la civilisation islamique s'exprime également chez lui, dans sa propriété du Gloucestershire. Il y a un peu plus de quinze ans, il décide de reproduire le dessin d'un des tapis turcs de Highgrove et de s'en inspirer pour créer un jardin. Confié à Emma Clark, une spécialiste des jardins de tradition islamique, le croquis se change alors en un parterre verdoyant et clos, un entrelacs de roses, de verveines, de citronniers, de lauriers et de lavandes disposés de manière volontairement dissymétrique autour d'une fontaine entourée de mosaïques. Présenté au public en 2001, à Londres, dans le cadre du Chelsea Flower Show, la plus célèbre (et la plus chic) des expositions horticoles du monde, le Carpet Garden du prince remporte une médaille de vermeil décernée par la Société d'horticulture royale avant d'être démonté et réinstallé à l'identique dans le parc de sa résidence.

« La certitude absolue qu'un Dieu tient notre destin entre ses mains »

En février 2008, la musicienne et auteure d'origine iranienne Shusha Guppy consacre son ultime article de presse à l'héritier de la Couronne, qu'elle dit doté de *javanmardi* – « chevalerie spirituelle » en persan –, un mélange de courage, de magnanimité, de douceur et d'humilité au service de Dieu. Elle évoque dans son texte le *Shâh Nâmeh* (Livre des rois), un poème du XIe siècle qui chronique l'histoire et les souverains légendaires de l'Iran depuis la création du monde jusqu'à la conquête arabe. Elle parle aussi de la notion de *farr-e-izadi*, cette « grâce particulière accordée aux rois par Dieu, qui les rend capables de vaincre les forces du mal et sans laquelle il ne peut y avoir de véritable royauté[1] ». Et elle affirme que la reine Elizabeth et son fils aîné en sont investis.

Pour de nombreux observateurs, il ne fait pas de doute que le prince de Galles a contribué de manière notable à la vie religieuse en Grande-Bretagne « en appelant avec constance à ce que soit donnée une place plus importante aux dimensions spirituelle et holistique » dans la société. En 1990, il accepte ainsi de parrainer l'Académie Temenos. Tout comme le magazine éponyme lancé dix ans plus tôt, cette organisation à but caritatif dispense un enseignement inspiré d'une philosophie « éternelle » reposant sur des principes tels que « la reconnaissance de Dieu, l'amour de la sagesse en tant que fondement essentiel de la civilisation, la préservation des traditions vénérées de l'humanité ou encore la compréhension de la tradition comme un renouvellement permanent ».

En 2010, le prince Charles expose dans un livre sa passion pour la géométrie sacrée, les travaux de Platon, l'éducation, la prière, les enjeux de l'alimentation moderne ou encore les enseignements de la nature, et dénonce les risques que matérialisme et rationalisme font peser sur notre quotidien[2]. Il y plaide pour un retour du sacré, dans lequel il voit un remède puissant au chaos et aux dysfonctionnements de nos sociétés. Son discours et ses engagements racontent, à leur manière, sa vision de la monarchie : une royauté forte d'un vrai rôle à jouer, capable d'unir sous sa bannière des hommes et des femmes de cultures et de confessions différentes, mais réunis par des valeurs et des préoccupations communes. Parmi les mots qui reviennent le plus fréquemment dans ses écrits ou ses allocutions en public figurent d'ailleurs des termes universels qui en appellent à ce que l'humanité a de plus authentique ou de meilleur : sacré, sagesse, vérité, esprit, âme, cœur, équilibre, harmonie, potentiel, développement, communauté, consensus, nature, responsabilité, biodiversité, avenir ou encore durabilité[3].

---

1. Shusha Guppy, « A paean to kingship », theguardian.com, 18 février 2008.
2. HRH the Prince of Wales, Tony Juniper et Ian Skelly, *Harmony : A New Way of Looking at Our World*, Blue Door, 2010.
3. David Lorimer, *Radical Prince : The Practical Vision of the Prince of Wales*, Floris Books, 2003.

« JE SUIS DE CEUX QUI CHERCHENT »

Plusieurs membres de la famille régnante ont mené, avant lui, une quête de sens et de renouveau spirituels. Dans les années 1950, le choc causé par la disparition soudaine de son père, le roi George VI, conduit la princesse Margaret, la sœur cadette d'Elizabeth II, à chercher le réconfort dans l'étude et la pratique religieuses. Par l'intermédiaire de l'une de ses amies, Marigold Bridgeman, la jeune femme intègre un groupe de prière dirigé par le doyen de Westminster, Eric Abbott, et en devient l'une des participantes les plus assidues. À mesure que les années passent, son intérêt pour les questions religieuses et les différences ecclésiales entre les Églises de la Communion anglicane s'intensifie – elle se révélera notamment proche de la « Haute Église », dont les cérémonies présentent nombre de similitudes avec celles de l'Église catholique.

On prête également au prince Philip, profondément croyant lui aussi, « une connaissance et une compréhension impressionnantes de la Bible[1] », ainsi qu'un vif intérêt pour la théologie appliquée à l'étude de la relation entre religion et milieu naturel[2]. Elizabeth II, elle, évoque régulièrement la vie et les préceptes de Jésus-Christ dans sa traditionnelle allocution télévisée de fin d'année. « Les enseignements du Christ et les responsabilités qui m'incombent devant Dieu sont les lignes directrices en vertu desquelles je m'efforce de conduire mon existence », déclare-t-elle dans son message de Noël en décembre 2000. Il y a chez elle, comme chez le prince Charles, une volonté évidente d'assumer « un leadership spirituel de la nation par le biais de l'exhortation et de la réflexion[3] ». Pour la souveraine, commente l'ancien archevêque de Canterbury Rowan Williams, « il ne fait aucun doute que le monarque est fondamentalement lié à l'héritage religieux du pays ». Il la dit animée d'un « ensemble fort et cohérent de valeurs et d'idéaux [...], d'une conscience aiguë de sa

---

1. Ian Bradley, *God Save the Queen : The Spiritual Heart of the Monarchy*, Continuum International Publishing Group, 2012.
2. Ce dont témoigne l'un de ses livres : HRH the Duke of Edinburgh et the Rt. Rev. Michael Mann, *Survival of Extinction : A Christian Attitude to the Environment*, Michael Russell Publishing, 1989 (*Survie ou extinction : une attitude chrétienne vis-à-vis de l'environnement*).
3. Ian Bradley, *God Save the Queen*, op. cit.

propre vocation. Et de la certitude absolue qu'un Dieu tient notre destin entre ses mains[1] ».

La reine communie peu en public, apprécie, dit-on, les matines, et préfère les petites églises de campagne aux cathédrales. Convaincue que la religion est là pour unir les hommes et non pour les diviser, elle fait montre de solides convictions œcuméniques, qui l'ont notamment conduite à amorcer un rapprochement entre l'Église anglicane et l'Église catholique. Celui-ci s'est considérablement accéléré depuis le début des années 1980. Après sa rencontre avec le pape Pie XII, au Vatican, en 1951 (avant même son accession au trône), elle rend visite à Jean XXIII en 1961. En 1982, elle est le premier chef de l'Église réformée à recevoir un souverain pontife (Jean-Paul II) au palais de Buckingham. Depuis, elle a accueilli Benoît XVI au château de Holyrood, à Édimbourg, en Écosse, et rendu visite au pape François au printemps 2014. En décembre 2001, elle avait déjà accompli un geste significatif en invitant pour la première fois Mgr Murphy-O'Connor, le cardinal-archevêque de Westminster, plus haut dignitaire de l'Église catholique en Angleterre et au pays de Galles, à venir prêcher en l'église du château de Sandringham, sa résidence privée du Norfolk. Elizabeth II a également contribué, sur ses fonds personnels, au financement de la Croix du Millénaire érigée sur le parvis de la cathédrale de Westminster.

« *Une réaction d'humanité* »

Personnage moins familier du grand public, la grand-mère paternelle du prince Charles, la princesse Alice de Grèce, née au château de Windsor en 1885, a sans doute, elle aussi, influencé sa vision du monde. Arrière-petite-fille de la reine Victoria, allemande d'origine par ses parents[2], Alice épouse le prince André de Grèce, le quatrième fils du roi Georges Ier, en 1903. Bien que séparée de lui lorsque la Seconde Guerre mondiale éclate, elle choisit de rester à Athènes pour

---

1. Robert Hardman, *Our Queen*, Hutchinson, 2011.
2. Le prince Louis Battenberg et la princesse Victoria de Hesse et du Rhin.

partager le sort de ses compatriotes d'adoption. Durement éprouvés par le conflit, les Grecs se retrouvent privés de ravitaillement dès les premières semaines d'occupation, au printemps 1941, et confrontés à une famine de masse. On estime alors entre 500 et 1 000 le nombre de décès liés chaque jour, dans la capitale, à la pénurie de nourriture. La princesse met en place la soupe populaire la plus importante du pays, assurant ainsi la prise en charge de 17 000 enfants âgés de un à six ans. Elle organise aussi des centres d'hébergement pour les orphelins et fait appel à la générosité de sa famille et de ses relations pour les financer.

D'abord placée sous administration italienne, Athènes tombe entre les mains allemandes à la chute de Mussolini, en septembre 1943. À l'initiative de l'archevêque Damaskinos, la communauté orthodoxe se porte au secours des Juifs réfugiés dans la ville, auxquels elle délivre clandestinement faux papiers et faux certificats de baptême par milliers. C'est alors qu'Alice est discrètement contactée par l'une de ses connaissances. La veuve et les enfants de Haimaki Cohen – un ancien membre du Parlement qui s'était lié d'amitié avec la famille royale de Grèce trente ans plus tôt – sont dans une situation désespérée. Le 15 octobre, à la faveur de la nuit, la princesse recueille Rachel Cohen et sa fille Tilde dans la maison qu'elle occupe rue de l'Académie et les installe dans deux pièces équipées d'une cuisine au dernier étage du bâtiment. Elles seront rejointes par le plus jeune des fils de Rachel, Michel, un mois plus tard.

Elle « aimait venir les retrouver l'après-midi, raconte l'historien Hugo Vickers dans sa biographie de la grand-mère du prince Charles, et, mue par son propre intérêt pour les religions, avait de longues conversations avec eux sur le judaïsme[1] ». Dans une lettre adressée à Yad Vashem, l'Institut international pour la mémoire de la Shoah, en 1992, Démosthène Pouris, l'une des rares personnes autorisées à voir les Cohen tout au long des années d'occupation, rend hommage à son courage. Alice court d'énormes risques, mais ne paraît pas s'en inquiéter. Sa résidence est pourtant voisine de celle de l'archevêque Damaskinos, devant laquelle des militaires montent la garde jour et

---
1. Hugo Vickers, *Alice, Princess Andrew of Greece*, Penguin Books, 2001.

nuit, et du quartier général de la Gestapo. À plusieurs reprises, elle est interrogée par les nazis, mais, sourde de naissance, elle se sert de son handicap pour tromper leur méfiance. Les Cohen seront ainsi protégés par la mère du prince Philip jusqu'à la libération du pays, à la fin de 1944.

Au lendemain du conflit, la princesse décide de fonder une congrégation féminine orthodoxe, la Fraternité de Marthe et Marie, inspirée du couvent des Saintes-Marthe-et-Marie, voué au service des malades et des orphelins. Ce couvent avait été autrefois créé par l'une de ses tantes, la grande-duchesse Élisabeth de Russie, disparue dans des circonstances tragiques pendant la révolution bolchevique. Alice abandonne ses vêtements civils pour un habit et un voile gris pâle – tenue dans laquelle elle assistera au mariage de son fils et de la future reine Elizabeth II, en novembre 1947. Peu avant sa mort, à Londres, en décembre 1969, Alice exprime le souhait d'être enterrée à Jérusalem, là où repose la grande-duchesse Élisabeth. En 1988, sa dépouille est inhumée dans la crypte du couvent orthodoxe russe Sainte-Marie-Madeleine, à Gethsémani, sur le mont des Oliviers.

Cinq ans plus tard, Yad Vashem lui confère la distinction de Juste parmi les nations. Une cérémonie est organisée le 30 octobre 1994, à laquelle assistent le prince Philip[1] et la princesse George de Hanovre, la seule de ses quatre sœurs encore en vie[2]. « Les événements qui sont commémorés aujourd'hui se sont déroulés sans que nous en ayons connaissance, et sans que nous y ayons participé d'une quelconque manière, déclare le duc d'Édimbourg. Aussi loin que nos souvenirs remontent, [notre mère] n'a jamais dit à quiconque qu'elle avait donné refuge à la famille Cohen à l'époque où les Juifs d'Athènes couraient le danger d'être arrêtés et déportés.

---

1. En septembre 2015, le duc d'Édimbourg a également accepté de recevoir au nom de sa mère, à titre posthume, le prix 2015 du Metropolitan Chrysostomos, décerné par la fondation américaine Oxi Day.
2. Le duc est alors le premier membre de la famille royale de Grande-Bretagne à se rendre en Israël. Sa visite est présentée comme ayant un caractère strictement privé.

Rétrospectivement, cette réticence peut paraître étrange. Mais je pense qu'à aucun moment elle n'a considéré ses agissements comme exceptionnels. Je pense au contraire qu'elle les considérait comme une réaction d'humanité, parfaitement naturelle face à des personnes en détresse. »

Le prince de Galles, lui, ne se rendra pour la première fois sur la tombe de sa grand-mère paternelle que le 30 septembre 2016. De multiples raisons politiques et diplomatiques compliquent les déplacements officiels de la famille régnante en Israël[1]. L'héritier du trône, invité aux funérailles de l'ancien Premier ministre Shimon Peres, profitera, ce jour-là, de son court séjour en Terre sainte pour se rendre au couvent Sainte-Marie-Madeleine à titre privé.

« Lighten our darkness we beseech thee, O Lord »

Le parcours et la vie de la princesse Alice ont exercé une influence importante et relativement peu connue sur le prince Charles et son père, tous deux membres des Amis du mont Athos, une société dédiée « à l'étude et à la connaissance de l'histoire, de la culture, des arts, de l'architecture, de l'histoire naturelle et de la littérature des monastères orthodoxes du mont Athos », en Grèce[2]. Baptisé dans la foi orthodoxe, mais contraint de se convertir à l'anglicanisme avant son mariage, le duc d'Édimbourg serait resté un orthodoxe de cœur. Au début des années 1990, il prouve à plusieurs reprises son attachement à ses racines confessionnelles, en prononçant notamment un discours sur la relation entre environnement et religion lors d'une conférence panorthodoxe en Crète, en rencontrant à titre privé Mgr Antoine Bloom, en charge du diocèse orthodoxe de Grande-Bretagne, ainsi que le patriarche de Constantinople, et en participant à un séminaire sur l'écologie au monastère de la Sainte-Trinité, sur l'île d'Hey-

---

1. À l'invitation du président Reuven Rivlin, la première visite officielle en Israël d'un membre de la famille régnante pourrait intervenir cette année, à l'occasion du centenaire de la Déclaration Balfour.
2. http://www.athosfriends.org/.

beliada, en Turquie. « L'Église orthodoxe sait que chaque forme d'expression religieuse, l'adoration, la prière, le prêche, la vie monastique, le mysticisme, peut inspirer une réponse concrète [à la crise écologique][1] », déclare-t-il à l'époque.

Le prince Charles aurait, lui, séjourné pour la première fois dans un monastère du mont Athos au milieu des années 1990 et, depuis, il s'y rend régulièrement. Interdite aux femmes et aux enfants, dotée d'un statut autonome, la Sainte Montagne, située en Macédoine, dans le nord de la Grèce, est à la fois un haut lieu de la spiritualité orthodoxe depuis 1054 (année de la rupture entre les Églises d'Orient et d'Occident) et un site unique au monde de par son patrimoine artistique et architectural. « Une dimension nouvelle s'ouvre dans le cœur de ceux qui la visitent[2] », écrit-il.

Le futur roi aurait contribué à hauteur de plusieurs centaines de milliers d'euros, sur ses fonds personnels, à la rénovation du monastère de Hilandar, partiellement détruit par un incendie en 2004. Il a également inspiré et aidé à financer la restauration des sentiers pavés de la Sainte Montagne, datant pour la plupart de l'ère byzantine. Le directeur du projet, John Arnell, témoigne : « [Le prince] est venu avec nous, il s'est impliqué physiquement, c'est-à-dire qu'il a dégagé les sentiers avec nous, il a coupé, nettoyé. Je lui ai dit un jour : "Mais, si vous voulez vraiment rénover ces chemins, pourquoi ne pas donner l'argent à des professionnels qui pourraient, avec des machines adaptées, les débarrasser plus rapidement de tout ce qui les encombre ?" [Il] m'a répondu : "Non. Et ce n'est d'ailleurs pas le seul but de vos séjours ici. Vous êtes, vous aussi, ici pour tout autre chose que nettoyer des sentiers[3]." »

Dans le silence, la méditation et la prière qui sont l'ordinaire des monastères du mont Athos, l'héritier du trône partage le quotidien des moines, clé, dit-on, d'une forme supérieure de sérénité. Enthousiasmé par ces expériences, désireux aussi d'en prolonger la

---

1. Giles Milton, « A Prince Among Priests », archive.spectator.co.uk, 14 mars 1992.
2. http://www.athosfriends.org/royalpatron.shtml.
3. John Arnell on Footpaths Project, pemptousia.com.

« JE SUIS DE CEUX QUI CHERCHENT »

beauté et la paix, il a fait construire dans ses jardins de Highgrove un petit sanctuaire couleur miel fait d'argile, de paille et de craie, consacré par l'évêque de Londres, Richard Chartres, en 2000. Il y vient régulièrement s'isoler du monde et s'absorber dans la lecture et l'étude de textes anciens, parmi lesquels le *Philokalia*[1], un recueil d'écrits rédigés entre le IVe et le XVe siècle et inspirés de la tradition hésychaste, une pratique spirituelle mystique de l'Église d'Orient. Le fils d'Elizabeth II a installé quelques-unes de ses plantes préférées (des azalées, des fougères, un érable…) le long du chemin qui mène à l'édifice, et des cloches tibétaines ont été disposées tout autour. Au-dessus de la porte, actionnée par un système élaboré de poignées de bois dont il est le seul à connaître la séquence, une citation : « *Lighten our darkness we beseech thee, O Lord*[2] », extraite du Livre de la prière commune. À l'intérieur, ni eau ni électricité, mais une cheminée, un décor dépouillé et des icônes byzantines. « Très peu de gens entrent dans ce sanctuaire, y compris pour l'entretenir, confie un membre de son équipe. Et les haies ont été taillées de manière à permettre au prince de le contempler depuis la maison[3]. »

---

1. Catherine Mayer, *Charles : The Heart of a King*, WH Allen, 2015.
2. « Éclaire nos ténèbres, nous t'en supplions, Ô Seigneur. »
3. Propos recueillis par l'auteur.

V.

La volonté de rendre les choses meilleures

Au début des années 1980, Charles est jeune marié et jeune papa lorsqu'il accepte de recevoir Theo Aronson au palais de Kensington, où il réside alors, pour un court entretien. L'historien travaille à un nouveau livre et cherche à recueillir le témoignage des principaux représentants du clan Windsor. S'il est amusé par certains tics gestuels du futur souverain, comme le fait de toucher constamment la pochette glissée dans sa poche de poitrine et ses boutons de manchette, il reconnaît surtout en son interlocuteur un homme « infiniment sérieux, très conscient de ses obligations envers la monarchie et son pays. Il [me] parle de ses théories sur l'exercice du métier de roi aujourd'hui, écrit-il. Il aimerait, de manière un tantinet irréaliste, être une sorte de roi médiéval, un "roi pour le peuple". Ce qui me frappe, c'est qu'il me paraît extrêmement conscient de la vulnérabilité de sa position. Il semble mal à l'aise avec cette fortune dont il a hérité, avec ces privilèges qu'il n'a rien fait pour gagner, sa vie incroyable, sa faillibilité personnelle. Il sait que son "job" n'est que ce qu'il choisit d'en faire ; qu'il doit travailler dur pour prouver sa pertinence en ces ultimes décennies du XXe siècle[1] ».

L'urgence d'accomplir, de faire… Si j'ai choisi, au début de cet ouvrage, de décrire les jardins créés par l'héritier du trône dans sa

---
1. Theo Aronson, *Royal Subjects*, Sidgwick & Jackson, 2000.

propriété de Highgrove, c'est avant tout parce qu'ils lui ressemblent. Leur nature débordante traduit son besoin impérieux de marquer le monde de son empreinte. Lorsque, en 1980, le duché de Cornouailles – l'organisme gestionnaire des terres et des biens immobiliers qui constituent le patrimoine privé des princes de Galles – achète la résidence[1], le prince se voit offrir l'opportunité de repenser l'ensemble « en partant d'une toile vierge ». Sa sensibilité artistique – il est passionné d'aquarelle – le pousse alors à « peindre un tableau » qu'il revisite et modifie sans relâche depuis plus de trente ans. La route a été longue et semée d'embûches ; sa volonté d'aménager une enclave de nature dans le respect des règles de l'agriculture biologique lui a valu de multiples railleries et commentaires acerbes. D'une certaine manière, la re-création de Highgrove ressemble à son parcours tourmenté en tant que futur monarque.

À la fin des années 1970, Charles s'interrogeait déjà publiquement sur la place que lui réserverait l'Histoire. En janvier 2008, il bat le record de cinquante-neuf ans et soixante-quatorze jours au poste d'héritier de la Couronne précédemment détenu par son arrière-arrière-grand-père, Edward VII. Dix mois plus tard, il fête son soixantième anniversaire. « Il est temps d'en finir avec nos préjugés le concernant, ses tics, son allure générale, ses mariages et le royal *soap opera*, commente à l'époque le magazine *Intelligent Life*. Temps de prendre en considération tout ce qu'il a accompli avec ce qui lui a été donné – de longues années de relative liberté, une plate-forme médiatique sans précédent. Et le roi qu'il est en train de dessiner. »

Un futur souverain a accès aux documents officiels émanant du 10, Downing Street et des différents ministères, et peut être amené à représenter le monarque en exercice en de multiples occasions, mais il n'a aucun rôle d'un point de vue strictement constitutionnel – aucun texte n'a jamais codifié la fonction. Il n'a donc d'autre mission que d'attendre. Dans son autobiographie publiée en 1951, le duc de Windsor, prédécesseur du prince Charles en tant que prince

---

1. À Maurice Macmillan, le fils de l'ancien Premier Ministre conservateur Harold Macmillan.

de Galles du 23 juin 1910 au 20 janvier 1936, puis roi bref, pendant un peu plus de dix mois, sous le nom d'Edward VIII, se plaignait déjà de n'avoir « aucune tâche spécifique à accomplir – je veux dire, par comparaison avec un vice-président, par exemple, qui, lui, a un métier. Bien qu'héritier du trône, avec tout ce que cette position était censée impliquer, je n'avais en réalité aucun devoir à remplir au nom de l'État, aucune responsabilité[1] ».

Si le fils d'Elizabeth II se démarque des autres princes de Galles, c'est parce qu'il est le premier à s'être efforcé de donner un sens à son titre par le biais d'une action concrète, à avoir pris conscience de la nécessité de tracer son propre chemin. Il a visité plus de pays, rencontré plus de grandes figures de son temps et de chefs d'État que tous ses prédécesseurs réunis. Régulièrement décrit comme un « activiste », il soutient l'homéopathie contre l'antibiotique, l'ancien contre le neuf, la spiritualité contre le matérialisme, le b.a.-ba contre la méthode globale, le sens de la communauté contre les tentations individualistes, la mer contre la pêche intensive, la sagesse contre le progrès, la fleur des champs contre l'industrie chimique, le réfléchi contre le rapide, le sens du sacré contre les fois qui divisent. Ses supporters le considèrent comme un visionnaire, ses détracteurs au mieux comme un original, au pis comme un privilégié déconnecté des réalités de ses contemporains. Une proportion croissante de Britanniques concède aujourd'hui qu'il s'est révélé un précurseur dans bon nombre de domaines et que la plupart de ses combats sont justes – et justifiés.

Les chiffres, eux, parlent d'eux-mêmes. À lui seul, le prince Charles a fondé treize organisations à vocation caritative, sociale, environnementale ou artistique, mais aussi aidé plusieurs centaines de milliers de jeunes en danger d'exclusion à s'intégrer et à prendre leur vie en main par l'intermédiaire du Prince's Trust, la grande œuvre de sa vie, fondée en 1976. Chaque année, il contribue à récolter quelque 120 millions d'euros, redistribués jusqu'au dernier centime à ses *charities*, dont les ramifications s'étendent aujourd'hui jusqu'en Australie, au Canada et aux États-Unis. « Depuis des années, en réalité aussi loin

---

[1]. *A King's Story : The Memoirs of H.R.H. the Duke of Windsor*, Cassell, 1951.

que remontent mes souvenirs, j'ai toujours été habité par la volonté de rendre les choses meilleures[1] », dit-il.

« *Un rideau de velours et d'hermine était tombé entre lui et son passé* »

En 1258, le Gallois Llywelyn le Dernier, héritier d'une lignée de princes opposés à l'envahisseur anglais, est le premier à se proclamer prince de Galles. Son titre est reconnu neuf ans plus tard par le traité de Montgomery, un accord de paix signé avec le roi d'Angleterre Henry III. Dans les années 1280, Edward Ier, le successeur de Henry III, envahit le pays et y met en œuvre une série de mesures visant à empêcher la population de se soulever à nouveau en tant que nation indépendante. En 1301, il fait officiellement prince de Galles son fils aîné, Edward de Carnarvon, alors âgé de seize ans. Depuis, la plupart des souverains anglais, puis britanniques, ont accordé ce titre, qui n'obéit à aucun principe héréditaire et demeure une prérogative personnelle du monarque en exercice, au plus âgé de leurs fils.

Dans les années 1920, le futur Edward VIII se révèle le premier prince de Galles de l'histoire récente à marquer durablement les esprits. Extrêmement populaire, joli garçon, dynamique et portant bien l'uniforme, il devient l'icône de la jeune génération du royaume, durement touchée par les ravages de la Première Guerre mondiale. Son histoire, celle d'un homme hanté par sa condition d'héritier de la Couronne, sans vocation ni réelles aspirations personnelles, est aussi celle d'immenses espoirs déçus.

Wallis Simpson, la femme pour laquelle il choisira de renoncer au trône moins de onze mois après son avènement, en décembre 1936, incarne, selon la plupart de ses biographes, l'une des figures les plus dénigrées du XXe siècle. On l'a souvent décrite comme ambitieuse, dure et sans scrupules. Dans les années 1930, lady George Cholmondeley, une aristocrate britannique, la disait même « envoyée en Grande-Bretagne par un pouvoir extraterrestre » afin de détourner

---

1. Catherine Mayer, « Heart of a King », *Time Magazine*, 4 novembre 2013.

le souverain de ses devoirs. Reste que la légende de cette Américaine « coupable » d'avoir provoqué l'abdication d'Edward VIII n'a jamais été plus vivante qu'aujourd'hui.

Une enfance désargentée à Baltimore, deux premiers mariages sans trop de sentiments, un parcours en clair-obscur tissé de rumeurs – dont celle faisant état d'errances dans des maisons closes de Shanghai... Lorsqu'elle fait la connaissance du fils du roi George V et de la reine Mary au cours d'un week-end de chasse, en janvier 1931, Wallis Simpson, trente-quatre ans, n'a ni le pedigree ni la beauté des altesses idéales. Mais elle est une maîtresse femme. Une femme fatale. « David » (c'est ainsi que l'appelle sa famille) tombe, de son propre aveu, sous le charme de son « indépendance pleine de fraîcheur[1] ». La blondeur dorée de l'héritier des Windsor, sa minceur savamment entretenue par un régime alimentaire rigoureux font de lui le parfait prince charmant. Il chasse le lion et l'éléphant au Kenya, filme les rhinocéros au Congo. Plus séduisant que Rudolph Valentino, plus célèbre encore que Fred Astaire, il préfère ses maîtresses aux contraintes de la vie conjugale, les boîtes de nuit aux soupers fins servis au palais de St. James's, l'amitié des stars à celle de ses pairs, la décoration de sa résidence de Fort Belvedere à l'étude des documents officiels. Wallis décèle toutefois en lui une âme moins superficielle qu'il n'y paraît. « Il s'entourait de réserve, comme d'un voile impalpable et protecteur, écrit-elle dans ses Mémoires. Même dans ses meilleurs moments de détente, on sentait deux êtres en lui. En surface, il se montrait un hôte courtois, attentif et enjoué. Mais, sous cette apparence aimable, on devinait un être tout différent, étrangement grave et insaisissable[2]. »

Au gré de ses liaisons avec des femmes mariées plus ou moins dominatrices, David n'a jamais cessé de chercher l'amour qui lui a tant manqué lorsqu'il était enfant – le roi George V et la reine Mary étaient en effet des parents incapables d'exprimer leur affection. Il se délecte maintenant de la joie de vivre de Wallis et de l'intérêt qu'elle

---

1. *A King's Story : The Memoirs of H.R.H. the Duke of Windsor*, op. cit.
2. The Duchess of Windsor, *The Heart Has Its Reasons : Memoirs*, David McKay Company, 1956.

lui porte. Son désir d'être contrôlé, dirigé et approuvé par elle est en fait l'élément décisif de la fascination qu'il éprouve. « Même en cherchant bien, je ne trouvais aucune raison à ce qu'un homme aussi séduisant fût sérieusement attiré par moi[1] », confiera Mrs. Simpson bien des années plus tard. Le prince de Galles lui ouvre un monde nouveau « qui m'excitait plus que tout ce que j'avais connu. On déplaçait des trains [rien que pour lui]. Des yachts se matérialisaient. Les plus belles suites des meilleurs hôtels lui étaient grandes ouvertes. Des aéroplanes l'attendaient pour décoller. Il semblait incroyable que moi, Wallis Warfield de Baltimore, Maryland, puisse appartenir à ce monde enchanté. C'était Wallis au pays des merveilles[2] ».

L'Américaine sent toutefois avec un peu d'inquiétude croître l'attachement du prince, dont elle n'aurait jamais été réellement amoureuse – ses proches en ont la conviction. Les intimes de l'héritier de George V se rendent compte, eux, que celui-ci « n'a jamais été aussi épris » – « il lui trouvait des qualités aussi indispensables à son bonheur que l'air qu'il respirait », témoignera Winston Churchill. À la mort de son père, en janvier 1936, David monte sur le trône sous le nom d'Edward VIII. Avec naïveté, il croit pouvoir imposer Wallis à tous et gagner peu à peu la faveur du pays, de l'Empire et de l'Église d'Angleterre, de sa mère, la reine Mary, dont l'approbation a toujours été si importante pour lui, et du Parlement. Il fait don de 300 000 livres à sa compagne afin d'assurer son avenir matériel et de lui permettre d'entamer une procédure de divorce. Car il a fait vœu de l'épouser. L'Histoire est en marche.

Avec l'énergie du désespoir, la favorite tente, de son côté, d'échapper à ce nouveau joug conjugal. Elle qui s'était rêvée en maîtresse de l'ombre, qui n'avait jamais eu d'autre désir que d'aider son amant à exceller dans sa tâche, se découvre maintenant la femme la plus haïe du royaume. « Je suis sûre, écrit-elle au souverain, qu'ensemble, vous et moi, nous ne créerions que du désastre. » Le 3 décembre 1936, la presse révèle les projets matrimoniaux d'Edward VIII. L'opinion s'indigne. Mrs. Simpson n'a d'autre choix que de fuir. Elle trouve

---

1. *Ibid.*
2. *Ibid.*

refuge chez un couple d'amis dans le sud de la France. « Si longue que soit notre séparation, attendez-moi, la supplie le roi. Jamais je ne renoncerai à vous. »

Psychologiquement instable (« C'est un fou ! » se serait un jour exclamé l'un de ses conseillers) et dévoré de passion, poussé à bout au point de n'être plus en état de décider sereinement de rien, le jeune monarque appose sa signature sur les sept exemplaires de sa déclaration d'abdication, le 10 décembre. Désespérée, Wallis écoute en pleurant son message d'adieu retransmis sur les ondes de la BBC. Elle se sait désormais contrainte de s'unir à cet homme, dont le sacrifice est immense. Le 3 juin 1937, leur mariage est célébré en tout petit comité, et sans réjouissances particulières, au château de Candé, près de Tours, en France. Plusieurs membres de la famille royale ont envoyé un télégramme de félicitations, mais aucun n'a fait le déplacement. « Il y a quelque chose d'inflexible et d'inhumain dans le principe même de la monarchie, écrira plus tard Wallis. Edward s'était dérobé à la charge qui lui revenait de droit par sa naissance et qu'il devait remplir jusqu'à sa mort. Un rideau de velours et d'hermine était tombé entre lui et son passé[1]. »

Le renoncement d'Edward VIII puis son départ en exil bouleversent les Britanniques, ébranlent durablement le bel édifice monarchique patiemment construit par ses prédécesseurs, et précipitent brutalement son frère cadet, le nouveau George VI, dans les tourbillons de l'Histoire. Ancien de la Royal Navy au profil doux et discret de tranquille père de famille, celui-ci n'a jamais été associé ni de près ni de loin au métier de roi et ne se sent pas à la hauteur de la tâche. Le bégaiement dont il est affligé depuis l'enfance s'annonce déjà comme un lourd handicap dans l'exercice de ses fonctions officielles. Aussitôt après avoir appris la décision de son frère, écrit-il dans son journal, « je suis allé voir la reine Mary, & [...] là je me suis effondré & je me suis mis à sangloter comme un enfant[2] ». Lorsqu'un souverain meurt, les hommes se découvrent, les femmes pleurent, et son successeur

---

1. *Ibid.*
2. John W. Wheeler-Bennett, *King George VI : His Life and Reign*, Macmillan & Co. Ltd., 1958.

prend sa place auréolé de son prestige, dans une ambiance faite à la fois de liesse populaire et de recueillement de cathédrale. George VI, lui, n'a pas cette chance. Les rues de la capitale se sont couvertes en quelques jours de petites affiches dont les slogans doux-amers proclament l'attachement de la population à son aîné. « Il y a beaucoup de préjugés contre [le nouveau monarque], reconnaît le Premier Ministre Stanley Baldwin. Il n'a jamais captivé l'imagination des gens comme son frère a pu le faire. J'ai peur que, pendant un an ou deux, les choses ne soient très difficiles pour lui[1]. »

« *Un nouveau concept de royauté* »

Charles avait trois ans lorsqu'il a perdu son grand-père maternel, en février 1952[2]. De l'homme qu'était George VI, il n'a gardé que très peu de souvenirs. « Il me reste seulement cette image où je suis assis à côté de lui, en short, sur un sofa, confiait-il récemment dans un documentaire réalisé pour le quarantième anniversaire du Prince's Trust. Cela m'a manqué de ne pas avoir de grand-père[3]. » Un buste du souverain disparu trône en bonne place dans le corridor principal de Clarence House. Hommage permanent à un pionnier dont le travail demeure pour lui une référence, et qui, au dire même de son principal biographe, « a apporté au pays un nouveau concept de royauté, une royauté étroitement identifiée à la population et sincèrement soucieuse de ses problèmes[4] ».

Retracer le parcours du père d'Elizabeth II nous replonge dans l'histoire du XXe siècle. La révolution bolchevique de 1917, l'assassinat du tsar Nicolas II et de sa famille en juillet 1918, ainsi que la chute des maisons régnantes Habsbourg et Hohenzollern à la fin de la

---

1. *Thatched with Gold : The Memoirs of Mabell, Countess of Airlie*, Hutchinson, 1962.
2. Son grand-père paternel, le prince André de Grèce, était mort en décembre 1944, quatre ans avant sa naissance.
3. « When Ant and Dec Met the Prince : 40 Years of The Prince's Trust », ITV, janvier 2016.
4. John W. Wheeler-Bennett, *King George VI, op. cit.*

Première Guerre mondiale, fragilisent le trône des Windsor. En mars 1917, un rassemblement public organisé à l'Albert Hall, à Londres, célèbre le renversement du tsarisme. Les restrictions d'après guerre, la cherté de la vie quotidienne, la fascination d'une partie de l'opinion pour les États-Unis, la montée des tensions et l'impuissance du gouvernement du Premier Ministre libéral Lloyd George à ramener la paix sociale conduisent certains hommes politiques à douter de la stabilité de l'institution monarchique. Des voix connues, comme celle de l'écrivain H.G. Wells, se prononcent ouvertement en faveur d'une abolition « du trône et du sceptre ».

En 1918, un homme d'Église, le révérend Robert Hyde, décide de fonder la Boys' Welfare Association, une organisation apolitique dédiée au bien-être et à l'amélioration des conditions de travail des ouvriers, et de la placer sous parrainage royal. Peu porté sur les contraintes protocolaires, réticent à s'exprimer en public en raison de son bégaiement, le deuxième fils du roi George V et de la reine Mary y voit aussitôt une chance d'élargir son champ d'action et de donner à son travail une dimension plus constructive, davantage en phase avec les réalités de son époque. Pour la première fois, un prince se voit en effet offrir l'opportunité de sortir des domaines d'intervention traditionnels de la famille régnante – le sport, les associations caritatives et les forces armées. « Bertie » entreprend de sillonner le royaume à la rencontre des industriels et de leur personnel, insiste pour que ces déplacements se déroulent sans cérémonie. Il visite les forges, les chantiers, les fonderies, les usines et les magasins, s'intéresse au travail des femmes, descend dans les puits de mine. Il prend rapidement conscience de l'urgence des réformes à engager, acquiert la conviction que « la nation la plus riche est celle qui nourrit le plus grand nombre de gens heureux », et développe « le désir profond de donner lui-même une impulsion en faveur de la promotion de relations humaines authentiques et bonnes ». Après son mariage avec lady Elizabeth Bowes-Lyon, en avril 1923, le nouveau duc d'York bouleverse les usages en vigueur en réunissant régulièrement chez lui, dans son hôtel particulier du 145, Piccadilly, l'ensemble des acteurs du secteur – ouvriers, patrons et syndicats. « Sans en faire étalage, sans cérémonie ni tapage, il a, posément et avec constance, noué des contacts personnels avec des gens issus de tous les milieux en lien avec le monde de la production et de l'entreprise[1] », écrit un témoin de l'époque.

Dans une Grande-Bretagne toujours corsetée par son système de classes, le fils du roi George V et de la reine Mary rêve, lui, de dialogue et de fraternité. En mars 1921, il assiste à un match de football entre des ouvriers de la Briton Ferry Steel Company, au pays de Galles, et des étudiants de la très select Westminster School de Londres. À l'issue de la rencontre, Alexander Grant, le directeur de la fabrique de biscuits McVitie & Price (un philanthrope, ami du futur Premier Ministre travailliste Ramsay MacDonald), le convainc d'étendre l'expérience à l'ensemble du royaume. Le prince propose alors de mettre en place des camps de vacances d'une semaine où des jeunes âgés de dix-sept à dix-neuf ans, issus de tous les milieux, pourront apprendre à se connaître et se lier d'amitié en participant à des compétitions sportives. Un site est trouvé à la hâte – un aérodrome désaffecté à New Romney, dans le Kent –, puis cent collèges et cent compagnies industrielles sont invités à envoyer chacun deux représentants.

Le projet est accueilli avec scepticisme et ironie par la presse, mais aussi par les syndicats et toutes les parties concernées. « Je ne doute pas une seconde que le parent "type" d'un élève de *public school* soit quelque peu frileux à l'idée de permettre à "Claude" de frayer avec "Bill", de peur qu'il n'attrape quelque chose qui nuise à sa santé ou, pis, à ses bonnes manières[2] », commente à l'époque le révérend Robert Hyde. Persuadé du bien-fondé de son entreprise, Bertie crée un nouveau précédent au sein de la famille régnante en s'impliquant activement dans l'organisation et le déroulement de l'événement. Le 3 août 1921, il se rend à New Romney et découvre que les timidités et les appréhensions des premiers jours ont laissé place à un esprit de joyeuse camaraderie. « Il avait trouvé le moyen parfait de mettre en évidence quelques-unes des inepties répandues à propos des relations entre les différentes classes sociales, écrit l'un des responsables du

---

1. *Ibid.*
2. *Ibid.*

projet, et apposé le sceau de son influence et de son leadership sur une aventure qui allait prendre une importance croissante tout au long des difficiles années de l'entre-deux-guerres. Il ne fait aucun doute que celle-ci a contribué à renforcer les liens entre la population et la Couronne[1]. »

Au total, ces « colos » d'un genre nouveau accueilleront 6 000 jeunes gens entre 1921 et 1939. Le prince y passera tous les ans une journée au moins, y compris après son accession au trône, en décembre 1936. Mener cette entreprise à bien lui aura offert « un moyen unique d'exprimer cet idéalisme pragmatique et plein de bon sens qui était l'un des traits marquants de son caractère. Ce fut aussi l'une des premières manifestations de cette conception de la monarchie qu'il allait mettre en pratique avec tant de succès des années plus tard, celle d'un souverain resté au contact de son peuple, qui s'intéresse à son bien-être et travaille à l'améliorer lorsqu'il est en son pouvoir de le faire[2] ».

---

1. *Ibid.*
2. *Ibid.*

VI.

« J'admirais leur liberté »

Ce 26 mars 2014, Camilla est attendue dans l'East Sussex pour y inaugurer plusieurs établissements – l'hospice St. Wilfrid's d'Eastbourne, le tout premier centre britannique d'études et de recherche sur le vin à Plumpton, et les nouveaux locaux du musée d'Art et d'Artisanat de Ditchling. L'épouse de l'héritier du trône a grandi à Plumpton ; elle est donc ici chez elle.

Situé dans le sud-est de la Grande-Bretagne, le comté de l'East Sussex s'enorgueillit d'une histoire royale riche et ancienne, entamée en septembre 1066 lorsque Guillaume le Conquérant (un Normand) avait débarqué avec ses troupes sur les rivages de Penvesey pour s'emparer de l'Angleterre. Elizabeth Ire y a séjourné – à Northiam, une petite plaque désigne encore le chêne sous lequel, un beau jour d'août 1573, la reine s'est assise pour déjeuner. Le port of Shoreham a abrité la fuite de Charles II en 1651. C'est à George IV que la ville balnéaire de Brighton doit sa prospérité et son architecture. Sous le règne d'Elizabeth II, il s'est rarement écoulé un mois sans qu'elle-même ou l'un des membres de sa famille s'y rende en visite officielle. Loin des cérémonies en grand apparat que l'on croit souvent, à tort, être l'ordinaire du métier d'altesse royale, les *away days* (déplacements en province) sont en effet essentiels à la préservation des liens qui unissent la souveraine et ses proches à leurs compatriotes. « Il y a beaucoup de gens qui ne viennent jamais à Londres, voilà pourquoi c'est à nous de nous rendre jusqu'à eux », dit la reine. Le public veut voir son monarque et ses princes. Il en a toujours été ainsi.

Ces engagements officiels ne font plus depuis longtemps les gros titres de la presse, mais ils revêtent toujours une importance considérable pour les communes concernées. En cette belle journée de printemps anglais, claire et piquante, une dizaine de *gentlemen* en costume gris et cravate et de *ladies* en tailleur jupe plissée battent la semelle devant l'entrée du Wine Centre du Collège agricole de Plumpton. Le vent apporte une odeur d'herbe fraîchement coupée. Au loin, des prairies couvertes de moutons et de jonquilles, et les ondulations bleutées des collines des Downs. L'ambiance est plutôt bon enfant. Ces messieurs, pour la plupart des dignitaires locaux et des membres de la UK Vineyard Association (l'Association des vignobles de Grande-Bretagne), dont la duchesse de Cornouailles est la présidente, plaisantent pour tromper leur nervosité. « Ne serions-nous pas un peu stressé, Mr. Fox ? » lance l'un d'eux.

« Lorsque lord Montagu of Burghley, qui était notre parrain depuis 1956, a souhaité prendre sa retraite, raconte Roger Marchbank, le vice-président de la UKVA, nous nous sommes mis en quête d'un remplaçant. Le prince Charles a toujours manifesté un grand intérêt pour l'agriculture et pour notre secteur d'activité en particulier. Il a d'ailleurs lui-même fait planter un petit vignoble à Highgrove. Nous lui avons donc écrit. Finalement, c'est la duchesse qui a décidé de prendre le relais, et nous en sommes très heureux. Vous n'imaginez pas à quel point elle est formidable, toujours disponible quand nous sollicitons sa présence sur tel ou tel événement[1]. » Les vins anglais n'ont pas toujours eu bonne presse – notamment de l'autre côté de la Manche. L'East Sussex se targue pourtant d'avoir une terre identique à celle de la Champagne ; il se dit aussi volontiers là-bas que le vin pétillant produit localement n'a rien à envier au champagne français. Voilà pourquoi l'inauguration du centre est perçue comme une étape majeure dans le développement de la filière viticole britannique.

Un bruit distinct d'hélicoptère provoque une brève effervescence dans les rangs des invités. Une petite grappe de reporters est priée

---

[1]. Propos recueillis par l'auteur.

de se ranger le long d'un ruban de gravier blanc, et une limousine sombre s'avance : « C'est Camilla. » La duchesse de Cornouailles n'est pas accompagnée d'une dame d'honneur – là aussi, « les choses sont en train de changer, vous savez », glisse un membre de son staff. Une broche en nacre et argent en forme de tortue agrafée à son manteau de tweed, elle salue de la main les étudiants alignés plus ou moins sagement à quelques mètres de sa voiture, lance des « *hello!* » de sa voix grave et posée, et embrasse quelques connaissances. Un peu plus tôt, à l'hospice St. Wilfrid's, spécialisé dans l'accompagnement des personnes gravement malades ou en fin de vie, elle a rencontré patients, équipes soignantes et bénévoles, et assisté à un court récital de chant donné par les élèves d'une école voisine. En dépit de l'heure matinale, elle se laisse maintenant tenter par un verre de *bubbly*. Elle insiste pour voir l'ensemble des installations, des laboratoires aux salles de cours en passant par les salles d'embouteillage, prend le temps de discuter avec les élèves, pose des questions, écoute attentivement les explications qui lui sont prodiguées sur la manière de combattre l'acidité, les effets du gel et du vent. Le cursus de quinze mois dispense aux étudiants une formation dans tous les domaines de la viticulture, mais aussi en microbiologie, en géologie et science des terroirs. « Je me sens tout à fait à ma place ici, dit la duchesse. J'en sais bien davantage sur la dégustation du vin que sur sa fabrication, mais j'ai appris beaucoup de choses aujourd'hui. Mon père a travaillé dans le vin, il aurait été si heureux d'être là. »

« *Un parfait* gentleman »

Les confidences de l'entourage de Camilla se font toujours à mots choisis, mais il est un sujet sur lequel ses proches s'expriment volontiers : la formidable complicité qui l'unissait à ses parents, Bruce et Rosalind, et la manière dont ces derniers ont influencé son regard sur la vie. À la fin des années 1960, raconte son amie Lucia Santa Cruz, « Camilla m'a emmenée passer Noël dans sa famille, à Plumpton. Il m'est difficile de décrire la chaleur et la gentillesse de leur accueil à tous. Je me souviens de m'être réveillée à côté de cet... énorme tas de cadeaux. Rosalind était une femme pétillante, d'une générosité incroyable, qui s'intéressait vraiment à vous. Je ne parle pas seulement d'une générosité matérielle, mais d'une générosité de cœur, d'esprit, de comportement. Camilla a hérité cette générosité-là. Je suis convaincue que, lorsque vous grandissez dans un environnement familial solide, vous en retirez une force intérieure qui vous accompagne tout au long de votre existence. Et Camilla a cette force. Elle est passée par des moments très difficiles, mais elle a toujours pu compter sur le soutien de sa famille ». De l'avis général, une « immense affection » unissait la duchesse de Cornouailles au major Bruce Shand, « qui s'est toujours révélé une source de réconfort pour elle, dans bien des domaines[1] ». Elle « se sentait très proche de son père, confirme Lucia Santa Cruz. Je ne dirais pas qu'ils étaient semblables en tout point – il était d'un tempérament plus réservé –, mais ils avaient beaucoup de traits de caractère et de goûts en commun. Et Mr. Shand était un parfait *gentleman*[2] ».

Lointain descendant d'un clan de marchands écossais, Bruce compte parmi ses aïeuls plusieurs personnages hauts en couleur qui, chacun à sa manière, ont marqué leur époque de leur empreinte. Son arrière-grand-père, Hugh Morton Shand, fait fortune en Inde et assure l'avenir des générations suivantes en investissant, au milieu du XIXe siècle, dans l'immobilier londonien. Alexander Faulkner Shand, son fils, avocat de formation, intègre la Société fabienne, un club de pensée socialiste fondé par ses amis Sidney et Beatrice Webb. Il se distingue par ses écrits sur le savoir, la volonté, les émotions et les sentiments, et devient l'un des membres fondateurs de la Société britannique de psychologie. Fiancé un temps avec Constance Lloyd, une jeune beauté aux yeux violets qui deviendra la femme d'Oscar Wilde, il finit par épouser, avec plus ou moins de conviction, Augusta Mary Coates, une fille de médecin originaire de la ville de Bath, dans le Somerset. À défaut de lui apporter le bonheur, celle-ci lui donne un fils, Philip, le grand-père de Camilla.

---

1. Propos recueillis par l'auteur.
2. Propos recueillis par l'auteur.

« J'ADMIRAIS LEUR LIBERTÉ »

Ce dernier développe une passion pour la gastronomie, le bon vin et les femmes. Son appétit pour les plaisirs de la vie se révèle aussi vorace que ses centres d'intérêt sont éclectiques. Auteur de plusieurs livres sur les plaisirs de la table – *A Book of Wine* en 1926, *A Book of Food*, puis *Bacchus*, en 1927 –, il fait aussi autorité en matière d'architecture moderne, domaine dans lequel il publie de nombreux ouvrages. Il est ami avec les architectes Walter Gropius, Wells Coates et Le Corbusier. On le dit brillant, têtu, irascible, arrogant et plein de charme. Sa personnalité controversée, sa fibre hédoniste, son caractère difficile et ses errances de séducteur (il se mariera quatre fois) finissent par le brouiller avec son père, qui le déshérite. Sa première femme, Edith Marguerite Harrington, donne naissance à Bruce le 22 janvier 1917. Après leur divorce, en 1920, elle se remarie et part s'établir en Amérique, laissant derrière elle son petit garçon. Trois ans plus tard, Philip Shand quitte à son tour l'Angleterre pour s'installer en France, patrie des grands crus, de la bonne cuisine et des jolies filles, en abandonnant son fils à la garde de ses grands-parents, Alexander et Augusta. Il ne le reverra qu'en 1935.

Diplômé de l'Académie militaire royale de Sandhurst, Bruce intègre en 1937 le 12e régiment des lanciers royaux au grade de sous-lieutenant. Les chevaux, la chasse, l'armée, le service de son pays et de Sa Majesté deviennent dès lors toute sa vie. Ses exploits au cours de la Seconde Guerre mondiale lui valent d'être décoré par deux fois de la Croix militaire et promu au grade de major en 1942. Cette année-là, il échange quelques mots avec Winston Churchill, venu remonter le moral des troupes engagées sur le front d'Afrique du Nord, et participe à la bataille d'El-Alamein, avant d'être blessé et emprisonné par les Allemands au château de Spangenberg. À son retour en Grande-Bretagne, s'il est fêté comme un héros par ses camarades de régiment, il est déçu du peu d'intérêt que lui manifestent ses proches. Lorsqu'il épouse Rosalind Maud Cubitt, la fille de Sonia Keppel et du 3e baron Ashcombe, en janvier 1946, à l'église St. Paul's du quartier de Knightsbridge, aucun des membres de sa famille ne prend la peine de se déplacer.

Conduite par l'évêque de Guildford, la cérémonie est pourtant jugée « socialement » assez importante pour faire l'objet d'un compte rendu dans les colonnes du *Times*. « A été célébré le mariage du major Bruce Shand, du 12ᵉ lanciers royaux, fils unique de Mrs. Charles Tippet, et de miss Rosalind Cubitt, fille unique de l'Honorable Roland et Mrs. Cubitt, demeurant à Hall Place, West Meon, Petersfield, dans le comté de Hampshire, peut-on y lire. La mariée, qui a été menée jusqu'à l'autel par son père, portait une robe et une traîne de satin blanc, un voile de tulle et de dentelle maintenu par une couronne de camélias, et tenait un bouquet de ces mêmes fleurs à la main. Les quatre demoiselles d'honneur – lady Cathleen Eliot, miss Vivien Mosley, miss Juliet Colman et miss Virginia Forbes-Adam – étaient vêtues de robes longues couleur vieil or et coiffées de courts voiles de tulle bleu, et tenaient des bouquets de roses et de fleurs de printemps. Les deux pages, Michael Heathcoat-Amory et Duncan Davidson, étaient, quant à eux, habillés de costumes blancs Gainsborough. Le témoin du marié était le major Edward Mann, du 12ᵉ lanciers. Une réception a ensuite été donnée à l'hôtel Claridge's. »

En 1951, le couple se porte acquéreur de The Laines, une belle maison de brique rouge d'allure bourgeoise située à proximité de Plumpton. Les deux jeunes gens, qui vivaient jusqu'alors dans la localité voisine de Westdean, sont alors déjà parents de trois enfants : Camilla, née en juillet 1947, Annabel, de deux ans sa cadette, et Mark, âgé de quelques mois. En 1958, après avoir fait ses premières armes dans le commerce du vin chez Charlie Richards, à Londres, Bruce entre chez le célèbre marchand de vins Block, Grey & Block, dans le quartier de Mayfair. Il en devient rapidement l'un des associés, puis prend le contrôle de sa filiale Ellis, Son & Vidler, dont il organise la délocalisation dans la petite ville de Lewes. L'argent hérité de Sonia Cubitt procure à la famille Shand une sécurité financière qui lui permet de disposer d'un appartement au cœur de la capitale, dans le quartier cossu de Chelsea, tout en maintenant sa position dans la bonne société de l'East Sussex. À sa disparition, en 1947, Alice Keppel avait en effet légué à ses filles un peu plus de 177 000 livres – une fortune –, sans compter sa propriété en Italie, ses investissements en Amérique du Nord et ses collections d'œuvres d'art et de pièces de joaillerie Fabergé. La plupart de ses bijoux avaient, eux, été déposés dans un coffre à la banque Drummonds.

« J'ADMIRAIS LEUR LIBERTÉ »

À l'époque où les Shand emménagent à Plumpton, Sonia, divorcée de Roland Cubitt, avec qui elle a eu trois enfants (Rosalind, Henry, né en 1924, et Jeremy, né en 1927), partage son temps entre sa maison de campagne du Hampshire et sa résidence de Hyde Park Gardens, à Londres, où, probablement influencée par l'exemple de sa mère, elle règne sur les soirées de la capitale. Dans les années 1930, plusieurs membres de la famille royale étaient déjà régulièrement les invités d'honneur de ses réceptions – comme celle donnée en l'honneur de Rosalind à Holland House, le 6 juillet 1939, jour de l'entrée officielle dans le monde de la jeune fille, à laquelle ont assisté le nouveau souverain George VI et son épouse. Une photographie en noir et blanc de Mrs. Cubitt révèle un visage allongé aux traits harmonieux, de grands yeux sombres et de courtes boucles brunes enroulées à hauteur des pommettes. « J'ai rencontré Sonia à plusieurs reprises, témoigne une amie de Camilla. Elle avait quelque chose d'imposant, d'assez… catégorique. Je ne lui trouvais aucune ressemblance avec Edward VII. D'ailleurs, je n'ai jamais entendu qui que ce soit dans la famille la présenter comme sa fille. Mais, après tout, qui sait[1]… »

Jusqu'à sa mort, la grand-mère de la duchesse de Cornouailles entretient savamment le doute sur sa filiation. Après un premier roman, *Sister of the Sun*[2], paru en 1932, elle publie ses Mémoires en 1958 sous le titre ambigu d'*Edwardian Daughter*. « Il arrivait que [le roi] soit encore là lorsqu'on m'amenait à maman, aux alentours de six heures, raconte-t-elle. Lui et moi, nous nous livrions alors à un jeu fascinant. Sans faire le moindre cas de la propreté de son pantalon, il me tendait une jambe, sur laquelle je plaçais côte à côte deux morceaux de pain beurré (la partie beurrée contre le tissu). Puis chacun de nous pariait un penny (une somme qui, en ce qui me concerne, était généreusement fournie par maman). L'ordre dans lequel les tartines arrivaient en bas dépendait évidemment de la quantité de beurre dont elles avaient été recouvertes. Pendant la course, notre enthousiasme et notre excitation étaient intenses[3]. »

---

1. Propos recueillis par l'auteur.
2. « Sœur du soleil ».
3. Sonia Keppel, *Edwardian Daughter*, Hamish Hamilton, 1958.

Le contenu du coffre de la banque Drummonds est dispersé trois ans après sa mort, le 11 mai 1989, au cours d'enchères organisées par Sotheby's à l'hôtel Beau-Rivage de Genève, en Suisse. L'introduction du catalogue de la vente décrit pudiquement Edward VII comme un « ami proche » d'Alice, avec lequel celle-ci avait « noué une entente unique et durable ». Parmi « les objets de vitrine de la collection de Mrs. George Keppel » offerts à la curiosité des acheteurs : deux miniatures de 1904 cerclées d'or représentant Violet et Sonia enfants, un précieux nécessaire de voyage, une pendulette en or, plusieurs étuis à cigarettes et un vanity-case Fabergé, des œufs miniatures montés en pendentifs créés eux aussi par la maison Fabergé, une broche Cartier en aigue-marine et diamants (l'un des cadeaux de mariage de Mrs. Cubitt), une broche en diamants, saphirs et rubis en forme de fer à cheval offerte à Alice par Edward VII après la victoire de son poulain, Minoru, dans le Derby d'Epsom, en 1909, un nécessaire en forme d'œuf renfermant de multiples trésors, un almanach relié de cuir intitulé « Étrennes Mignone pour l'Année 1818 », une boîte à aiguilles, une petite paire de ciseaux et un dé en or.

« Ils n'avaient toujours que des éloges, et ça se voyait »

À Plumpton, on se souvient de Bruce Shand comme d'un homme « très agréable », animé d'un intérêt sincère pour les autres, un homme pour qui les différences de milieu social n'avaient aucune importance. « Le profil type de l'officier de l'armée anglaise, chaleureux, parlant bien, fort d'une grande confiance en lui », se rappelle une voisine, avec « un formidable sens de l'humour et un rire contagieux[1] ». Lucia Santa Cruz évoque par ailleurs « son tempérament très réservé. Un soir, à dîner, il m'a décrit ce qu'il avait vécu pendant la guerre, son emprisonnement, son évasion. Une fois le repas terminé, Camilla m'a dit : "Tu sais, c'est la première fois qu'il en parle." Bruce n'avait encore jamais raconté son histoire à ses proches[2] ».

---

1. Propos recueillis par l'auteur.
2. Propos recueillis par l'auteur.

Les chevaux occupent une place importante dans la vie de la famille. Maître adjoint de l'East Sussex Foxhounds, Mr. Shand transmet très tôt sa passion de l'équitation et de la chasse à courre à sa fille aînée. En 1962, il est nommé adjoint au Lord Lieutenant du Sussex, le représentant officiel de la reine Elizabeth dans le comté[1]. Sept ans plus tard, il intègre le prestigieux Queen's Body Guard of the Yeomen of the Guard – le Corps des Yeomen de la garde rapprochée de la reine –, le plus ancien des corps militaires de Grande-Bretagne, créé en 1485 par Henry VII « pour défendre la dignité et la grandeur de la couronne d'Angleterre ainsi que celles des rois et des reines de ce royaume, et ce pour l'éternité ». Responsables, à l'origine, de la sécurité du monarque, ces *bodyguards* à l'uniforme vermillon et or sont assignés principalement à des fonctions de représentation lors de cérémonies officielles. L'ascension de Bruce Shand dans la hiérarchie du régiment sera rapide. Là encore, son exemple et son parcours influenceront Camilla, que ses proches décrivent comme « incroyablement patriote[2] ».

Sur décision d'Elizabeth II, la duchesse de Cornouailles assume aujourd'hui les charges de colonel royal du 4e bataillon de fusiliers – bataillon qui a, ces dernières années, subi de lourdes pertes en Irak et en Afghanistan –, de commodore en chef des services médicaux de la marine et de l'aumônerie navale, de sponsor (marraine) du *HMS Astute*, le plus grand et le plus puissant des sous-marins de la Royal Navy, enfin de commodore honoraire des bases aériennes RAF Leeming, dans le Yorkshire, et RAF Halton, dans le Buckinghamshire. L'épouse du prince Charles conserve également des liens très étroits avec les corps militaires dans lesquels son père a servi, comme la 7e division blindée (les « Rats du désert »), dont elle a accepté de devenir marraine et membre honoraire, et le 12e lanciers. « Elle a une vraie culture, une compréhension innée de la chose militaire, témoigne l'une de ses amies. Elle sait ce qu'est le quotidien au sein des forces armées, tient à être au courant de ce qui se passe dans les

---

1. Il occupera ensuite les fonctions de Vice Lord Lieutenant de l'East Sussex de 1989 à 1992.
2. Propos recueillis par l'auteur.

familles, qui a eu un bébé, qui a perdu un parent. Elle s'acquitte de ses responsabilités envers eux avec un côté un peu maternel. Et si ces liens sont si profonds, si sincères, c'est en raison de ce qu'a vécu son père[1]. »

Bruce et Rosalind font en sorte que leurs enfants profitent d'une vie de famille heureuse et épanouissante. « Si j'ai l'image d'une femme forte, c'est entièrement à [cela] que je le dois, confiera bien des années plus tard Camilla. J'ai grandi entourée d'amour et dans un sentiment de totale sécurité. [...] J'ai eu le meilleur départ dans l'existence dont on puisse rêver[2]. » Dans leur entourage, certains évoquent « une éducation typique de l'aristocratie anglaise »; d'autres, au contraire, des images de bonheurs simples. « Rosalind laissait [ses filles] partir camper, à cheval, dans les collines, raconte le journaliste et écrivain William Shawcross, un ami d'enfance de la duchesse de Cornouailles. Elles dormaient dans des sacs de couchage. Camilla et Annabel avaient une passion pour le poney, comme ma sœur, Joanna, et elles assistaient ensemble aux manifestations organisées par le Poney Club[3]. » « Je ne crois pas que les Shand aient élevé leurs enfants très strictement, poursuit une ancienne résidente du village de Plumpton. Mais ils leur ont appris à bien se tenir – ils avaient tous les trois des manières impeccables. Ils étaient en outre aimés de façon absolue, inconditionnelle, ce qui, à l'époque, était plutôt inhabituel chez les gens de leur condition. [Leurs parents] les encourageaient en permanence à être eux-mêmes. La plupart d'entre nous étions élevés à coups de critiques. Eux, ils n'avaient toujours que des éloges, et ça se voyait[4]. » « J'admirais leur liberté[5] », reconnaît Lucia Santa Cruz.

Chez Rosalind, l'amour des enfants s'exprime aussi dans son travail de bénévole pour la Chailey Heritage School, un établissement scolaire situé dans la ville voisine de Lewes, spécialisé dans l'accueil, l'éducation et le suivi médical de jeunes handicapés. En

---

1. Propos recueillis par l'auteur.
2. Caroline Graham, *Camilla : Her True Story*, John Blake Publishing Ltd., 2001.
3. Bob Colacello, « Charles and Camilla : Together at Last », vanityfair.com, 2000.
4. *Daily Mail*, 28 janvier 1999.
5. Propos recueillis par l'auteur.

« J'ADMIRAIS LEUR LIBERTÉ »

2000, l'homme d'affaires anglais Robin Birley témoigne, dans l'édition américaine de *Vanity Fair*, de la sollicitude et de la générosité de la mère de Camilla. Défiguré par un tigre à l'âge de douze ans alors qu'il visitait un zoo privé, Robin avait été envoyé séjourner chez les Shand après une première opération. « J'étais affreux à voir, se souvient-il. [...] Je n'ai jamais oublié à quel point Rosalind a été douce et patiente avec moi. J'ai rarement rencontré quelqu'un d'aussi bon[1]. » Bruce, lui, s'implique dans la gestion du Henry Smith Estates, un fonds créé pour venir en aide à des organismes caritatifs. Chaque année, au printemps, le couple ouvre au public son jardin – aménagé par le jardinier-paysagiste de renom Russell Page – en échange de modestes droits d'entrée intégralement reversés à la Chailey Heritage School ainsi qu'à la National Society for the Prevention of Cruelty to Children (NSPCC), la principale association britannique de protection de l'enfance.

L'arrivée des Shand à Plumpton s'est traduite, pour la petite communauté, par un regain d'activité sociale. « Rosalind donnait de grandes réceptions, des soirées magnifiques, se souvient l'une des habitantes du village. Elle faisait installer des marquises dans le jardin, et les convives valsaient, parfois jusqu'au petit matin. Elle avait le sens de la fête. Ma mère, qui était régulièrement invitée, m'avait raconté qu'un soir elle l'avait vue danser sur le piano[2]. » La mère de Camilla était fine et jolie ; on lui prêtait du charisme, de l'humour et beaucoup d'esprit, « même si celui-ci pouvait se révéler mordant ». Héritière d'une lignée dont les femmes avaient toujours été les vraies héroïnes, elle portait en elle l'histoire d'Alice Keppel et de ses filles. Ceux qui la rencontraient pour la première fois se disaient frappés par son sourire, qui semblait illuminer tout son visage. Elle avait, c'est vrai, « une présence incroyable, témoigne l'une de ses connaissances. C'était une femme qui aimait les belles choses, qui soignait son apparence. Elle était toujours très chic. De ce point de vue-là, elle avait un côté plus français que britannique[3] ».

---

1. Bob Colacello, « Charles and Camilla : Together at Last », art. cité.
2. Propos recueillis par l'auteur.
3. Propos recueillis par l'auteur.

De l'avis général, la duchesse de Cornouailles lui ressemble beaucoup, tant physiquement que sur le plan de la personnalité et du caractère. Elle a sa franchise, « et aussi cet esprit vif, cette capacité à se lier avec des gens venus de tous horizons, à s'intéresser sincèrement à eux. Camilla maîtrise parfaitement l'art de recevoir ; elle en connaît toutes les conventions, tous les usages. Ce sont des femmes qui ont le sens du contact, mais à qui leur éducation a donné le goût de la discrétion[1] ».

« *Comment devenir de bonnes épouses et de bonnes mères* »

En 1952 – elle a alors cinq ans –, Camilla est envoyée à Dumbrells, un ancien pensionnat situé dans la petite localité de Ditchling, à cinq kilomètres de chez elle. Fondée dans les années 1880 par trois sœurs, miss Mary, miss Edith et miss May, cette école, installée dans un ancien corps de ferme, est alors considérée comme un établissement pour apprenties femmes du monde. La directrice, Helen Knowles, a fait vœu d'éduquer la jeune génération du royaume dans le respect de règles d'une rigueur toute victorienne. Les fillettes doivent lui faire la révérence tous les matins, la discipline à base de coups de baguette s'applique sans distinction d'âge à l'ensemble des élèves. « Il lui arrivait de s'interrompre brusquement pendant un cours pour demander à l'une d'entre nous de lire ou de prononcer tel ou tel mot, se souvient une ancienne. Et, lorsque nous nous trompions, nous devions rester debout sur une chaise, devant toute la classe, jusqu'à la fin de la matinée. »

Certaines repensent en riant au « tailleur bleu » de la directrice, « le même tous les jours, été comme hiver », et aux bottes en caoutchouc obligatoires « à cause des serpents que l'on disait cachés dans l'herbe ». D'autres évoquent en grimaçant le supplice des repas pris au réfectoire, la nourriture à l'ancienne, du vieux bœuf et des carottes bouillies, du sagou, du pudding farineux. « Lorsque nous disions ne pas aimer tel ou tel plat, on nous en donnait double ration. Nous devions manger tout ce qui nous était servi, même la ficelle si nous en trouvions autour

---

1. Propos recueillis par l'auteur.

de la viande. On nous obligeait alors à la couper en tout petits morceaux et à la mélanger au reste. C'était pour nous apprendre à devenir des invitées irréprochables, qui n'embarrassent jamais la maîtresse de maison en laissant quoi que ce soit dans leur assiette. »

Les déjeuners sont expédiés dans un silence religieux. Seules les fillettes assises à la table de miss Knowles ont l'autorisation de parler. « Il fallait faire comme si nous assistions à un dîner mondain, se souvient une autre. Pour nous apprendre à tenir une conversation, à nous comporter avec aisance en société, elle nous bombardait de questions. En soi, ce n'était pas une mauvaise approche. Même si, chaque jour ou presque, elle réussissait à faire pleurer l'une d'entre nous. » La directrice a la réputation de mener la vie dure aux élèves un peu plus timides que les autres et de se montrer nettement plus indulgente vis-à-vis de celles issues de familles titrées et fortunées. « Mais notre anglais est parfait, car elle adorait cette langue et était déterminée à ce que nous l'apprenions le mieux possible. À bien y réfléchir, l'éducation dispensée à Dumbrells était excellente. Et la très grande sévérité qui l'accompagnait nous a sans doute préparées à affronter les difficultés de l'existence[1]. »

Rosalind vient chercher ses filles à l'école tous les jours. « L'été, elle les emmenait à la plage, à Hove, raconte encore William Shawcross. La plupart des familles employaient des nounous, mais pas les Shand. Rosalind passait tout son temps avec ses enfants. Chez eux, on s'amusait beaucoup, c'est l'une des choses qui m'avaient le plus frappé. Il y avait des poneys, des chiens, des pique-niques, jamais rien de pompeux ni de snob, mais beaucoup de plaisir et de bon temps pour toutes les générations. Les Shand étaient une famille heureuse[2]. »

À sa sortie de Dumbrells, en 1957, Camilla entre brièvement à Southover Manor, à Lewes – où Elizabeth II et le prince Philip ont eux-mêmes, un temps, songé à inscrire la princesse Anne –, avant d'intégrer un établissement londonien, Queen's Gate, dans le quartier de Kensington. La réputation du pensionnat est alors de fournir en épouses la moitié du ministère des Affaires étrangères de Sa Majesté.

---

1. Propos recueillis par l'auteur, comme toutes les citations qui précèdent.
2. Bob Colacello, « Charles and Camilla : Together at Last », art. cité.

« Les filles ne se sentaient pas obligées d'apprendre grand-chose, témoignera l'actrice Lynn Redgrave, une ancienne élève. En fait, elles ne pensaient qu'à être invitées dans des soirées. Faire ses débuts dans le monde et se trouver un mari fortuné, voilà quelles étaient leurs priorités. Nous avions d'ailleurs des heures et des heures de leçons destinées à nous expliquer comment devenir de bonnes épouses et de bonnes mères[1]. »

Le week-end, miss Shand suit des cours de danse de salon dans la salle paroissiale de Hassocks, à quelques kilomètres de Plumpton. Bruce et Rosalind donnent de petites réceptions aux Laines pour leurs enfants et leurs amis. « Des gelées et des glaces en guise de buffet, des danses soigneusement organisées, avec les garçons d'un côté et les filles de l'autre, raconte Broderick Munro Wilson, un ami d'enfance. Il y avait de temps en temps un orchestre de trois musiciens, sinon la musique était assurée par un vieux gramophone. Personne ne se bécotait. Tout cela restait très bien élevé[2]. »

Afin de préparer Camilla à ses futures obligations de maîtresse de maison, ses parents chargent une voisine, Julia Roper-Caldbeck, de lui apprendre la cuisine. Responsable du ravitaillement et de l'assistance aux troupes pour le comté de l'East Sussex pendant la Seconde Guerre mondiale, Julia avait été décorée de la médaille de l'Empire britannique par le roi George VI à l'issue du conflit. Elle avait ensuite ouvert un salon de thé dans le village de Ditchling avant de monter un commerce de traiteur, et comptait plusieurs proches de Winston Churchill parmi ses clients. Ni son talent ni ses efforts ne parviennent toutefois à éveiller l'intérêt de miss Shand pour l'art et la manière de préparer un pudding ou de mijoter un plat en sauce.

Au début de l'année 1964, Camilla quitte Queen's Gate pour Mon Fertile, une institution privée pour jeunes filles à Genève, en Suisse. Le 25 mars 1965, elle fait officiellement son entrée dans le monde au cours d'une réception donnée par sa mère chez Searcys, sur Pavilion Road, dans le quartier de Knightsbridge. Elle compte alors au nombre des cent cinquante débutantes les plus socialement désirables du moment.

---

1. Caroline Graham, *Camilla : Her True Story*, op. cit.
2. Rebecca Tyrrel, *Camilla : An Intimate Portrait*, Short Books, 2003.

« J'ADMIRAIS LEUR LIBERTÉ »

Suivront une (brève) expérience professionnelle chez le décorateur Colefax and Fowler, sa rencontre avec Andrew Parker Bowles, en 1966, et leur mariage, sept ans plus tard. Le prince Charles apprendra leurs fiançailles par la presse.

À l'époque, les médias britanniques ne considèrent pas encore le mariage de l'héritier du trône comme un sujet brûlant. Celui-ci, âgé de vingt-quatre ans à peine, débute une carrière militaire dans la Royal Navy qui le retiendra loin de Londres pendant de longs mois. Au cours de l'automne 1972, Camilla et le fils d'Elizabeth II ont passé beaucoup de temps ensemble, à Londres et à Broadlands, la propriété de lord Mountbatten, le grand-oncle et confident du jeune homme, mais le futur roi n'a jamais osé dire à sa *girlfriend* à quel point il espère que leur relation pourra survivre à ses absences. Des années plus tard, écrit l'un de ses biographes, la rumeur prétendra que, « avant son départ, il était sur le point de lui demander de l'épouser. Mais il était trop jeune et trop peu sûr de ses sentiments pour songer à franchir pareille étape. De plus, tous deux étaient encore trop réservés l'un avec l'autre pour mentionner le sujet[1] ».

« Je ne crois pas que le prince ait demandé sa main au début des années 1970, comme cela a souvent été dit, confirme une connaissance commune. Les difficultés sont arrivées lorsqu'il a été posté dans la marine. Camilla s'est fiancée avec Andrew Parker Bowles. Andrew était plein de charme, c'était aussi un incorrigible séducteur – elle était avec lui sans qu'il soit vraiment à elle. Elle est devenue sa femme par amour, mais aussi parce qu'elle avait la conviction que jamais elle ne pourrait épouser Charles. Louis Mountbatten avait été clair face au prince : Camilla n'était pas celle qu'il lui fallait, elle était un peu plus âgée que lui, et surtout elle avait eu une vie avant de le rencontrer. Les choses étaient très différentes, à l'époque. On aurait voulu que l'héritier du trône choisisse une épouse de sang royal. Les noms de plusieurs princesses circulaient, et Camilla le savait. Pour elle, il ne faisait aucun doute que le devoir de Charles était de se marier et d'avoir un héritier[2]. »

---

1. Jonathan Dimbleby, *The Prince of Wales : A Biography*, op. cit.
2. Propos recueillis par l'auteur.

VII.

« Je me demandais qui j'étais »

Aussi loin que remontent ses souvenirs, Charles n'a jamais pu s'offrir le luxe de l'insouciance. Le 8 février 1952, la « très noble et très majestueuse princesse Elizabeth Alexandra Mary » est officiellement proclamée « reine Elizabeth, deuxième du nom, reine de ce royaume et de tous ses autres royaumes et territoires par la grâce de Dieu, chef du Commonwealth et défenseur de la foi ». À son fils aîné, âgé d'un peu plus de trois ans, revient le titre de duc de Cornouailles et de duc de Rothesay, comte de Carrick, baron Renfrew, seigneur des îles, prince et grand intendant d'Écosse. Il ne gardera, de son propre aveu, pratiquement aucun souvenir de la cérémonie du couronnement, le 2 juin 1953, si ce n'est sa coupe très dégagée autour des oreilles et l'« épouvantable substance graisseuse » appliquée sur ses cheveux. Aux acclamations de la foule massée sous les fenêtres du palais, le garçonnet répond ce jour-là par un sourire et un salut timides.

À l'automne 1953, la scolarité du prince débute dans l'une des six pièces de la nurserie de Buckingham, transformée en salle de classe. Trois ans plus tard – il a alors huit ans –, Charles effectue sa toute première rentrée à Hill House, dans l'ouest de Londres. Cette école, fondée à l'origine en Suisse à la fin des années 1940, a pour vocation de préparer l'« enfant moderne » à vivre au sein d'une « communauté planétaire ». « Il ou elle doit recevoir un enseignement lui permettant de comprendre que les nations dépendent les unes des autres ; d'apprendre à vivre avec des enfants d'autres nationalités ; de respecter ce qui lui est inconnu ou étranger, et ainsi de trouver sa place dans un monde de plus en plus "petit"[1]. » La souveraine souhaite que son fils, le premier héritier de la Couronne à porter un uniforme et à suivre des cours en dehors du palais, puisse bénéficier d'une scolarité aussi « normale » que possible. Dix mois plus tard, celui-ci est donc finalement, comme la plupart des garçonnets de son milieu et de son âge, envoyé en pension.

Direction Cheam, un établissement du Berkshire fondé au XVIIe siècle et un temps surnommé la « petite Chambre des lords ». Son père, le prince Philip, y avait lui-même été admis en 1929. En dépit des appels à la modération lancés aux médias du royaume, c'est au milieu d'une foule compacte de journalistes, de parents d'élèves et de curieux que Charles, accompagné de ses parents, se présente à l'entrée de l'école. Discipliné, pétri des principes et des codes de conduite appris de sa famille – ne jamais laisser paraître ses émotions en public, se montrer toujours poli et humble, ne jamais oublier qu'un geste ou une parole malencontreux peuvent faire la une des journaux du lendemain –, l'enfant cache mal sa difficulté à s'adapter à son nouvel environnement et le chagrin qu'il éprouve à se retrouver séparé des siens.

Il a déjà la réputation d'être gentil, prévenant, modeste et d'une courtoisie surprenante pour son âge. Sa réserve et sa timidité naturelles, ainsi que son manque chronique d'assurance, qu'il tente de dissimuler sous une apparence de sérieux et de gravité excessive, perturbent ses relations avec les autres élèves. « Ce n'était pas facile de se faire beaucoup d'amis, reconnaîtra-t-il. Je ne suis pas une personne naturellement sociable et j'ai toujours eu horreur des bandes. J'ai toujours eu tendance à préférer ma propre compagnie, ou les tête-à-tête[2]. » À Cheam, Philip s'était fait une place avec enthousiasme, gagnant des premiers prix de mathématiques et de français et remportant toutes sortes de trophées sportifs, en saut de haies, en natation ou encore en plongée. Tenu à l'écart par ses « camarades »,

---
1. http://www.hillhouseschool.co.uk/about/.
2. Jonathan Dimbleby, *The Prince of Wales : A Biography*, op. cit.

Charles, lui, s'y retrouve bientôt la cible d'une forme particulièrement virulente de harcèlement.

Au cours de l'été 1958, la reine Elizabeth le crée officiellement prince de Galles pendant la cérémonie de clôture des jeux de l'Empire et du Commonwealth, à Cardiff. « Ces jeux [...] ont rendu l'année mémorable pour la principauté, déclare-t-elle dans un message préenregistré. J'ai décidé de la rendre plus mémorable encore par [cet] acte qui, je l'espère, donnera autant de plaisir à tous les Gallois qu'il m'en donne à moi-même. » L'enfant, qui a été invité à venir suivre la cérémonie à la télévision, dans le bureau du proviseur, en compagnie d'autres élèves, apprend la nouvelle en même temps que le reste de ses compatriotes, à son grand embarras. Il haïra à tout jamais le souvenir des cinq années passées dans l'établissement, comme il maudira ensuite le collège de Gordonstoun, dans le Morayshire. Là-bas, l'enfant est supposé apprendre à développer son potentiel, à résister à l'oisiveté et aux tentations, à aiguiser son sens des responsabilités et son esprit de décision, ainsi qu'à construire un projet de vie en accord avec ses aspirations profondes. L'enfer que Charles va connaître dans cette pension, réputée l'une des plus dures de Grande-Bretagne, sera sans commune mesure avec les petits tracas de Cheam.

Philip, qui y avait été scolarisé au milieu des années 1930, y avait été heureux. À ses yeux, il ne peut donc en être autrement pour son aîné. En mai 1961, Queen Mum, qui connaît bien son petit-fils et pressent les drames à venir, écrit à la reine Elizabeth pour tenter de la convaincre de laisser l'adolescent intégrer plutôt le collège d'Eton : « Ce serait l'école idéale, compte tenu de son caractère et de son tempérament. En outre, bien que Gordonstoun soit un bon établissement, il se trouve à des kilomètres et des kilomètres d'ici, et [ce serait comme si Charles] se retrouvait scolarisé à l'étranger. Et puis, les fils de tous tes amis sont à Eton, et il est très important de pouvoir grandir aux côtés de ceux qui vous accompagneront plus tard dans la vie. Il serait également si bien, et si important, que toi et Philip puissiez le voir pendant la période scolaire, et que vous le gardiez en contact avec ce qui se passe ici – il se sentirait terriblement seul et coupé de tout là-bas, tout au nord. Je suis certaine que cela doit être un vrai sujet d'inquiétude pour Philip et toi. On a toujours de l'affection pour son ancienne école, bien sûr ; mais [...] si [Charles] entre à Eton, cela résoudra bien des problèmes, notamment celui de la religion. C'est toujours un sujet sensible en ce qui concerne l'héritier du trône, et aucun risque de se retrouver impliqué dans une quelconque polémique dans un bastion protestant comme la chapelle d'Eton[1] ! »

Mais le duc d'Édimbourg juge Eton trop proche du château de Windsor et de la capitale, et il est convaincu que l'éloignement géographique tempérera les ardeurs des médias. Du côté de Gordonstoun, on prépare l'arrivée du futur roi en instaurant une discipline encore plus stricte. Les nouvelles règles prévoient le recours aux châtiments corporels, et toute consommation d'alcool est désormais passible d'expulsion. Le prince, tenu pour responsable de ce durcissement, sera rejeté par les autres élèves, victime de brutalités et de railleries cruelles et incessantes. Il comparera par la suite ses années dans le Morayshire à une peine de prison. « Il y a été affreusement seul, témoignera plus tard un ancien élève, le journaliste britannique Ross Benson. Le miracle, c'est qu'il y ait survécu sans devenir fou[2]. »

« Nous étions une vraie famille »

En 1994, la biographie autorisée du prince de Galles écrite par Jonathan Dimbleby évoque le sentiment d'abandon dont il s'est souvent senti la proie étant jeune, l'apparent détachement de sa mère, la sévérité de son père, l'enfer des pensionnats. On dit alors le couple régnant profondément blessé par ces confidences, dont la teneur leur paraît très éloignée des souvenirs qu'ils ont eux-mêmes gardés de cette époque. L'ouvrage fait tomber les ultimes tabous

---

1. William Shawcross, *Counting One's Blessings : The Selected Letters of Queen Elizabeth the Queen Mother*, Macmillan, 2012.
2. Christopher Wilson, « Punched as he slept, friends tortured with pliers : as it's revealed the Queen Mother tried to stop Charles going to Gordonstoun, no wonder he called it Colditz with kilts », dailymail.co.uk, 1er février 2013.

qui protégeaient encore la vie privée d'Elizabeth II. Une série d'articles parus dans le *Daily Telegraph* en 2002, à la veille de son jubilé d'or (le cinquantième anniversaire de son règne), critique à nouveau la manière dont elle aurait conduit sa vie de famille : elle « a laissé ses enfants aux mains de Philip, peut-on y lire, et Philip, à son tour, les a abandonnés à la vie ». Ce dernier, raconte par ailleurs une ancienne dame d'honneur, « pensait qu'il ne serait pas bon d'essayer de les façonner d'une manière ou d'une autre, et que, pour eux, la meilleure manière d'apprendre serait de se débrouiller par eux-mêmes. Dès le départ, on leur a laissé la bride sur le cou. Même lorsqu'ils étaient très jeunes, Charles et [sa sœur] Anne bénéficiaient d'une grande autonomie et n'avaient jamais recours à leurs parents pour quoi que ce soit. Rapidement, ils ont eu leur propre bureau, leurs propres secrétaires, leur propre emploi du temps[1] ».

D'autres récits font état de relations parfois compliquées par l'« invisible distance » qui sépare le monarque de ses proches et n'incite pas forcément à la confidence. Connaissant le caractère timide et secret de la souveraine, ainsi que sa difficulté à exprimer ses sentiments, ses enfants « se seraient depuis toujours peu confiés à elle, en partie parce qu'elle est la reine, en partie parce qu'ils sont réticents à rompre sa réserve[2] ». Dans l'entourage d'Elizabeth II et de son époux, on brosse au contraire le portrait de parents toujours soucieux de se rendre disponibles, quelles que soient les contraintes de leur emploi du temps. On raconte aussi les jeux, les rires, les histoires que Philip lisait tous les soirs à sa progéniture, les jours heureux en vacances à Sandringham et Balmoral. Et la joie qu'ils ont éprouvée l'un et l'autre lorsque la reine est tombée enceinte de son troisième enfant, en 1959, neuf ans après la naissance de leur fille.

« Mes parents ont fait d'énormes efforts pour pouvoir être avec nous aussi souvent que possible, témoigne le prince Andrew. Je me souviens du bonheur de ma mère quand le soir, au palais, elle

---

1. Graham Turner, « The Real Elizabeth II », telegraph.co.uk, 8 janvier 2002.
2. Sarah Bradford, *Elizabeth : A Biography of Her Majesty the Queen*, Mandarin, 1997.

s'occupait, seule, d'Edward et moi. Nous étions une vraie famille[1]. » Rien, « pas le moindre début d'élément concret, n'a jamais laissé supposer qu'elle ait été autre chose qu'une mère affectueuse et attentionnée, commente de son côté la princesse Anne. Enfants, nous n'en demandions pas trop, car nous comprenions qu'elle n'avait pas beaucoup de temps, nous savions quelles étaient ses responsabilités en tant que souveraine. Mais aucun de nous n'a jamais pensé une seule seconde qu'elle ne se souciait pas de nous comme n'importe quelle autre mère[2] ».

Des extraits de films de famille diffusés au printemps 2016 par la BBC à l'occasion du quatre-vingt-dixième anniversaire d'Elizabeth II révèlent ces heures joyeuses[3]. Un jeune couple, gai et plein d'entrain, jouant dans les jardins du château de Balmoral avec ses deux aînés, un prince Philip lancé à vive allure sur les pentes herbeuses de la propriété dans un petit chariot rouge, des parties de cache-cache à la plage, sur Holkham Beach, à proximité du château de Sandringham… Autant d'images dont le prince Charles reconnaît se souvenir « comme si c'était hier[4] ».

La biographie de 1994 avait été publiée à un moment singulièrement difficile de sa vie, alors que son mariage avec Diana achevait de se dissoudre sous les yeux du monde entier et qu'une guerre de communication sans merci les opposait l'un à l'autre. « [Charles] ne perçoit pas son enfance différemment aujourd'hui de la manière dont il la voyait alors ; mais il veut que ses parents, particulièrement sa mère, sachent combien il regrette, sincèrement, la peine causée inutilement[5]. »

Les liens entre le prince de Galles et son père, eux aussi, ont souvent été teintés d'incompréhension et de remords. Leur supposée incompatibilité de tempéraments et toutes sortes de rumeurs tapageuses en ont ancré dans les esprits une vision très négative.

---

1. Brian Hoey, *Her Majesty : Fifty Regal Years*, HarperCollins Publishers, 2001.
2. Extrait du documentaire *Queen and Country*, par William Shawcross (2002).
3. *Elizabeth at 90 – A Family Tribute*, BBC One, 2016.
4. *Ibid.*
5. Gyles Brandreth, *Charles & Camilla*, op. cit.

« JE ME DEMANDAIS QUI J'ÉTAIS »

« Lui est un romantique, et moi un pragmatique, a un jour déclaré le duc d'Édimbourg à l'un de ses biographes. Ce qui veut dire que nous voyons les choses différemment. Et, parce que je ne les vois pas comme un romantique, je passe pour un insensible[1]. » Si le prince Philip peut avoir parfois des réflexions blessantes, plusieurs de ses intimes évoquent la « grande timidité » qui se cacherait sous cet abord un peu rude. Ses humeurs, sa tolérance zéro pour l'incompétence, la vanité, l'inutile, la presse, l'imposture et le manque de courage seraient, pour beaucoup, attribuables à une enfance douloureuse et aux épreuves qui lui ont été infligées par la vie.

« *Une solitude singulière* »

Petit-fils du roi Georges Ier de Grèce, arrière-petit-fils du roi Christian IX de Danemark et arrière-arrière-petit-fils du tsar Nicolas Ier de Russie et de la reine Victoria, Philip est l'héritier d'une longue histoire, celle de dynasties aux tribulations intimement mêlées, d'hommes et de femmes malmenés par des vents contraires, dont l'influence a façonné sa personnalité.

En décembre 1922, sa famille – son père, le prince André de Grèce, sa mère, la princesse Alice, ses quatre sœurs aînées, Margarita, dix-sept ans, Theodora, seize ans, Cécile, onze ans, et Sophie, huit ans – quitte la Grèce, vaincue par les Turcs de Mustapha Kemal et en proie à une instabilité politique grandissante. André a échappé de justesse à une condamnation à mort grâce à l'intervention d'un émissaire du gouvernement britannique envoyé par George V. Le couple et ses enfants ont fui en abandonnant leurs biens derrière eux. Le futur époux de la reine Elizabeth arrive sur le continent avec pour tout trousseau le cageot d'oranges qui lui tient lieu de berceau. Il est, au dire même de ses proches, « un survivant[2] ».

Après avoir séjourné quelque temps à Londres chez la mère d'Alice, la princesse Victoria, au palais de Kensington, Philip et les

---
1. *Ibid.*
2. Propos recueillis par l'auteur.

siens s'installent rue du Mont-Valérien, à Saint-Cloud, où le prince Georges, l'un des frères d'André, et son épouse, la princesse Marie Bonaparte, petite-fille d'un neveu de l'empereur Napoléon Ier, ont offert de les héberger. Les parents du garçonnet, dont le couple se désagrège peu à peu, rongé par le manque d'argent et le chagrin de l'exil, l'envoient séjourner tour à tour chez de riches émigrés grecs près de Marseille, chez la veuve de l'ex-roi de Grèce Constantin Ier sur les rivages de la mer Baltique, ou encore chez l'une de ses cousines, la reine Hélène de Roumanie.

À six ans, Philip intègre The Elms, une école américaine installée dans l'ancienne maison de Jules Verne, avenue Eugénie, à Saint-Cloud[1]. Le jour de l'inscription de son fils, la princesse Alice insiste pour que l'enfant, « au lieu d'être bridé et constamment prié de modérer ses ardeurs, soit au contraire encouragé à dépenser son énergie sans limites en pratiquant toutes sortes de sports et en s'imprégnant des valeurs d'effort, de courage et de fair-play typiquement anglo-saxonnes ». Philip, ajoute-t-elle avec une intuition étonnante, doit « développer des traits de caractère anglais, car son avenir se jouera sur des terres où l'on parle anglais, peut-être aux États-Unis, et je veux qu'il apprenne l'anglais parfaitement[2] ».

Le jeune prince se passionne pour toutes sortes d'activités sportives : natation, football, base-ball. Il a le désir d'exceller dans toutes les disciplines, y compris le ski, qu'il découvre à l'occasion de deux semaines de classe de neige à Chamonix, en 1927. Dans ses Mémoires, sa cousine Alexandra (qui deviendra par la suite reine de Yougoslavie) brosse le portrait d'un petit garçon espiègle et rieur, sensible à la détresse des autres, généreux, naturellement porté à la compassion, mais aussi déterminé et fier, poussé par quelque rage intérieure à ne jamais laisser paraître le moindre signe d'embarras ou de faiblesse. « Il était là avec son pull aux coudes reprisés, son pantalon rapiécé, sûr depuis son plus jeune âge de ce qu'il voulait, de là où il voulait aller. Un après-midi où il pleuvait à torrents, il avait été retenu à l'école parce que son professeur s'était aperçu qu'il n'avait

---

1. Philip Eade, *Young Prince Philip : His Turbulent Early Life*, HarperPress, 2011.
2. Herbert Jacobs, *Schoolmaster of Kings*, Berkeley, 1982.

pas d'imperméable. Mais il ne s'était pas démonté : il lui avait expliqué qu'il était en train d'économiser pour s'en acheter un, et que la chose serait sûrement réglée la semaine suivante[1]. »

Les derniers temps de sa scolarité à Saint-Cloud sont assombris par la dégradation de l'état de santé de sa mère, qui souffre d'importants troubles du comportement. En proie à un mysticisme ardent, victime d'hallucinations et probablement dépressive, Alice est admise dans un établissement spécialisé, en Allemagne, où on la déclare atteinte de schizophrénie[2]. Elle est finalement internée dans une clinique privée, en Suisse. Le prince André ferme la maison familiale et entame une nouvelle vie faite d'errances entre Paris, les villes d'eaux allemandes et Monte-Carlo. Philip se retrouve seul. Il a alors à peine huit ans.

Ses quatre sœurs se marient en l'espace de quelques mois. Sophie épouse le prince Christophe de Hesse en décembre 1930, à Berlin ; Cécile, le grand-duc héréditaire Georges Donatus de Hesse, trois mois plus tard, à Darmstadt. En avril 1931, Margarita s'unit au prince Gottfried de Hohenlohe-Langenbourg, un arrière-petit-fils de la reine Victoria ; enfin, en août, Theodora convole avec le margrave de Bade. Christophe et Sophie sont les premiers à rejoindre les rangs des partisans d'Adolf Hitler, suivis peu après par Cécile et « Don ». À l'époque, de nombreux aristocrates allemands s'égarent dans la voie du national-socialisme, aveuglés par la promesse d'un retour à l'ordre et à la prospérité après le chaos dans lequel les a plongés la Première Guerre mondiale. Sous peu, la famille de Philip sera déchirée par de nouveaux drames et d'insolubles conflits de loyauté.

Confié un temps à l'un de ses oncles maternels, George Mountbatten, marquis de Milford Haven, marié à une aimable et ravissante excentrique, la comtesse Nadejda Mikhaïlovna de Torby, le futur époux d'Elizabeth II entre en pension à Cheam, dans le Surrey, où les conditions d'hébergement sont alors plus que spartiates et où l'apprentissage de la discipline autorise le recours

---

1. S.M. la reine Alexandra de Yougoslavie, *Prince Philip : A Family Portrait*, Hodder and Stoughton, 1959.
2. Philip Eade, *Young Prince Philip*, op. cit.

aux châtiments corporels. L'école l'ancre dans la conviction qu'une éducation de ce type participe à la formation d'adultes autonomes et responsables. Respecté à la fois pour les qualités dont il fait la preuve et pour toutes celles qu'il s'efforce de cacher, Philip est un garçon doué pour les mathématiques et le sport, énergique, populaire, bien que doté d'un caractère un brin soupe au lait, en apparence plus à l'aise dans la langue de Molière que dans celle de Shakespeare. Et, surtout, remarquablement peu enclin aux confidences.

Sa grand-mère, la princesse Victoria, à laquelle il est très attaché, comble en partie le vide laissé par le départ de ses parents (il restera sans aucune nouvelle de sa mère entre 1932 et 1937). Elle fait en sorte qu'il soit toujours accueilli par un proche en période de vacances. Le palais de Kensington, où elle réside, n'est pas à proprement parler une maison pour lui, juste l'endroit où il entrepose ses maigres affaires, son seul point de chute un peu fixe dans une existence faite d'interminables voyages. Le jeune garçon sillonne l'Europe entièrement livré à lui-même, s'accoutumant à une solitude singulière dont on ne l'entend jamais se plaindre. Comme s'il avait fini par accepter de ne jamais vivre autre chose qu'un exil permanent.

À la rentrée 1933, Philip est envoyé poursuivre ses études à Salem, dans le sud de l'Allemagne, dans une pension réputée progressiste dirigée par Kurt Hahn, un théoricien de l'éducation fasciné par Platon et par les méthodes en vigueur dans les grands collèges anglais. L'influence grandissante du nazisme au sein de l'établissement ainsi que les difficultés d'intégration manifestes de l'adolescent, qui maîtrise mal l'allemand, incitent toutefois sa famille à le rapatrier en Grande-Bretagne au bout de quelques mois. Au début de l'automne 1934, le voilà en route pour Gordonstoun, un nouveau pensionnat, fondé lui aussi par Kurt Hahn, qui a fini par fuir son pays et le régime d'Adolf Hitler pour s'établir sur les rivages du Morayshire, en Écosse. Douches froides, exercices physiques à toute heure du jour, travaux de jardinage et d'entretien des bâtiments, apprentissage de la navigation, corvées domestiques… Cet environnement convient au jeune prince. « À l'époque, témoigne l'une de ses proches, Philip ne savait jamais trop où il allait être envoyé, il n'y avait aucun endroit au monde qu'il pouvait appeler "ma maison"[1]. » « Ma famille s'est séparée, confiera-t-il lui-même un jour. Ma mère était malade, mes sœurs étaient mariées, mon père dans le sud de la France. Je devais faire avec, et c'est tout[2]. »

En novembre 1937, sa sœur Cécile, son époux et leurs deux fils aînés disparaissent dans un accident d'avion. Cinq mois plus tard, George Mountbatten meurt d'un cancer. Dans la nasse de ses tourments, il se forge peu à peu un masque de dureté, une façade de désinvolture érigée entre lui et le reste du monde comme un mécanisme de défense. Par pudeur, par fierté, il sera d'ailleurs toujours extrêmement réticent à évoquer ses premières années, l'absence de ses parents, le sentiment d'abandon, les multiples influences qui se sont exercées sur lui et, sans doute aussi, ses brûlants questionnements d'enfant. « Je me demandais qui j'étais[3] », lâchera-t-il un jour, sans s'étendre davantage sur le sujet.

« Les pieds sur terre »

Elizabeth et son futur époux se croisent une première fois au mariage du duc de Kent, l'un des oncles paternels de la princesse, en 1934, et à plusieurs reprises lors de « réunions de famille » au cours des années qui suivent. Mais le fait est, commente l'une de leurs intimes, que ni l'un ni l'autre « ne se souvient d'une rencontre qui aurait eu lieu avant celle de Dartmouth[4] ». Le 22 juillet 1939, George VI, son épouse et leurs deux filles effectuent une visite officielle au Collège naval royal, situé sur les rives du fleuve Dart, dans le Devon. En raison de l'épidémie d'oreillons qui sévit sur le campus, on juge préférable de ne pas associer « Lilibet », treize ans, et sa sœur, Margaret, neuf ans, aux cérémonies. Philip, alors élève de l'établissement, est choisi pour leur tenir compagnie.

---

1. Propos recueillis par l'auteur.
2. Gyles Brandreth, *Philip and Elizabeth : Portrait of a Marriage*, Century, 2004.
3. Graham Turner, *Elizabeth : The Woman and the Queen*, Macmillan, 2002.
4. Propos recueillis par l'auteur.

La gouvernante des princesses, Marion Crawford, se souvient dans ses Mémoires d'un « garçon blond comme un Viking, avec un visage un peu anguleux et des yeux d'un bleu perçant », « plutôt brusque de manières ». « Nous avons mangé des crackers au gingembre et bu de la limonade, et puis il a lancé : "Allons sur les terrains de tennis, on s'amusera à sauter par-dessus les filets." [...] Je le trouvais frimeur, mais les fillettes, elles, étaient très impressionnées. » « Lilibet ne l'a pas quitté une seconde des yeux[1] », écrit-elle encore. Le jeune homme, lui, gardera de cette journée le souvenir d'une adolescente timide à laquelle il était difficile de « tirer un mot[2] ». À l'heure du départ des souverains, les cadets du collège improvisent une escorte au yacht royal à bord de toutes sortes de menues embarcations. Philip est celui qui se montre le plus imprudent : on le voit suivre le navire à la rame jusqu'en haute mer – l'équipage, inquiet, finira par lui intimer l'ordre de rebrousser chemin. Les yeux rivés à une paire de jumelles, Elizabeth ne perd pas une miette de la scène. Ce garçon est un phénomène, il n'a rien de commun avec ceux dont elle a pu faire la connaissance jusqu'alors.

Pendant la Seconde Guerre mondiale, Philip se distingue dans la Royal Navy, d'abord en tant qu'aspirant à bord du *HMS Ramillies*, dans l'océan Indien, puis sur le *HMS Valiant*, à partir de janvier 1941. À plusieurs reprises, cette année-là, il est invité par les souverains à séjourner dans leur forteresse du Berkshire, où Elizabeth et sa sœur ont été évacuées dès le début du conflit. « Je crois qu'elle est tombée amoureuse de lui la première fois qu'il est venu au château de Windsor[3] », confirmera plus tard la reine Mary.

Les fiançailles du jeune couple sont annoncées le 9 juillet 1947. Mais à la Cour, cet univers ultra-policé, façonné par des siècles de traditions et de conceptions d'un autre âge, le tempérament bouillant et têtu, l'allure décontractée, et peut-être aussi le physique de jeune premier du prince, provoquent des réactions plus que mitigées. Bien que sa condition d'altesse sans royaume fasse de lui un candidat idéal

---

1. Marion Crawford, *The Little Princesses*, Cassell and Co. Ltd., 1950.
2. S.M. la reine Alexandra de Yougoslavie, *Prince Philip : A Family Portrait*, op. cit.
3. *Thatched with Gold : The Memoirs of Mabell, Countess of Airlie*, op. cit.

« JE ME DEMANDAIS QUI J'ÉTAIS »

à la position, souvent ingrate, de consort, sa situation personnelle alarmante – pas de fortune et une vie de famille pour le moins instable – incite les moins indulgents à penser que Philip n'a pas les moyens de viser si haut. Dans une Angleterre mise à genoux par la guerre, beaucoup lui reprochent à mots plus ou moins couverts ses origines germaniques[1]. Parce qu'il n'est pas issu des prestigieux collèges d'Eton ou de Harrow, pouponnières patentées d'aristocrates bien sous tous rapports, parce qu'il n'est passé ni par Oxford ni par Cambridge, le prétendant n'est, en outre, pas considéré comme « l'un des nôtres » par les piliers de la haute société. Son parcours scolaire, compilation d'établissements mal connus, comme The Elms, ou soupçonnés de dispenser un enseignement « dangereusement » progressiste, comme Gordonstoun, en fait un perturbateur potentiel.

Après la mort de son beau-père, le roi George VI, et l'avènement de son épouse, en février 1952, Philip devra consentir de nombreux sacrifices, accepter de ne pouvoir donner son nom à ses propres enfants de manière à garder la maison de Windsor sur le trône, et batailler ferme pour être respecté. Les hommages finiront par venir, mais beaucoup seront tardifs. « La vie du prince Philip est une source d'inspiration pour nous tous », titrera le quotidien *The Telegraph* en juin 2011, à la veille de ses quatre-vingt-dix ans.

« Les chemins qu'ils empruntent sont les mêmes »

Le tableau a trouvé sa place au milieu des Rembrandt, des Rubens, des David Hockney et des Artemisia Gentileschi. Le peintre Edward Seago y figure assis en bras de chemise, face à son chevalet. Le pinceau qu'il tient dans la main droite paraît effleurer la toile dans un mouvement imperceptible et délicat. D'un décor de boiseries aux reflets roux changeants se détachent une carte marine, l'esquisse d'un voilier, un petit sofa fleuri.

---

1. Oubliant au passage la domination de la maison de Hanovre sur le royaume de Grande-Bretagne depuis l'accession au trône de George Ier, en 1714, jusqu'à la mort de la reine Victoria, en 1901.

Queen's Gallery, 4 novembre 2016. L'espace d'exposition du palais de Buckingham présente pour la première fois à ses visiteurs une œuvre signée du prince Philip. Si les talents de l'époux d'Elizabeth II dans ce domaine sont peu connus, c'est en raison de sa réticence à faire connaître son travail à un large public. Cette fois encore, il aura fallu, dit-on, déployer des trésors de persuasion pour l'en convaincre.

Seago Painting, ce tableau de 30,3 × 40,5 centimètres réalisé en 1956 sur le yacht royal *Britannia*, n'a jamais été versé à la collection royale. Il appartient au duc d'Édimbourg à titre privé. Sûr que l'artiste allait y trouver de quoi mettre au défi « son remarquable talent pour la peinture de paysage », Philip l'avait, cette année-là, convié à le rejoindre à bord du bateau qui le ramenait d'Australie. Tournée des îles Falkland et de leurs dépendances, découverte de la lumière et des beautés de la péninsule Antarctique… Influencé par l'école impressionniste, Edward Seago s'était consacré à sa tâche avec passion, rapportant de son voyage plus de soixante toiles représentant des icebergs, des bases scientifiques, comme celle de Port Stanley, ou encore les stations baleinières de Géorgie du Sud, alors toujours en activité.

Doué d'une fibre artistique héritée de son père, le duc d'Édimbourg ne date pas ses toiles. Son travail est donc parfois difficile à replacer dans le temps. L'influence d'Edward Seago est particulièrement visible dans ses paysages, comme dans son *Duart Castle from the Sound of Mull*, une vue du château de Duart depuis la mer réalisée en 1952 au cours de la croisière d'été du *Britannia* dans les îles écossaises – et découverte par le public bien des années plus tard, en 2011, lors d'une exposition célébrant la vie, le travail et les talents cachés du prince à l'occasion de son quatre-vingt-dixième anniversaire. Mécène, Philip est aujourd'hui à la tête d'une collection privée de plus de deux mille œuvres (paysages, art aborigène, peinture écossaise de la seconde moitié du xxe siècle ou encore tableaux représentant des oiseaux, dont il est, comme la reine, grand amateur). Il collectionne les originaux de dessins de presse satiriques, y compris ceux qui le brocardent, lui et ses proches. Il sait aussi mettre son art au service des siens, comme en témoigne un portrait de la reine Elizabeth prenant son petit déjeuner, révélé en 2010. On y voit la souveraine assise à une petite table ronde sommairement dressée dans le décor bleu, crème et or de ses appartements du château de Windsor, et absorbée dans la lecture des quotidiens du matin.

En un peu plus de soixante ans, le duc d'Édimbourg a prononcé cinq mille discours, écrit treize livres traduits en plusieurs langues, ainsi que de nombreuses préfaces, notamment celle du best-seller *A Concise British Flora*, une étude de la flore sauvage du royaume, parue en 1965[1]. Il a secondé la reine dans chacune de ses 265 visites officielles (dont 89 visites d'État) hors des frontières de la Grande-Bretagne, effectué lui-même plus de 620 déplacements en solo dans plus de 120 pays, et totalisé, en tant que pilote, 5 986 heures de vol sur 59 types d'engin différents. Parrain de 800 associations, parmi lesquelles le Grand Ordre des rats d'eau[2], le Club du cochon d'Inde et le Club du bigorneau de la ville de Hastings[3], il a été fait citoyen des villes d'Acapulco, Belfast, Bridgetown, Cardiff, Dar es-Salaam, Édimbourg, Glasgow, Guadalajara, Londres, Los Angeles, Melbourne et Nairobi. Ancien champion du monde par équipe de course d'attelages, il a aussi été longtemps une figure des terrains de polo et de cricket, ainsi qu'un compétiteur acharné aux régates de Cowes, sur l'île de Wight. Il a également été le premier membre de la famille régnante à participer à des programmes télévisés – un documentaire sur sa première tournée des pays du Commonwealth aux côtés de son épouse, diffusé sur la BBC en mai 1957, puis un film sur les îles Galápagos, dix ans plus tard.

Sur les rayonnages de sa bibliothèque, on trouve plus de 13 000 volumes soigneusement rangés et classés[4]. Les manuels de cuisine côtoient les essais sur les religions, les traités de courses d'attelages, les biographies (dont toutes celles qui lui ont été consacrées), les

---

1. Robert Hardman, *Our Queen*, Hutchinson, 2011.
2. Association caritative qui vient en aide aux comédiens en difficulté.
3. Association caritative dont ont également été membres Winston Churchill et la reine mère.
4. Robert Hardman, *Our Queen*, op. cit.

recueils de poésie, les ouvrages de sociologie (dont *Sex in our time*, remarqué sur une étagère par une journaliste venue l'interviewer en 1992[1]), des précis d'anthropologie, de navigation ou de stratégie navale, mais aussi *Bonjour tristesse*, de Françoise Sagan[2], des livres de théologie et de philosophie. Et surtout quelque 1 300 volumes sur les animaux, dont plus d'une centaine sur les oiseaux[3] – car il est aussi considéré comme un spécialiste en la matière. L'époux d'Elizabeth II est en effet devenu un *twitcher* (un passionné d'ornithologie) en rentrant des Jeux olympiques de Melbourne à bord du yacht royal, à la fin de 1956. Pendant des jours et des jours, il a admiré et photographié le ballet des oiseaux de mer du Pacifique et de l'Atlantique Sud pour finalement réunir ses clichés dans un album, *Birds of Britannia*, l'un de ses tout premiers livres. Il parraine la Société d'ornithologie de Grande-Bretagne depuis 1987.

Pionnier dans de nombreux domaines, le duc, féru depuis toujours de science et de technologie, fait installer un téléphone dans sa voiture dès 1953. Avant même le lancement du premier ordinateur Macintosh, en 1984, il acquiert l'un des tout premiers PC mis en vente dans le royaume par la firme Apricot. Dès 1960, il initie un cycle de conférences intitulées « La campagne en 1970 ». Déjà inquiet, à l'époque, de la détérioration de la qualité de l'air dans la capitale, il est l'un des premiers à opter pour un véhicule électrique (de la marque Bedford), avant d'acheter, pour son usage personnel, un taxi londonien qu'il fait repeindre en vert et doter d'un moteur à gaz liquide – il le conduisait toujours en 2011. Parmi les ouvrages dont il est l'auteur : *Wildlife Crisis* (La Nature en crise), avec James Fisher, en 1970 ; *The Environmental Revolution* (La Révolution environnementale), en 1978 ; *Men, Machines and Sacred Cows* (Hommes, machines et vaches sacrées), en 1984, ou encore *Survival or Extinction : A Christian Attitude to the Environment*

---

1. Fiammetta Rocco, « A Strange Life : Profile of Prince Philip », independent.co.uk, 13 décembre 1992.
2. Tim Heald, *Philip : A Portrait of the Duke of Edinburgh*, William Morrow and Company Inc., 1991.
3. Robert Hardman, *Our Queen*, op. cit.

(Survie ou extinction : une manière chrétienne d'envisager l'environnement), en 1989. Parrain de la Work Foundation, une organisation qui s'est donné pour mission d'optimiser et d'améliorer les conditions de travail en entreprise, il a été à l'origine de plusieurs initiatives à travers tout le Commonwealth pour promouvoir l'enseignement technique et l'apprentissage. On le considère aussi comme un spécialiste des problèmes et des enjeux du logement social. Au milieu des années 1980, il a dirigé un rapport sur ce thème à la demande de la fondation Joseph Rowntree[1].

Pourfendeur des idéologies, défenseur autoproclamé du bon sens et de la liberté individuelle, il a toujours agi par conviction, au mépris des modes et des courants de pensée. Dès le début du règne de son épouse, le progrès scientifique, ses applications et ses conséquences sur l'amélioration de la vie quotidienne s'imposent comme l'un de ses sujets de prédilection. Philip se rend dans les usines, les laboratoires de recherche, s'intéresse à l'aéronautique, aux travaux sur l'énergie atomique comme aux conditions de travail des mineurs du Lancashire. Au cours de ses déplacements, il découvre le quotidien des enfants d'ouvriers, dont la rue est alors souvent le seul terrain de jeu, et initie une politique à vaste échelle de création d'aires récréatives et d'espaces verts. Il prend la présidence de la National Playing Fields Association (aujourd'hui Fields in Trust), une organisation fondée en 1925 par le roi George V « pour assurer à chacun, jeune ou âgé, valide ou non, et quel que soit son lieu de résidence », un accès libre et gratuit à des lieux consacrés à la pratique du sport et autres loisirs de plein air.

Tout ce qui touche à la jeunesse, à sa formation et à son épanouissement l'intéresse. Les premiers mois de son mariage le voient passer un temps considérable dans les quartiers pauvres de Londres à visiter des clubs et des associations pour adolescents[2]. Kurt Hahn, le pédagogue allemand, le convainc de créer un système de prix destinés à donner aux jeunes « de nouvelles possibilités de réussir le

---

1. Fondation qui finance des programmes de recherche sur les problèmes sociaux en Grande-Bretagne, leurs origines et les moyens d'y remédier.
2. John Dean, *H.R.H. Prince Philip, Duke of Edinburgh*, op. cit.

développement équilibré de leur individualité et de leur caractère[1] ». Le Duke of Edinburgh's Award se révèle bientôt un succès planétaire. Pour remporter un « DofE » de bronze, d'argent ou d'or, les participants sont invités à s'impliquer dans l'activité de leur choix : bénévolat, apprentissage d'une discipline sportive, développement de projets personnels, organisation d'une expédition à caractère aventureux, poursuite d'expériences professionnelles en immersion… En soixante ans d'existence, 8 millions de jeunes originaires de 140 pays ont tenté l'aventure – et 2,5 millions ont vu leurs efforts récompensés par un prix.

À la fin des années 1960, une enquête d'opinion désignait l'époux d'Elizabeth II comme la personnalité la mieux à même de remporter une élection présidentielle en Grande-Bretagne si celle-ci devait avoir lieu. Un sondage Gallup paru en mars 1968 dans le quotidien *The Observer* lui attribuait alors entre 13 et 16 % des votes, loin devant tous les autres candidats soumis à l'appréciation des personnes interrogées. Son esprit vif et curieux, son besoin de constamment se projeter dans l'avenir plutôt que de s'appesantir sur le passé font de lui un homme toujours en mouvement, aussi exigeant avec ses équipes qu'avec lui-même. « Ce qui est sûr, commente un consultant spécialiste des questions religieuses qui a longtemps travaillé avec lui, c'est que le Dieu de Philip est un Dieu autoritaire[2]. »

Pour lui, pas question de prendre sa retraite. À quatre-vingt-quinze ans, le voilà tout de même contraint de ralentir (un peu) le rythme. Bien qu'il ait récemment confié « ne pas avoir eu la grippe une seule fois au cours des quarante dernières années », le duc d'Édimbourg a en effet connu quelques ennuis de santé. Victime d'un incident cardiaque en décembre 2011, alors que sa famille se trouvait réunie pour Noël au château de Sandringham, il a été brièvement hospitalisé et sera de nouveau admis à l'hôpital à deux reprises, en 2012, pour une infection de la vessie.

Il a encore rempli 250 engagements officiels en 2015, et continuerait, dit-on, de taper seul un grand nombre de ses courriers,

---

1. Communiqué de presse du palais de Buckingham, 18 février 1956.
2. Fiammetta Rocco, « A Strange Life : Profile of Prince Philip », art. cité.

notamment sa correspondance avec les familles des militaires tués au combat dans les unités dont il a le grade de colonel en chef. Beaucoup insistent sur les nombreuses similitudes entre son fils aîné et lui, même si leurs goûts, leurs centres d'intérêt et leurs aspirations communs ont toujours eu tendance à s'exprimer différemment. « Quand vous les voyez ensemble [avec Charles], ils s'entendent en fait à merveille, confie un membre de l'entourage de la famille royale. Il y a entre eux une sorte de tension constructive. À bien des égards, les chemins qu'ils empruntent sont les mêmes[1]. »

---

1. Robert Hardman, *Our Queen, op. cit.*

VIII.

« Tant que le possible ne sera pas fait… »

« Les mots nous guident dans l'existence tels des éclaireurs, écrit le prince de Galles en février 2016. Comme le disait Shakespeare : "Faute de langage, je perdrais la vie." […] Cette fascination remonte à l'époque où j'étais enfant, lorsque mon père me lisait des histoires. *Le Chant de Hiawatha*, de Henry Wadsworth Longfellow, était l'une de mes préférées. Je me souviens de cet instant électrisant où j'ai écouté pour la première fois les mots de Longfellow […]. *"Ye who loves the haunts of Nature… Love the wind among the branches… and the rushing of great rivers. Through their palisades of pine-trees."* Ils vous emmènent immédiatement, il vous semble entendre la brise et sentir sur votre visage les gouttelettes d'eau des rapides écumants. C'est là que je suis tombé amoureux des mots et de l'écriture[1]. »

En février 2016, le prince de Galles évoque les textes qui ont bercé ses jeunes années dans un article publié par le *Mail on Sunday*. Lui-même auteur de plusieurs livres – comme *The Old Man of Lochnagar* (Le Vieil Homme de Lochnagar), un conte pour enfants qu'il avait, à l'origine, rédigé pour ses jeunes frères, Andrew et Edward, à la fin des années 1960, ou encore *A Vision of Britain* (Une vision de la

---

1. Prince de Galles, « The hero who inspired my childhood : A very personal tribute to the literary lion who taught our future Monarch his love of language », dailymail.co.uk, 20 février 2016.

Grande-Bretagne), en 1989 –, il a également coécrit une dizaine d'ouvrages sur l'architecture, l'agriculture biologique et le développement durable. Tous reflètent les préoccupations d'un homme hanté par la dégradation de notre environnement et ses conséquences sur l'avenir de l'humanité, par la désacralisation des liens qui nous unissent à la nature, par l'« approche homogénéisée » des constructions modernes et la nécessité de sauvegarder notre patrimoine, ainsi que par les méfaits de la course au progrès et de la « pensée mécanistique » sur la pauvreté, le stress et la santé. L'héritier du trône a souvent été moqué pour ses prises de position, notamment celles sur l'architecture et les médecines douces. Mais ces livres, aboutissement d'années de travail et de réflexion, ne sont pas sans rappeler la démarche d'un chercheur ou d'un écrivain, la marque d'un esprit curieux et d'une intelligence toujours en quête de la phrase juste et du beau texte.

Fou de lecture, passionné depuis toujours par Shakespeare et les grands poètes qui ont marqué l'histoire littéraire du royaume, le prince enregistre en 2009 deux œuvres de Robert Burns, *My Luve is Like a Red Red Rose* et *My Heart's in the Highlands*, dans le cadre d'un projet lancé par la BBC Écosse. En 2013, il célèbre la Journée nationale de la poésie en enregistrant l'un de ses poèmes favoris, *Fern Hill*, de Dylan Thomas, « évocation poignante et pleine d'émotion, dit-il, d'une enfance dans la campagne de l'ouest du pays de Galles ». Parrain de l'association des Amis des bibliothèques, artisan de la sauvegarde de nombreuses collections de documents historiques, de livres et de manuscrits anciens, le fils d'Elizabeth II promeut l'enseignement de la littérature dans les écoles par le biais du Prince's Teaching Institute, un programme de formation et de coaching destiné à « inspirer les enseignants pour qu'ils insufflent un enthousiasme nouveau dans leurs salles de classe et développent les aspirations de leurs élèves[1] ». Depuis 2002, avec Children and the Arts, il entreprend de « transformer la vie » des jeunes Britanniques, particulièrement ceux issus de quartiers ou de milieux défavorisés, en les éveillant à l'art sous toutes ses formes. La tâche est immense, les objectifs démesurés. Il ne les conçoit pas autrement.

---

1. http://www.princes-ti.org.uk/home/.

« On me disait : "Tu ne réussiras jamais rien dans la vie" »

Les proches du prince et de la duchesse de Cornouailles décrivent tous un couple « amoureux des livres ». « À eux deux, ils en possèdent un nombre incalculable, raconte cette amie. Chez eux, il y en a partout, dans toutes les pièces, jusque dans leur chambre. Et inutile d'essayer de les prendre en défaut si vous cherchez tel ou tel ouvrage : ils sauront toujours vous dire précisément où il se trouve[1]. » Si le futur roi privilégie les essais et l'histoire, Camilla, elle, préfère « les œuvres de fiction et les romans policiers. Son père, Bruce Shand, était un grand amateur de biographies. Aujourd'hui, Tom, son fils aîné, lui recommande régulièrement des livres qu'il a aimés. Les membres de sa famille ont toujours eu l'habitude de se conseiller et de s'envoyer des ouvrages les uns aux autres[2] ».

En septembre 2013, l'épouse du prince Charles, alors en vacances en Méditerranée, est « surprise » par un photographe absorbée dans la lecture de *Casting Off*, d'Elizabeth Jane Howard, le quatrième tome de la saga des Cazalet, une famille de la bourgeoisie britannique prise dans la tourmente de la Seconde Guerre mondiale. « Lectrice passionnée » – c'est ainsi qu'elle se décrit –, marraine, elle aussi, de plusieurs organisations vouées à promouvoir l'alphabétisme et à soutenir les auteurs de tous âges, comme Book Trust, First Story, les Wicked Young Writer Awards et Beanstalk, la belle-fille d'Elizabeth II est surtout depuis 2010 l'un des piliers du National Literacy Trust, le Fonds national pour l'alphabétisation. Dans les écoles et les bibliothèques où elle vient régulièrement dénoncer les ravages de l'illettrisme, on la trouve, lunettes sur le nez, occupée à faire la lecture à voix haute à un jeune auditoire conquis. Elle lit, dit-on, « comme une vraie Granny ». Convaincue de l'importance d'instiller la passion des livres aux enfants aussi tôt que possible, à une époque où les mots, victimes de la tyrannie de l'image, ont de plus de plus de mal à trouver leur place, Camilla évoque souvent avec enthousiasme le souvenir des auteurs dont son père lui a autrefois fait découvrir les œuvres : Enid

---

1. Propos recueillis par l'auteur.
2. Propos recueillis par l'auteur.

Blyton, Lewis Carroll, Charles Dickens, Anthony Trollope ou encore la baronne Emmuska Orczy, auteur des aventures du Mouron rouge. En avril 2011, elle a elle-même préparé l'une de ses petites-filles, Eliza, trois ans, choisie pour être l'une des demoiselles d'honneur au mariage du prince William et de Catherine Middleton, à l'aide du conte illustré *Angelina and the Royal Wedding*, qui narre les aventures d'une petite souris invitée à un mariage princier.

Le 4 décembre 2013, j'assiste, à Clarence House, à une réception donnée par la duchesse de Cornouailles en l'honneur des « Héros de l'alphabétisation » – une initiative du National Literacy Trust pour son vingtième anniversaire. Ce jour-là, dix personnalités et représentants de la société civile sont distingués par Camilla pour leur action au service des lettres. Parmi eux : Ruth, une bibliothécaire engagée auprès d'enfants défavorisés; Richard O'Neill, un auteur et conteur issu de la communauté des gens du voyage; un détenu de la prison HMP The Mount très impliqué dans Storybook Dads, un programme permettant aux pères de famille incarcérés de garder le contact avec leurs enfants en enregistrant à leur intention des histoires sur CD et DVD; Caroline Thain, professeur d'anglais à Aberdeen, en Écosse; et Henry Winkler, le cultissime interprète de Fonzy dans la série américaine *Happy Days*. L'acteur américain connaît en effet, depuis 2003, un (autre) vrai succès populaire avec sa série de livres pour la jeunesse construite autour du personnage de Hank Zipzer, un écolier dyslexique dont les aventures s'inspirent de sa propre expérience.

Les invités ont été rassemblés dans la bibliothèque du rez-de-chaussée, où figure en bonne place une partie de la collection du souverain George VI et de la reine mère : des histoires de la marine britannique et de plusieurs régiments de la cavalerie royale; une série de biographies de Winston Churchill et *The World Crisis*, une chronique en plusieurs volumes de la Première Guerre mondiale écrite par l'ancien Premier Ministre; les autobiographies des anciens chefs du gouvernement Edward Heath et Herbert Asquith; *Set in a Silver Sea*, une histoire de la Grande-Bretagne et des Britanniques; ou encore *Disraeli : A Picture of the Victorian Age*, par l'écrivain français André Maurois. L'épouse du prince Charles est accompagnée de la princesse Laurentien des Pays-Bas, l'une des belles-filles de l'ex-reine Beatrix, présidente du Groupe d'experts de l'Union européenne sur la lutte contre l'illettrisme et envoyée spéciale de l'Unesco pour l'alphabétisation au service du développement. Les deux femmes se sont rencontrées pour la première fois lors des cérémonies d'intronisation du roi Willem-Alexander, à Amsterdam, au printemps, et se sont revues à la mi-octobre à Clarence House. Leurs équipes respectives précisent qu'elles ne travaillent pas – pas encore, du moins – sur un projet commun, mais qu'il leur paraît utile de joindre leurs forces pour attirer l'attention de l'opinion et des décideurs sur les problèmes liés à l'illettrisme. En septembre 2012, un rapport remis par les experts européens montrait qu'un jeune de quinze ans sur cinq et près d'un adulte sur cinq vivant dans l'Union européenne n'a pas les capacités suffisantes en lecture et en écriture pour s'intégrer avec succès dans la société. Une étude menée en Grande-Bretagne en 2013 révélait que 15 % des 16-65 ans y possèdent un niveau d'alphabétisation inférieur à celui d'un enfant de onze ans[1].

La bru d'Elizabeth II s'attarde auprès de Kieran, un jeune Écossais de treize ans dyslexique, et de son enseignante. Cette dernière témoigne : « La duchesse nous a parlé de son fils, Tom, qui ne semblait pas particulièrement passionné par l'école lorsqu'il était enfant, notamment par l'anglais. Et puis elle a dit : "Un jour, j'ai rencontré quelqu'un comme vous." Et son fils a réussi à entrer à Oxford. Elle m'a également proposé d'organiser une visite de Clarence House pour mes élèves et moi. J'ai trouvé qu'elle avait une présence apaisante, réconfortante presque[2]. » Henry Winkler a lui aussi conversé un long moment en tête-à-tête avec la duchesse de Cornouailles. Sourire aux lèvres, il contemple maintenant les petits bibelots (des boîtes à priser en or et en émail, des éventails ou encore le porte-bouquet de la reine Victoria le jour de l'inauguration de l'Exposition universelle de Londres en 1851) exposés dans des vitrines tout autour de la pièce. « Mes professeurs me disaient : "Tu ne réussiras jamais rien dans la

---

1. http://www.literacytrust.org.uk/news/4160_adult_skills_survey_results_released_today.
2. Propos recueillis par l'auteur.

vie", me confie-t-il, et me voilà ici, ce qui n'est pas rien. Cela chagrinait mes parents que je ne sois pas bon à l'école, c'est vrai, mais je savais que je n'étais pas ce garçon dont on s'obstinait à me renvoyer l'image. Avec la duchesse, nous avons parlé de l'importance de stimuler les capacités d'apprentissage des enfants. Elle savait tout de moi, c'était comme discuter avec quelqu'un que j'aurais déjà rencontré plusieurs fois. »

De la royauté magique à la royauté pragmatique

« On ne peut traiter de la place de la royauté en Grande-Bretagne de manière constructive qu'en étudiant ce à quoi les membres de la famille régnante contribuent concrètement », écrit Frank Prochaska dans son essai sur le rôle et l'histoire de la « monarchie providence » outre-Manche[1].

L'auteur lie l'essor de la philanthropie royale à la « transformation du concept de noblesse ». Si, au XVIe siècle, pousuit-il, Henry VIII se montre généreux avec les mendiants et les pauvres, c'est pour servir sa réputation et garantir le salut de son âme. Sa générosité ne s'encombre pas de compassion et est même, à bien des égards, davantage motivée par l'égoïsme que par un réel souci des autres. Vient ensuite le temps des orages, la montée en puissance du Parlement, l'affaiblissement progressif du pouvoir royal, les épisodes républicains et le renversement de Jacques II au XVIIe siècle. Dès lors, l'acceptation tranquille du monarque investi de droits divins et d'une forme d'autorité absolue laisse la place à une autre appréciation du rôle du souverain, à des attentes différentes. Doté d'une dimension affective et de priorités nouvelles, comme celle d'assurer le bien-être de ses compatriotes et de répondre à leurs besoins, le roi, idéalisé dans sa représentation collective, s'impose comme « le leader bienveillant d'un peuple uni, au-dessus de la mêlée politique », clairement dissocié de son gouvernement.

---

1. Frank Prochaska, *Royal Bounty : The Making of a Welfare Monarchy*, Yale University Press, 1995.

« TANT QUE LE POSSIBLE NE SERA PAS FAIT... »

George III, qui régnera quarante ans, de 1760 à 1800, sera considéré comme le premier des souverains philanthropes, attaché à promouvoir l'éducation des classes les moins favorisées et à financer des fonds de soutien – aux prisonniers et aux personnes endettées, notamment – sur sa fortune personnelle. Avec lui, le patronage royal devient l'un des fondements de la légitimité de la Couronne. Un siècle plus tard, Edward VII établit un nouveau modèle en offrant une place dans son premier cercle, ainsi que toutes sortes d'honneurs et de distinctions, aux représentants de l'élite fortunée du royaume (principalement des banquiers et des hommes d'affaires) en échange d'un soutien sonnant et trébuchant aux deux cent cinquante organisations caritatives qu'il parraine. Le King's Fund[1] – qu'il avait créé en 1897, lorsqu'il était encore prince de Galles, pour venir en aide aux hôpitaux londoniens – se retrouve en quelques années doté de moyens considérables. Edward VII achève d'ancrer l'institution monarchique dans la société civile en sillonnant le royaume pour aller à la rencontre des Britanniques. La souveraineté ne s'incarne plus dans sa seule personne, mais dans le peuple tout entier. La royauté « magique » est maintenant « pragmatique ».

Lorsque Elizabeth II succède à son père en février 1952, ce pacte tacite semble toujours lier la dynastie régnante à ses compatriotes. En échange de leurs bons et loyaux services – des engagements officiels conduits avec professionnalisme et bonne humeur, un soutien aux principales organisations caritatives du pays –, les membres de la famille royale attendent en retour de leurs concitoyens une adhésion et une loyauté (quasiment) sans faille. Les premières années du règne voient s'écrire les dernières pages de la légende tranquille de la maison de Windsor, héritage d'un temps où celle-ci était encore largement perçue comme l'incarnation de ce que la nation avait de meilleur, et la monarchie comme une religion. Mais, depuis, comment Vernon Bogdanor, expert constitutionnel et professeur

---

1. Fondée en tant que The Prince of Wales's Hospital Fund for London, l'organisation sera rebaptisée King Edward's Hospital Fund for London, avant de prendre définitivement le nom de King's Fund. La reine Elizabeth en est la marraine, et le prince Charles le président depuis 1986.

au King's College de Londres, l'institution « a beaucoup changé. Lorsque la souveraine est montée sur le trône, la déférence et le respect de l'élite étaient toujours de mise dans la société, ce qui n'est plus du tout le cas aujourd'hui. La monarchie est désormais jugée selon des critères qui ont trait au côté pratique des choses, à l'utilité des membres de la famille régnante, aux services qu'ils rendent ou non au public[1] ».

« *Des femmes nous téléphonaient de tout le pays* »

En août 1986, Sonia, la grand-mère de Camilla, s'éteint à l'âge de quatre-vingt-six ans, victime de l'ostéoporose. Huit ans plus tard, le 14 juillet 1994, Rosalind Shand, sa mère, décède à son tour, vaincue par la même maladie, à l'âge de soixante-douze ans. « Ma famille et moi avons vu avec horreur ma mère se recroqueviller littéralement sous nos yeux, témoigne l'épouse du prince Charles. Elle avait perdu près de vingt centimètres et [son corps] était si déformé qu'elle n'était plus en mesure de digérer ce qu'elle mangeait, ce qui avait fini par la priver totalement d'appétit. Notre médecin était compatissant et dévoué, mais, comme nous, il ne pouvait pas faire grand-chose pour soulager les douleurs terribles que Mama endurait stoïquement. Les dernières années, elle ne pouvait plus respirer sans oxygène, ni même se promener dans son jardin tant aimé en s'aidant d'un déambulateur. Son quotidien était devenu si sombre, si triste, ses souffrances à ce point insupportables, qu'elle avait fini par baisser les bras et par perdre l'envie de vivre. Comme beaucoup, nous ignorions tout des véritables causes de cette agonie. Pourquoi ses os se brisaient-ils si facilement, pour quelles raisons son corps se recroquevillait-il aussi rapidement ? J'avais besoin de savoir, et cette quête m'a conduite jusqu'à la National Osteoporosis Society[2]. »

---

1. Propos recueillis par l'auteur.
2. Rebecca English, « Camilla : I watched in horror as Mama died slowly and in agony from osteoporosis », dailymail.co.uk, 25 octobre 2011.

Camilla entre en contact avec la Société nationale de lutte contre l'ostéoporose par l'intermédiaire de sa directrice de l'époque, Linda Edwards. « Je lui ai écrit, raconte cette dernière, exactement comme je l'aurais fait avec n'importe qui d'autre, pour lui dire : "Si vous avez besoin de plus d'informations sur cette maladie ou sur notre association, je suis à votre disposition." [Sa mère] venait de mourir, elle m'a répondu très rapidement. "J'aurais aimé connaître votre existence plus tôt, me disait-elle, j'aimerais beaucoup que nous nous rencontrions[1]." » Camilla est alors toujours mariée à Andrew Parker Bowles, Charles et Diana, eux, sont officiellement séparés depuis un peu moins de deux ans. En juin précédent, dans un documentaire intitulé *Charles : The Private Man, the Public Role*, tourné à l'occasion du vingt-cinquième anniversaire de son investiture en tant que prince de Galles, le fils aîné d'Elizabeth II a confessé avoir été infidèle à sa première épouse une fois leur mariage « irrémédiablement brisé ». Au cours du film, il a fait référence à Camilla, « une grande amie ». En cette année 1994, l'image de Mrs. Parker Bowles dans l'opinion est si controversée qu'elle craint, un temps, que son engagement au service de la NOS n'attire à l'organisation plus de problèmes que de retombées positives. Mais elle tient à la soutenir et décide de mettre à profit son carnet d'adresses pour organiser des récoltes de dons.

« Elle a eu l'idée de demander à lord et lady Shelburne de donner une fête dans leur propriété, poursuit Linda Edwards. Ça a été une soirée merveilleuse. Mrs. Parker Bowles avait mis sur pied une exposition de sculptures et convié une compagnie de danseurs à venir se produire pour l'occasion. Elle a pris la parole et raconté les souffrances de sa mère. Elle m'avait confié se sentir très nerveuse à l'idée de s'adresser à un auditoire, mais elle n'en a rien laissé paraître et a vraiment parlé avec son cœur. Je crois que les gens ont été très émus, ce qui les a incités à faire preuve de générosité. Elle a réuni un peu plus de 15 000 euros en quelques heures, et une somme équivalente nous est encore parvenue sous forme de chèques au cours des jours suivants. Nous étions encore une organisation modeste à

---

1. Propos recueillis par l'auteur en 2002.

l'époque, et c'est vraiment là que tout a commencé. Au fil des mois, son engagement à nos côtés a pris une importance considérable[1]. »

À la mi-avril 1997, la presse publie la première photo officielle de Camilla en tant que marraine de la National Osteoporosis Society. Là encore, « la parution de cette photographie a eu un effet spectaculaire, témoigne Linda Edwards. Des femmes nous téléphonaient de tout le pays, non pas, comme on aurait pu s'y attendre, pour nous reprocher d'avoir choisi Mrs. Parker Bowles, mais simplement pour nous dire : "Je viens seulement de concevoir la gravité de cette maladie, et de comprendre que des gens en meurent tous les jours." À partir de là, il s'est produit un déclic dans l'opinion, une véritable prise de conscience[2] ».

« *Nous nous intéressons à eux en tant que personnes* »

Très vite, Charles s'est senti frustré par les multiples contraintes qui limitent les initiatives des membres de la famille régnante. « Je veux envisager des voies qui me permettent d'échapper à la ronde sans fin des engagements officiels et de rencontrer les gens dans un contexte moins artificiel, écrivait-il à l'un de ses secrétaires particuliers en novembre 1978. En d'autres termes, je veux étudier la possibilité de passer 1° trois jours complets dans une même usine pour voir ce qui s'y passe ; 2° trois jours, pourquoi pas, à bord d'un chalutier (au lieu d'une visite rapide) ; 3° trois ou quatre jours dans une ferme. Je souhaite également pouvoir envisager 4° davantage de visites dans les agglomérations et les quartiers où vivent les populations immigrées pour montrer à ces hommes et à ces femmes qu'ils ne sont ni ignorés ni abandonnés, et que nous nous intéressons à eux en tant que personnes[3]. »

En mai 1987, le prince de Galles décide de passer une semaine de vacances seul sur la petite île de Berneray, au large de la côte ouest

---

1. Propos recueillis par l'auteur en 2002.
2. Propos recueillis par l'auteur en 2002.
3. Jonathan Dimbleby, *The Prince of Wales : A Biography*, op. cit.

de l'Écosse, dans la ferme de Donald et Gloria MacKillop, éleveurs de moutons. La presse ignore tout de cette escapade dans l'archipel des Hébrides. Le futur roi est là pour partager le quotidien des quelque 130 habitants de l'île, participer aux travaux de la ferme et s'imprégner d'un style de vie avec lequel il se sent en profonde harmonie. En échange de sa discrétion, la population fait promettre au fils d'Elizabeth II de revenir un jour à Berneray.

Quatre ans plus tard, Charles est de retour. Il a, cette fois, accepté d'être filmé et interviewé par la journaliste de télévision Selina Scott en vue d'un documentaire pour la chaîne ITV, *A Prince Among Islands*. L'héritier du trône retrouve sa chambre chez les MacKillop. On le voit, souriant, en casquette de tweed et bottes de caoutchouc, un seau à la main, ramasser des pommes de terre, discuter de la pêche du jour avec l'équipage d'un chalutier lancé en pleine mer, ou encore conduire un troupeau de moutons au lavoir. Le prince profite de la tribune qui lui est offerte pour montrer sa solidarité avec les hommes et les femmes qui, dit-il, s'efforcent de « sauver tout ce qui a une importance et un sens », sensibiliser l'opinion à « la portée sociale et culturelle de l'agriculture » et dénoncer les méfaits de la vie moderne, dont « le rythme effréné ne convient pas à tout le monde ».

Le documentaire prend une tournure sensiblement politique lorsque Charles dit approuver les mesures récemment prises par le gouvernement conservateur de John Major pour redonner vie au gaélique – qui est toujours à l'époque la première langue des habitants de Berneray, mais n'est plus parlé que par 85 000 personnes en Grande-Bretagne. Ces langues anciennes, poursuit-il, « permettent aux gens de se sentir pleinement membres d'une communauté ; elles leur donnent une fierté, des racines ». Les caméras d'ITV filment longuement une soirée en petit comité chez un habitant de l'île. Le futur souverain y partage un dessert généreusement nappé de crème au son des chansons traditionnelles et de l'accordéon, puis lit à ses hôtes un extrait (en anglais) de la tirade du nez de *Cyrano de Bergerac*. Avec une économie de mots qui lui ressemble, il s'inquiète de voir l'humanité s'obstiner à dresser des barrières « entre le passé et l'avenir ».

A Prince Among Islands se présente comme une ode à « ceux qui chérissent et défendent des valeurs authentiques, ceux qui sont attachés à préserver leur terre et leur communauté, et qui sont la colonne vertébrale de ce pays », mais aussi comme un plaidoyer contre la culture de masse et pour une vie avec la nature. L'héritier du trône « se concentre sur les problèmes de notre temps en remettant au goût du jour des idées souvent considérées comme "démodées", analyse son biographe Jonathan Dimbleby. [C']est un homme qui appartient à toutes les époques et à aucune en particulier. Un homme pour son temps, mais pas de son temps[1] ».

« Détruire la misère : oui, cela est possible »

En 1976 – il a alors vingt-huit ans –, le fils aîné d'Elizabeth II choisit de quitter prématurément la Royal Navy. « Peut-être ai-je tort, écrit-il à l'époque, peut-être ai-je une vision surdimensionnée de ma propre importance, mais je suis persuadé que je serai bien plus utile chez moi qu'à des milliers de kilomètres [de la Grande-Bretagne][2]. » Sa vie – et il en sera toujours ainsi – exige de lui une disponibilité permanente au service de la Couronne. Enchaîné par son destin – celui d'être susceptible à tout moment de devenir chef d'État et roi –, privé de toute possibilité d'intégrer le marché du travail, il crée alors ce qui va devenir l'œuvre de sa vie : le Prince's Trust.

Trois ans auparavant, déjà, il a bravé les réticences de ses conseillers en initiant un premier programme de microfinancement destiné à des jeunes défavorisés. Il est alors soutenu par George Pratt, l'un des responsables du système de contrôle judiciaire de la ville de Londres, instigateur d'une nouvelle réforme pénale qui, depuis quelques mois, permet aux tribunaux britanniques, sous certaines conditions, de ne plus avoir recours de manière systématique à des peines de prison. La crise économique mondiale des années 1970 accélère la montée du chômage et de l'inflation, génère des phénomènes de rejet

---

1. *Ibid.*
2. *Ibid.*

vis-à-vis des populations immigrées et un regain de tension dans les grandes villes. « Il se passe des choses inquiétantes ici en ce moment, écrit Queen Mum à son petit-fils. [...] beaucoup de jeunes garçons ne trouvent pas d'emploi après avoir quitté l'école. Si seulement ils pouvaient bénéficier d'une sorte de période de service national, de six mois ou un an. Il est utile de préparer les gens à la vie qui les attend, comme tu le sais toi-même si bien[1]. »

Partout, les grèves se multiplient ; dans certaines régions apparaissent de nouvelles poches de pauvreté. Résolu à aider les jeunes en situation d'échec ou d'exclusion, Charles investit ses indemnités de départ de la marine (7 400 livres sterling de l'époque, soit plus de 80 000 euros d'aujourd'hui), ainsi que le cachet de 4 000 livres proposé par une chaîne de télévision américaine en échange d'une interview[2], dans une structure embryonnaire et vingt et un projets pilotes. Pauline, dix-neuf ans, obtient du Prince's Trust un financement pour ouvrir un centre social dans un îlot de logements à loyer modéré situé à Haggerston, un quartier de l'Est londonien. La « Fiducie du Prince » aide aussi deux anciens jeunes délinquants à ouvrir un club de pêche et finance la location de piscines dans les Cornouailles pour former des maîtres-nageurs sauveteurs.

Au palais, on considère d'un mauvais œil les projets du futur souverain. On craint aussi que ses initiatives ne soient, au mieux, tournées en dérision par les médias, au pis, interprétées comme un début d'intrusion dans la vie politique du royaume et la gestion des affaires de l'État. On songe, un temps, à nommer Charles gouverneur général d'Australie, voire ambassadeur du Royaume-Uni en France – le ministre des Affaires étrangères, lord Carrington, reconnaîtra par la suite combien il aurait été « fou » d'envoyer l'héritier du trône représenter le gouvernement de Margaret Thatcher à Paris. Sourd à toutes les mises en garde, Charles, lui, n'a qu'une idée en tête : aider les adolescents blackboulés par le système à retrouver le chemin du lycée, les jeunes adultes non diplômés à intégrer des formations qui

---

1. William Shawcross, *Counting One's Blessings*, *op. cit.*, lettre du 3 décembre 1971.
2. Il s'agissait alors d'une interview sur le roi George III.

répondent à leurs aspirations, les mômes à la dérive à rompre avec l'engrenage infernal de la déliquance. Le Prince's Trust, il en est convaincu, saura révéler les talents les mieux cachés. « Ce dont vous avez besoin, à cet âge, c'est quelqu'un qui s'intéresse à vous, qui vous montre que vous êtes important pour lui, explique-t-il. Quelqu'un qui vous redonne confiance et estime en vous-même, ce qui, à mon avis, est essentiel si vous voulez réussir plus tard[1]. » Le fils d'Elizabeth II espère aussi, grâce à ce projet, se ménager un espace de liberté. Affirmer sa propre indépendance au sein de la famille régnante.

« Ce qui me frappait beaucoup chez lui, c'était son souci de l'action concrète[2] », témoigne un ancien conseiller du président François Mitterrand qui l'a rencontré à plusieurs reprises. Dans les années 1980, Charles lance le programme de coaching et de financement Entreprise, destiné à aider les 18-30 ans à créer leur propre business. Ils sont aujourd'hui plus de 80 000 à en avoir bénéficié. En 1990, il met sur pied Team, une session de développement personnel de douze semaines ouverte aux 16-25 ans en recherche d'emploi. Le Prince's Trust initie aussi des partenariats avec le gouvernement et les principales banques du pays. En juin 1999, le futur roi, en présence du Premier Ministre travailliste Tony Blair et du leader de l'opposition William Hague, annonce le déblocage de 100 millions de livres (plus de 187 millions d'euros actuels), qui financeront la création de 30 000 PME en cinq ans. À l'époque, la presse du royaume salue les premiers résultats de l'organisation. Les statistiques montrent en effet que deux tiers des entreprises fondées grâce au Prince's Trust sont toujours en activité au bout de trois ans.

Par la suite, les Development Awards (des dons en liquide compris entre 50 et 500 livres), conçus à l'intention des 14-17 ans en échec scolaire et des 17-25 ans en difficulté, viennent apporter des solutions aux problèmes quotidiens rencontrés par beaucoup de demandeurs d'emploi : ils financent notamment des frais de transport, de garde d'enfants, de santé, des loyers ou même l'achat de vêtements pour se présenter à un entretien d'embauche. Les « xl clubs », créés en

---

1. Catherine Mayer, *Charles : The Heart of a King, op. cit.*
2. Propos recueillis par l'auteur.

collaboration avec plus de 500 établissements scolaires, aident les décrocheurs à retrouver le chemin du collège ou du lycée, et les jeunes délinquants à se réintégrer dans la société – ils concernent déjà plus de 87 000 adolescents. Le programme Mosaic, lui, met en place un système international de tutorat destiné aux 25-35 ans.

Au total, 825 000 jeunes de 13 à 30 ans ont bénéficié de l'aide du Prince's Trust au cours des quatre dernières décennies. Le rapport d'activité de l'organisation pour 2014-2015 fait état d'un chiffre d'affaires de 66 millions de livres (plus de 79 millions d'euros), soit 5,4 millions de livres de plus que l'année précédente. Un tiers des revenus du Prince's Trust émane du secteur public, et plus de 40 % de sources privées – grandes entreprises ou donateurs fortunés. Les dons provenant de particuliers, eux, ont augmenté de près de 25 % en un an. L'organisme, pour attirer l'attention des pouvoirs publics et de l'opinion sur les difficultés rencontrées par les moins de 30 ans et le risque de voir émerger une nouvelle génération de laissés-pour-compte, publie chaque année depuis 2009 son *Indice de la jeunesse*. Cette étude évalue le moral des 16-25 ans, leur rapport à l'argent, leur angoisse face à l'avenir (qui a connu une forte progression en 2015), la manière dont ils appréhendent leurs relations avec les autres, ou encore les conséquences du chômage sur leur état émotionnel.

La notoriété du prince Charles et son pouvoir d'attraction en tant que futur souverain lui permettent de recruter des ambassadeurs et des soutiens à ses causes parmi les artistes, les athlètes, les stars de la mode ou les grands noms de la littérature mondiale. Leur liste serait impossible à dresser ici, tant elle est longue. Au début des années 1980, le Prince's Trust lance ses concerts de rock géants – une initiative jusqu'alors inédite dans le domaine caritatif. Le premier, organisé au Dominion Theatre, à Londres, réunit le groupe Madness, Phil Collins, Kate Bush et Pete Townshend. David Bowie, Mick Jagger et Paul McCartney chanteront ensemble lors du concert donné pour le dixième anniversaire dans la Wembley Arena, en juin 1986. Au fil des années, Meryl Streep, Al Pacino, Jeremy Irons, Ben Kingsley, Michael Jackson, Joss Stone, Joanna Lumley, Kylie Minogue, Damian Lewis, Rod Stewart, Orlando Bloom, Jade

Jagger, Joseph Fiennes, Puff Daddy, David Beckham, Joan Collins, les Spice Girls, Sting, Pierce Brosnan ou encore Elton John porteront haut les couleurs du Prince's Trust en allant à la rencontre des jeunes engagés dans ses programmes, en participant à des soirées de gala destinées à lever des fonds ou en faisant connaître l'action de l'organisation aux États-Unis, d'où provient une part non négligeable de son financement.

En juin 2012, Will.i.am, le chanteur des Black Eyed Peas, fait don de 500 000 livres (soit environ 600 000 euros). La même année, le comédien Benedict Cumberbatch (*Sherlock*, *Imitation Game*) participe à une course cycliste de bienfaisance, « Palace to Palace », entre le palais de Buckingham et le château de Windsor. En 2014, la campagne #BeyGOOD de la chanteuse Beyoncé permet de récolter 85 000 livres (plus de 100 000 euros). Au printemps 2016, l'astronaute britannique Tim Peake court les 42 kilomètres du marathon de Londres en 3 heures et 35 minutes sur un tapis mécanique installé à bord de la station spatiale internationale pour promouvoir le travail du Prince's Trust.

Mais les meilleurs ambassadeurs de l'organisation demeurent, à n'en pas douter, ses bénéficiaires. Avec les 2 000 livres sterling qui leur avaient été allouées en 1986, James Sommerville et Simon Needham ont fondé, dans le grenier d'une maison de Huddersfield, leur propre agence de design, Attik, qui a connu un succès et un développement internationaux. C'est grâce à une subvention du Prince's Trust que le comédien Idris Elba (*The Wire*, *Mandela : The Long Walk to Freedom*) a pu intégrer la troupe du National Youth Music Theatre[1] à l'âge de seize ans. En 2003, le comédien et producteur américain Kevin Spacey (*American Beauty*, *House of Cards*) a remis un prix à Sara, une jeune Écossaise dont le taux de présence au lycée avait bondi de 20 à 97 %. Dix ans plus tard, tous deux ont enregistré un clip vidéo montrant le chemin parcouru : Sara est maman d'un petit garçon, elle a intégré le monde du travail et se destine à une carrière... d'enseignante.

---

1. Le Théâtre national de musique pour les jeunes, une institution de la vie culturelle du royaume.

« Nécessité n'a pas de loi »

La foi de l'héritier du trône dans les initiatives intégrées – c'est-à-dire qui tiennent compte de toutes les causes d'un problème pour y répondre – trouve sa démonstration ultime au printemps 2007, lorsque Dumfries House, un trésor du patrimoine historique et architectural écossais situé à proximité de la petite ville de Cumnock, est « sauvé au bénéfice de la nation » par un groupe d'organisations et de particuliers fédéré autour du prince Charles. La maison et ses terres, propriété du 7e marquis de Bute, sont rachetées à hauteur de 45 millions de livres sterling. Edifiée en 1759 par l'architecte Robert Adam et ses frères pour William Crichton-Dalrymple, le 5e comte de Dumfries, la résidence se trouvait en passe d'être vendue, et son précieux (et unique) mobilier Chippendale dispersé par une vente aux enchères chez Christie's. « Quelqu'un l'aurait rachetée pour construire un terrain de golf et toutes sortes de choses qui n'auraient jamais marché[1] », commente le fils d'Elizabeth II dans un entretien télévisé. Les trois énormes camions de déménagement contenant le mobilier sont stoppés *in extremis* sur l'autoroute.

Le prince entend dès lors permettre à Dumfries House de renouer avec sa splendeur passée. Avec l'aide d'un comité d'experts, le bâtiment est entièrement rénové, la re-création de ses décors intérieurs confiée à des entreprises et à des artisans du royaume. Une organisation caritative indépendante, The Great Steward of Scotland's Dumfries House Trust, est fondée en novembre 2007 avec mission de créer des opportunités de formation et d'emploi dans une région fortement touchée par la pauvreté et le chômage. Pour Charles, le petit palais de l'East Ayrshire doit en effet devenir un instrument au service du changement et du renouveau social.

Les débuts sont lents. L'initiative, comme souvent, est critiquée par les détracteurs de l'héritier du trône, qui voient là « le pari le plus imprudent de sa vie[2] » en raison des quelque 20 millions de livres

---

1. « Prince Charles recalls "horrors" of saving Dumfries House », scotsman.com, 7 janvier 2016.
2. Geordie Greig, « Charles £20m gamble », dailymail.co.uk, 28 juin 2014.

sterling empruntés par sa fondation. Mais l'entreprise finit par porter ses fruits. En avril 2015, le prince de Galles inaugure, en compagnie de William et Kate, son fils et sa belle-fille, une structure d'accueil et d'hébergement offrant aux jeunes des activités de plein air, ainsi qu'un centre d'éducation spécialisé dans l'ingénierie, établi en partenariat avec des sociétés britanniques comme Morphy Richards et UTC Aerospace Systems. Dumfries House propose aujourd'hui aux jeunes sans emploi des formations qui vont des techniques de construction traditionnelles à l'horticulture.

À ceux qui, il y a près de trois siècles, l'interrogeaient sur l'opportunité de bâtir son manoir, le 5e comte de Dumfries répondait que c'était « un grand projet, peut-être plus audacieux que sage. Mais nécessité n'a pas de loi ».

IX.

Une certaine idée de l'Angleterre

On ne peut brosser un portrait du prince Charles sans faire celui… de ses costumes. « Le vêtement est une chose stupide, disait Philip Stanhope, 4e comte de Chesterfield. En même temps, il serait stupide pour un homme de ne pas être bien habillé. » Dans le dressing du futur roi : un haut-de-forme noir avec lequel il écumait déjà les greens de l'hippodrome d'Ascot au début des années 1970, un pardessus et un smoking Anderson & Sheppard qu'on lui connaît depuis la fin des années 1980 et une série de kilts de chez Kinloch Anderson Ltd. qui n'ont pas bougé depuis trois décennies au moins. L'héritier du trône préfère que ses vêtements aient une histoire, un je ne sais quoi d'imperméable aux modes et au temps qui passe. Au printemps 2009, le magazine américain *Esquire* le couronnait à sa manière en lui décernant le titre d'homme le plus élégant du monde. Une consécration qui est aussi celle d'un savoir-faire typiquement britannique.

Dans les arrière-boutiques ouatées des tailleurs de Savile Row se déroulent tous les jours des cérémonies au caractère quasi sacré, rituels silencieux et minutieusement ordonnés voués au culte du *bespoke*, ou « grande mesure ». Une appellation 100 % *made in England*, le socle d'airain de la belle couture pour *gentlemen*. Pas un costume en dessous de 3 000 livres sterling. « Un homme ne peut faire l'amour avec conviction que s'il porte un pardessus taillé à moins d'un kilomètre de Piccadilly », affirmait la revue *Tailor & Cutter* dans les années 1920. Inspiré des « honnêtes » tenues d'équitation des messieurs de la *gentry* d'autrefois, ce « degré supérieur du sur-mesure » s'impose à Londres au tout début du XIXe siècle après que la Révolution française a remisé aux oubliettes de la confection l'habit de cour tape-à-l'œil et les pourpoints à chichis. C'est l'époque où fleurissent les premières enseignes : Meyer & Mortimer, en 1801 ; Davies & Son, trois ans plus tard ; Norton & Sons, en 1821, dans le fameux triangle d'or des palais ducaux établis à proximité du palais de St. James's, alors siège de la Cour. À Savile Row, le vêtement masculin est un art, le complet et la jaquette de véritables sculptures, conçues et travaillées à l'usage exclusif d'un client unique, fidèle à son tailleur comme il l'est à son médecin ou à son coiffeur.

Grâce au fils aîné de la reine Victoria, le futur Edward VII, qui lui passe commande pour la première fois en 1860, le tailleur Henry Poole, considéré comme l'un des pères fondateurs de la corporation, est bientôt érigé en oracle de la mode pour hommes. Il habille l'écrivain Charles Dickens, le maharadjah de Cooch Behar, l'empereur Napoléon III. Inventeur du prince-de-galles – un drap de laine appelé à l'origine Glenurquhart dont il lance la vogue avant de le rebaptiser en l'honneur du futur Edward VII –, il est aussi celui qui introduit dans la garde-robe royale le smoking, le gilet blanc, la veste d'intérieur en velours, le costume de chasse en loden et le chapeau melon. Plus tard, George V et George VI seront fidèles à Davies & Son, Edward VIII à Scholte, le prince Charles à Anderson & Sheppard, et son fils William à Gieves & Hawkes, maître incontesté de la couture navale et militaire. Elizabeth II, elle, a longtemps contribué à la gloire de Hardy Amies, avant que celui-ci ne renonce à son activité de tailleur pour dames.

Le chic absolu, l'élégance sans filtre réinventés au quotidien sur Savile Row s'inspirent de ceux du dandy Beau Brummell, à qui la capitale doit d'avoir découvert le pantalon. Mais à chacun sa silhouette. Ici, on fait grand cas de la coupe. Emmanchures hautes, carrure un peu plus appuyée et fermeture à un bouton en pivot central chez Huntsman, réputé aujourd'hui encore le plus onéreux de tous ; *limp-look* ou « look relâché » chez le spécialiste du drapé, Anderson &

Sheppard, le seul à monter encore l'épaule à la main plutôt qu'à la machine... Du choix du tissu (Henry Poole & Co. en propose plus de six mille) à la livraison du costume, compter en moyenne douze semaines.

Les mesures du client, basées sur les proportions des statues de l'Antiquité grecque, sont prises à la main et dictées à voix haute par un coupeur, auquel une série de codes permet de faire discrètement état d'éventuels défauts anatomiques, comme un début d'embonpoint ou des épaules tombantes. À la réalisation du gabarit sur papier succèdent le tracé du patron, dont les contours sont confiés à l'« œil de roc » (l'instinct) du coupeur, l'entoilage à la main du costume et son assemblage provisoire au fil de bâti par un tailleur spécialisé, toujours affecté aux mêmes clients. Après le premier essayage, qui permet d'affiner la ligne du complet, celui-ci est démonté, recoupé, transmis à un apiéceur et à un culottier qui façonneront un vêtement plus élaboré en vue des deux essayages suivants. Les épaisseurs intérieures de la veste sont cousues à la main afin de donner un galbe flatteur aux épaules et à la poitrine. Une fois l'ensemble parfait par les maîtres repasseurs, le costume est remis au client au cours d'un cérémonial comparable à celui d'une soirée de première dans un théâtre du West End.

« *Une capacité mystérieuse à provoquer l'admiration* »

On ne dira jamais assez à quel point le vêtement royal peut se révéler un précieux outil de relations publiques. Le style d'Elizabeth II, combinaison d'ensembles acidulés et de chapeaux faussement sages fondée sur une interprétation raisonnée des codes vestimentaires modernes, est ainsi l'une des composantes stratégiques de son image et véhicule des messages à l'adresse de ses compatriotes comme du reste du monde. « Tout ce pour quoi la reine est là, tout ce qu'elle représente et défend doit se refléter dans ce qu'elle porte[1] », a-t-on pu lire un jour dans les colonnes du *Times*.

---

1. *The Times*, 3 septembre 1985.

L'historienne de la mode Kate Strasdin écrit dans *Costume*, la revue éditée par la très britannique Costume Society : « Si la vie officielle d'Alexandra [l'épouse d'Edward VII] a été un succès, c'est parce qu'elle a su faire les bons choix en matière de garde-robe[1]. » Elle décrit une princesse, puis une souveraine, influencée par ses années de jeunesse désargentées au Danemark, toujours prête à faire retailler et modifier ses robes à l'infini pour leur donner l'apparence du neuf, et qui n'hésite pas à s'afficher dans des vêtements de plus de trente ans. Afin de masquer une cicatrice disgracieuse au niveau du cou, la belle-fille de la reine Victoria adopte les blouses à col montant dans la journée et, le soir, les colliers de chien en perles et diamants. Consciente des interrogations que suscite sa minceur extrême (la mesure du corsage de sa robe de mariée révèle un tour de taille de 54 centimètres), elle choisit de couper court aux rumeurs sur son état de santé, non pas en dissimulant sa silhouette, mais, au contraire, en la flattant par des vestes près du corps inspirées des ensembles de style *yachting* portés à l'époque par les dames aux régates de Cowes.

Alexandra montre également sa différence en faisant appel à des couturiers parisiens, comme Charles Frederick Worth ou encore Jacques Doucet, installé rue de la Paix. Elle ne déteste pas non plus, de temps à autre, faire preuve d'un soupçon d'extravagance dans ses choix. Atteinte d'otosclérose, une maladie héritée de sa mère – la reine Louise de Danemark –, elle voit en effet sa surdité s'aggraver à partir du milieu des années 1860, et décide alors de réinventer son personnage public en se drapant de robes scintillantes brodées de motifs et de petites pièces de métal aux reflets brillants, destinés à détourner l'attention de son handicap. Kate Strasdin rappelle qu'on lui prêtera tout au long de sa vie « une capacité mystérieuse à provoquer l'admiration plutôt que la jalousie, chez les femmes comme chez les hommes. […] Son apparence, les stratégies vestimentaires qu'elle a adoptées ont contribué de manière importante au maintien de son immense popularité. […] L'image que projetait Alexandra était

---

[1]. Kate Strasdin, « Fashioning Alexandra : A Royal Approach to Style 1863-1910 », *Costume*, 2013.

celle d'une élégance rassurante et sûre. Elle suivait la mode sans pour autant la dicter. Elle savait faire la différence entre ce qui lui allait et ce qui ne lui allait pas, et s'habillait en conséquence[1] ».

Réfractaire à toute idée de mode – un concept qui se marie fort mal avec son caractère –, sa belle-fille, la future reine Mary, se sait moins gracieuse et moins jolie. « Je ressemble beaucoup trop à la reine Charlotte[2] », dit-elle. Elle se compose donc une silhouette royale, majestueuse et digne, qui, elle en est convaincue, sied davantage à son imposante stature. Grande et mince, Mary n'est pas dépourvue de charme, mais son élégance très contrôlée est l'expression d'un tempérament tout entier voué à l'exercice de ses devoirs et d'une conception de l'institution monarchique plus proche de celle de la reine Victoria. À l'instar de la première impératrice des Indes, elle trouve d'ailleurs le vêtement ennuyeux et, lors d'une visite à Paris, au printemps 1908, évite ostensiblement les boutiques de couturiers. Son époux, le futur souverain George V – l'exemple type du « *gentleman* anglais direct et sans imagination », fidèle à son tailleur, à qui « il commande année après année les mêmes coupes, les mêmes tissus[3] » –, dicte la longueur de ses ourlets, qui jamais ne montreront ses chevilles, et influence l'aspect daté de sa garde-robe.

Le dos droit comme un *i*, le décolleté toujours généreusement pourvu de pièces de joaillerie choisies parmi les plus spectaculaires de la collection royale, Mary décide d'incarner la magnificence monarchique telle qu'elle se concevait avant la Première Guerre mondiale, adopte le style edwardien, les toques, les couleurs pastel (qu'Alexandra avait contribué à rendre populaires), les manteaux souples et larges, les lamés argent et or rebrodés de motifs compliqués. Tout, dans son apparence, a un sens. Ses fournisseurs sont britanniques ; ses chapeaux, conçus comme autant de couronnes ; ses robes inspirées du passé, un rappel permanent des traditions et de la continuité historique qui sous-tendent l'existence même des familles régnantes. « Quand arrive le jubilé d'argent [les vingt-cinq ans de règne de

---

1. *Ibid.*
2. L'épouse de George III (1744-1818).
3. Valerie Cumming, *Royal Dress*, Holmes & Meier Publisher, 1989.

George V], en 1935, elle est devenue une institution nationale, un symbole tangible de la grandeur de la monarchie[1]. »

La force de son image est telle que, dans les années 1920, sa bru, Elizabeth, duchesse d'York, peine à affirmer son propre style. L'extrême simplicité de sa robe de mariée, en 1923, la timidité des couleurs et des formes dont elle drape sa petite silhouette laissent penser que la nécessaire dimension théâtrale du vêtement royal lui échappe. Rien dans l'éducation typiquement aristocratique qu'elle a reçue ne l'a préparée à incarner les rêves et les attentes de ses compatriotes dans ce domaine. Jusqu'à son couronnement aux côtés de George VI, en 1937, sa garde-robe trahit tout au plus une prédilection pour les fanfreluches, la dentelle et les ornements de fourrure. À sa décharge, la jeune femme doit composer avec l'héritage des femmes qui l'ont précédée : Alexandra, Mary, mais aussi Wallis Simpson, dont le chic et le glamour hollywoodiens ont tant marqué les esprits. Sans compter le raffinement de sa belle-sœur, Marina, duchesse de Kent, une inconditionnelle de Molyneux, considérée comme l'une des femmes les plus élégantes du royaume.

La métamorphose d'Elizabeth – et la création de son personnage public – ne s'opère qu'en 1936, année où elle commande ses premières robes à Norman Hartnell, nouveau couturier très prisé de la bonne société londonienne. Celui-ci, influencé par les Ballets russes de Diaghilev et par leur principal décorateur et costumier, Léon Bakst, a débuté en créant des costumes pour le club de théâtre de l'université de Cambridge, où il a fait ses études. L'épouse de George VI lui commande des tenues de deuil au lendemain de la mort de son beau-père. Hartnell crée ensuite pour elle une robe du soir en « tissé d'argent […] dotée d'un ample col berthe de dentelle d'argent incrustée de diamants scintillants[2] ». Le couturier aime les effets, le spectacle. « Je n'ai que du mépris pour la simplicité, dit-il, car elle est la négation de tout ce qui est beau[3]. » Il entreprend dès lors de donner au dressing d'Elizabeth le romantisme et le caractère qui lui manquaient.

---

1. *Ibid.*
2. *Ibid.*
3. http://www.normanhartnell.com/welcome/.

En juillet 1938, cette dernière éblouit Paris, où le couple régnant effectue une visite d'État de plusieurs jours, dans une série de robes à crinoline immaculées rehaussées de dentelles, de tulle vaporeux et d'ornements d'argent et d'or. Norman Hartnell avait, à l'origine, travaillé à la confection d'une trentaine de modèles dont les broderies et les teintes rendaient hommage à la France et à ses symboles, mais la disparition brutale de la mère de la souveraine, Cecilia, comtesse de Strathmore et Kinghorne, en juin, l'avait contraint à repenser l'ensemble et à créer pour elle une garde-robe entièrement blanche – « couleur » du deuil pour les reines de France jusqu'au XVIe siècle. L'Hexagone réserve un accueil enthousiaste à cette figure au charme quasi irréel et comme tout droit sortie d'une toile de Winterhalter. Un style est né. Hartnell va maintenant l'adapter aux exigences de la vie officielle en Grande-Bretagne. Pendant la Seconde Guerre mondiale, la grand-mère du prince Charles arpente les rues de Londres dévastées par les bombardements allemands dans des ensembles poudrés rose et bleu assortis de bibis compliqués, de rangs de perles et d'étoles de fourrure perçus comme les emblèmes vibrants de la résistance du pays tout entier. Jusqu'à sa disparition, en 2001, son apparence vestimentaire évoluera peu. Si vous montrez « les silhouettes des reines Victoria et Mary et de la reine mère à une personne qui possède ne serait-ce que quelques notions d'histoire de l'Angleterre, celle-ci les identifiera instantanément ; le style personnel n'est ni à la mode ni démodé, il est une affirmation d'individualité[1] ».

Power dressing

Le 24 février 1981, jour de l'annonce de ses fiançailles avec le prince de Galles, Diana Frances Spencer, dix-neuf ans, se présente à la presse et aux photographes dans un ensemble veste et jupe droite bleu roi acheté chez Harrods, assorti d'un corsage blanc. Elle pose tout en retenue et en innocence dans ce tailleur dont

---

1. Valerie Cumming, *Royal Dress, op. cit.*

elle a elle-même rallongé l'ourlet de cinq centimètres la veille au soir. Collants pâles, talons plats, brushing sage arrangé par Kevin Shanley, son coiffeur de quartier... Son éducation aristocratique ne l'a pas, elle non plus, préparée à jouer les premiers rôles, au contraire. Dans les pensions huppées où elle a grandi, on lui a appris le contrôle de soi et la modestie dans l'allure, la quête permanente du convenable, l'aversion pour la fripe et le laisser-aller. Son dressing ne compte en tout et pour tout qu'une seule robe longue, un seul chemisier un peu chic, une seule paire de chaussures pour le soir. En mars, lors d'un gala à l'Opéra, elle arbore un modèle en taffetas noir, ultra-décolleté et mal ajusté, qu'elle s'est procuré en urgence chez un couple de designers, Elizabeth et David Emanuel. Diana ne sait pas encore que, dans la famille régnante, le noir ne se porte qu'en période de deuil. Elle croit simplement faire honneur à la Couronne – et à son futur mari – en s'affichant dans une robe élégante et sophistiquée. L'effet glamour tourne au désastre. Il témoigne aussi des aspirations d'une jeune fille déterminée à affirmer sa féminité.

Jusqu'en 1997, année de sa disparition, son style connaît mille bouleversements. La métamorphose sera telle qu'elle fera l'objet de nombreuses études et demeure, aujourd'hui encore, unique dans l'histoire moderne des royautés. Sa mère, Frances Shand-Kydd, l'incite d'abord à pousser la porte de couturiers installés, comme Bill Pasley ou Donald Campbell, dont les coupes *middle age* menacent un temps d'enfermer la débutante dans un personnage un peu terne. Puis elle la convainc de s'en remettre à l'une de ses connaissances, Felicity Clark, responsable du département beauté de l'édition britannique du magazine *Vogue*. Celle-ci s'adjoint les services et conseils d'Anna Harvey, en charge du service mode. Grâce à elles, la bru d'Elizabeth II découvre le petit monde précieux et feutré des créateurs – Jasper Conran, Bruce Oldfield, Roland Klein, Catherine Walker et Jacques Azagury. Le prince Charles aime les femmes bien habillées. Résolue à ne pas le décevoir, elle commet des excès, multiplie les accessoires inutiles, se pare de couleurs improbables, de petits chapeaux emplumés, de gants, de cols larges comme des comptoirs de tapissier. À la fin de 1981, son tempérament romantique s'incarne dans les froufrous irisés de sa robe Gonzague, un modèle spectaculaire pour le soir griffé Bellville Sassoon.

À mesure que son mariage se désagrège, Diana s'empare du vêtement comme d'une arme de communication. Les tailleurs bicolores qu'elle arbore à partir du milieu des années 1980 sont ceux d'une femme déterminée à « reprendre le contrôle ». La voilà adepte du *power dressing* des héroïnes du feuilleton américain *Dynasty* – « ce sont bien les séries télévisées de l'époque qui lui ont donné l'idée de porter des épaulettes », révèle l'historien de la mode Colin McDowell[1]. Son allure générale se modifie ; le haut de sa silhouette est maintenant systématiquement mis en valeur par des vestes ceinturées à la taille sur des jupes et des pantalons près du corps. Dès 1986, Philip Somerville confectionne à son intention capelines et chapeaux renversants. Ses robes longues prennent un aspect hollywoodien, se parent de broderies et d'étoiles, de milliers de perles et de sequins, de plissés chatoyants. Ses tenues, désormais, parlent à sa place. En février 1992, lors d'un voyage officiel en Inde, Diana pose seule devant le Taj Mahal, le temple de l'amour, dans un tailleur rouge, jaune et violet. Des couleurs fières lancées (c'est du moins ainsi que le monde entier l'interprète) comme autant de défis à l'adresse de son époux.

En décembre 1992, le Premier Ministre John Major annonce devant les députés de la Chambre des communes, médusés, la séparation du couple, dont le divorce sera prononcé en août 1996. La princesse entend, dès lors, donner l'image d'une femme partie à la reconquête de sa liberté. Avec la complicité de Catherine Walker, sa créatrice favorite, elle élabore une série de robes « rebelles », plus courtes, plus moulantes, s'affiche en Dior et en Chanel. En juin 1997, la vente aux enchères des robes du soir qu'elle avait portées tout au long de ses quinze années de mariage raconte une femme en rupture avec son passé.

---

1. Colin McDowell, *Diana Style*, St. Martin's Press, 2007.

« Le reflet de sa véritable personnalité »

À la fin des années 1990, Camilla effectue ses premières apparitions publiques en tant que compagne officielle du prince Charles. Alors qu'une partie de la presse s'applique depuis toujours à la photographier sous un jour peu flatteur – cheveux en désordre, pantalons de cheval et tailleurs un tantinet défraîchis… –, elle confie à Antony Price le soin de lui inventer un nouveau look. Le créateur s'est notamment fait connaître en travaillant pour les Rolling Stones, David Bowie, Diana Ross et Bryan Ferry. Il a aussi habillé Diana à plusieurs reprises. Les premiers modèles qu'il dessine à l'intention de Mrs. Parker Bowles – une robe de cocktail couleur lilas en juin 2001, ou encore une robe du soir en velours bleu marine et satin blanc portée lors d'une réception au musée d'Art moderne de New York, en novembre 2005 – marquent durablement les esprits en révélant, commentent les médias, « le côté glamour, et même sexy », de Camilla. Toutefois, de l'aveu d'Antony Price, c'est à sa robe de mariée, aujourd'hui exposée au Victoria and Albert Museum de Londres, que la duchesse de Cornouailles doit sa « naissance » à la couture : « Cette tenue l'a complètement libérée. C'est une femme lumineuse et qui a du style. Elle appréhendait ce moment, car elle n'a jamais aimé se trouver devant les caméras, mais je savais qu'elle serait formidable[1]. »

Le matin du 9 avril 2005, Camilla arrive à l'hôtel de ville de Windsor dans un ensemble Robinson Valentine, une maison fondée par Antonia Robinson et Anna Valentine. Les deux créatrices ont conçu pour elle un manteau blanc cassé rebrodé de motifs chevrons en fil de soie assorti à une robe vaporeuse parsemée de petits disques laqués. L'ensemble a nécessité huit essayages. Quelques heures plus tard, l'épouse du prince Charles remonte la nef de la chapelle St. George du château de Windsor dans une robe de soie bleu porcelaine rebrodée à la main de fil d'or choisi dans cinq teintes différentes. « Elle apprécie ce qui est discret et bien coupé, avec

---

[1]. Roya Nikkhah, « Antony Price, the man who redesigned the Duchess of Cornwall », fashion.telegraph.co.uk, 2008.

un joli détail[1] », témoigne Anna Valentine. Celle-ci, une ancienne danseuse, soumet ses croquis sur demande et dit trouver l'inspiration « dans la fluidité et l'élégance des costumes de ballet, la simplicité et le côté épuré du design scandinave et l'exigence flatteuse des drapés à la japonaise[2] ». Dans l'équipe de Camilla, on explique que « la duchesse a une idée très précise de ce qui lui va. Elle est fidèle aux créateurs qui travaillent pour elle et ne change pas de style ». Tout est fait pour traduire une idée de constance, de permanence, d'adéquation parfaite avec l'institution qu'elle représente. L'épouse du prince Charles « est restée la même depuis son mariage, dit-on encore autour d'elle. Seul le contexte est différent[3] ».

Hugh Green, dont le salon a pignon sur rue dans le quartier de Belgravia, à Londres, est l'auteur de sa coupe de cheveux – un carré dégradé tombant à hauteur des épaules. La belle-fille d'Elizabeth II confie son maquillage à Julia Biddlecombe et ses mèches blondes au coloriste Jo Hansford, qui compte également Angelina Jolie et Elizabeth Hurley au nombre de ses clientes. Elle a arrêté de fumer au début des années 2000, a recours aux soins et aux produits cosmétiques à base de venin d'abeille créés par Deborah Mitchell, suit régulièrement, dit-on, des cures ayurvédiques, et prend des cours de yoga et de Pilates.

Camilla n'aime pas particulièrement faire du shopping. Elle choisit donc une partie de sa garde-robe de tous les jours dans le catalogue de vente par correspondance de la maison italienne Artigiano. Elle a repris à son service l'ancienne habilleuse de la reine mère, la fidèle Jacqui Meakin, qui l'a encouragée à porter des couleurs plus vives – des bleu-vert, des jaunes moutarde, du turquoise, du rouge ou encore des violets – et lui a permis de trouver l'élégance qui lui ressemble. Le « costume » royal doit en effet refléter la personnalité de celle qui le porte. Il doit aussi composer avec de multiples impératifs : être « convenable », ni clinquant ni passe-partout, et respecter les usages en vigueur. Sans avoir renoncé à ses tailleurs de tweed, confortables

---

1. http://www.hellomagazine.com/profiles/anna-valentine/.
2. http://www.annavalentine.com/av-story.
3. Propos recueillis par l'auteur.

et emblématiques d'une certaine idée de l'Angleterre, la duchesse de Cornouailles arbore aujourd'hui des robes de dentelle, des mousselines crème (inspirées, dit-on, de quelques-unes des pièces de la garde-robe de Kate, l'épouse du prince William), des roses pastel et des vestes à basques posées sur des robes imprimées. Son dressing est l'œuvre d'un nombre restreint de maisons, toutes britanniques.

Lancé par Diana au tout début des années 1980, le couturier Bruce Oldfield confirme que, en la matière, « Camilla est devenue plus confiante, plus relax. Quand nous travaillons ensemble, elle est beaucoup plus réceptive à ce que je lui propose[1] ». Sous son influence, elle a appris à user du glamour, voire du spectaculaire, pour mieux laisser paraître certains de ses traits de caractère – comme ce soir de novembre 2011 où, à une réception donnée pour les médias au palais de Buckingham, suivie d'une première au cinéma Odeon, elle opte pour un fourreau scintillant entièrement brodé de sequins. Encouragée par Philip Treacy, son modiste numéro un, l'épouse du prince Charles a aussi, à plusieurs reprises, fait appel aux talents de Vivienne Westwood. L'admiration que voue aujourd'hui la moins conventionnelle des créatrices anglaises à la famille régnante n'a d'égale que la belle énergie avec laquelle elle s'était employée à la dénigrer tout au long des années 1970, lorsqu'elle clamait haut et fort son intention de saboter l'*establishment*. En l'adoubant, Camilla choisit-elle de faire un pied de nez à l'Histoire ? Pour cette proche, il ne fait aucun doute que « les vêtements que dessine pour elle Vivienne Westwood sont le reflet de sa véritable personnalité[2] ».

« Rien ne lui fait davantage plaisir que de porter les bijoux de la reine mère »

Cette confiance nouvelle dans son image se traduit aussi par de fabuleuses pièces de joaillerie. Dans sa collection figurent des colliers

---

1. Liz Jones, « Bruce Oldfield : "I gave Diana her glamour and Camilla her confidence" », dailymail.co.uk, 16 février 2014.
2. Propos recueillis par l'auteur.

de rubis et de diamants estimés à plusieurs millions d'euros, offerts par l'ex-roi d'Arabie Saoudite Abdallah II – des cadeaux officiels que la duchesse de Cornouailles peut porter aussi souvent qu'elle le souhaite, mais qui seront, à terme, versés au patrimoine de la Royal Collection, l'organisme chargé de la protection et de la valorisation des collections d'art, de mobilier et de bijoux de la Couronne. S'y ajoutent une demi-douzaine de « tours de cou » constitués chacun de trois ou quatre rangs de perles retenus par des fermoirs en diamants, topazes et aigues-marines, une broche ballerine (gracieuse petite danseuse en or, saphirs, rubis et diamants) datant des années 1940, une paire de broches en or, saphirs et diamants en forme de libellules, deux broches Cosmos et des boucles d'oreilles en diamants Magic Alhambra de la maison Van Cleef & Arpels. Sans oublier les nombreux présents de son époux.

Car l'héritier du trône a la réputation d'aimer offrir des bijoux. Amusé et intrigué par la relation de parenté entre Camilla et Alice Keppel, le dernier grand amour d'Edward VII, il a entrepris de retrouver les pièces dont son arrière-arrière-grand-père avait fait cadeau à sa maîtresse. Il aurait ainsi déjà racheté une broche en diamants, rubis et tourmalines en forme de serpent, une broche ornée d'une perle noire repérée au début des années 2000 dans une vente aux enchères, une tiare de diamants longtemps « oubliée » dans le coffre d'un joaillier londonien et qu'il a fait remonter sous forme de collier et de boucles d'oreilles assorties, ainsi que la célèbre tiare de diamants et de rubis synthétiques (en vogue à l'époque) de Mrs. Keppel – elle a déjà été arborée en collier à maintes reprises par la duchesse de Cornouailles, dont elle serait l'une des parures favorites.

Toutefois, selon une proche, « rien ne lui fait davantage plaisir que de porter les bijoux de la reine mère[1] ». Camilla s'applique à garder vivant le souvenir scintillant des années Queen Mum. Le 10 février 2005, jour de l'annonce de ses fiançailles, elle présente fièrement aux médias la bague en platine et diamants de style Art déco glissée à son doigt par le prince Charles – l'un des trésors de la collection de la doyenne des Windsor. En juillet 2007, pour son

---

1. Propos recueillis par l'auteur.

soixantième anniversaire, elle est photographiée avec le collier de diamants que portait l'épouse de George VI le jour du couronnement de son mari, en 1937. Lors des dîners d'État et autres grandes occasions officielles, elle apparaît régulièrement parée de son collier à cinq rangs de diamants et coiffée de la tiare Greville, créée à l'origine par le joaillier français Boucheron. L'histoire de ce bijou permet de mieux comprendre les liens qui, au-delà de leurs affinités personnelles, unissaient Camilla à Granny, et la grand-mère du prince Charles à Alice Keppel.

« *Vous faites bien de ne pas en parler* »

Mrs. Ronald Greville était une croqueuse de pierres précieuses, une authentique collectionneuse portée sur les pièces spectaculaires et les bijoux associés aux figures mythiques de la royauté. Elle était née Margaret Helen Anderson, en 1863, des amours illégitimes entre un brasseur millionnaire, William McEwan, et Helen Anderson, une jeune Écossaise issue d'un milieu modeste.

Le 25 avril 1891, Margaret épouse l'héritier du 2e baron Greville, un officier du régiment royal des Life Guards, ami d'enfance de George Keppel. À une époque où les « bons » mariages s'apparentent souvent à des mariages d'intérêt, les deux époux se distinguent de leurs pairs par l'affection et la loyauté qu'ils se vouent mutuellement. Alice et George Keppel, qui s'unissent à peine deux mois après eux, leur ouvrent les portes des cercles qui comptent. En 1900, Mrs. Greville accepte de devenir la marraine de leur fille cadette, Sonia[1]. Consciente des « suspicions » qui entourent la naissance de la fillette, elle propose même (en vain) de l'adopter[2]. Deux ans plus tard, coiffée de sa tiare Boucheron, elle assiste au couronnement d'Edward VII aux côtés d'Alice, de l'actrice française Sarah Bernhardt et de plusieurs autres anciennes maîtresses du souverain. Elle et son

---

1. Qui deviendra la grand-mère de Camilla.
2. Sian Evans, *Mrs. Ronnie : The Society Hostess Who Collected Kings*, National Trust Books, 2013.

mari reçoivent bientôt le monarque à dîner dans leur hôtel particulier du 11, Charles Street. Pour Margaret, une autre vie commence.

Au printemps 1908, Ronald disparaît à l'âge de quarante-trois ans, victime d'un cancer des cordes vocales. Deux ans plus tard, le bon roi Edward s'éteint à son tour. Mrs. Greville s'attire sans difficulté les bonnes grâces de George V, son successeur, et de la reine Mary. Les deux femmes sont en effet liées d'amitié depuis longtemps. Certains vont jusqu'à dire qu'elles se ressemblent – même amour des voyages, même vivacité d'esprit, même passion pour la joaillerie et les objets de prix. Le père de Margaret meurt en mai 1913, à l'âge de quatre-vingt-cinq ans, et lui lègue la plus grande part de sa fortune (1,5 million de livres, soit plus de 130 millions de livres sterling d'aujourd'hui). Mrs. Ronald Greville transforme alors Polesden Lacey, son manoir du Surrey, en un petit Versailles encombré de miroirs, de lustres en cristal, de dorures, de porcelaines de Sèvres et de Meissen, de peintures flamandes du XVIIe siècle et de chefs-d'œuvre de Fabergé.

Lancée dans une compétition acharnée avec les hôtesses les plus fameuses de l'entre-deux-guerres, comme lady Astor, lady Emerald Cunard ou encore Laura Corrigan (à qui Alice Keppel loue son hôtel particulier de Grosvenor Street depuis son départ pour l'Italie), Margaret courtise les hommes politiques, les grands industriels, les maharadjahs et les rois et reines – Juliana des Pays-Bas, Fouad Ier d'Égypte, Georges II de Grèce, Victoria-Eugénie d'Espagne et son mari Alphonse XIII… À l'époque, elle a déjà rassemblé une collection de bijoux et de pierres plus inestimables les uns que les autres, parmi lesquels un collier de diamants ayant appartenu à Marie-Antoinette, les émeraudes de l'impératrice Joséphine ou encore une bague de Catherine II de Russie. Mais son snobisme légendaire, son venin de salon, sa fascination pour les ambitieux – qui la pousse à côtoyer des personnages aussi peu recommandables que Joachim von Ribbentrop, ambassadeur d'Allemagne à Londres à partir de 1936 (en 1934, elle avait insisté pour être reçue par Adolf Hitler lors d'un séjour à Nuremberg où elle avait été l'invitée du Reich) – lui attirent des inimitiés tenaces. « Le tort causé par ces hôtesses stupides et égocentriques est véritablement immense, écrit le diplomate et écrivain Harold Nicolson en 1937. Elles donnent aux émissaires étrangers l'impression que la politique se décide dans leurs salons… Ces [femmes] ont une influence subversive[1]. »

Cependant, Margaret, cette année-là, s'est déjà détournée des nazis et de leur sinistre clique. On lui prête par ailleurs une vraie générosité : elle verse en effet des sommes considérables pour la recherche contre le cancer, finance des programmes d'aide aux populations pauvres des quartiers londoniens de l'East End, ainsi que les études universitaires de centaines de jeunes défavorisés. On lui reconnaît aussi des affections sincères. Au début des années 1920, elle entreprend d'aider le duc d'York à conquérir le cœur d'Elizabeth Bowes-Lyon. Les deux jeunes gens se retrouvent régulièrement invités aux dîners et aux bals qu'elle organise dans sa demeure londonienne de Charles Street ou sa propriété de Polesden Lacey. C'est là, dans une suite autrefois aménagée pour Edward VII, que le couple passera sa lune de miel en avril 1923. Le 12 mai 1937, jour du couronnement de George VI, l'excentrique millionnaire, qui a été faite Dame Commandeur dans l'ordre de l'Empire britannique, occupe une place de choix dans la loge royale, à Westminster.

Très attachée à sa filleule, Sonia Keppel, elle accompagne et supervise son ascension sociale. En juin 1933, la jeune femme donne un cocktail dans sa résidence de Hyde Park Gardens. Margaret, qui l'a aidée à organiser la réception, est à ses côtés pour recevoir le prince de Galles (le futur Edward VIII), ainsi que le duc et la duchesse d'York et le prince George (le troisième fils du roi George V et de la reine Mary). À sa mort, en 1942, elle lui lègue 2 000 livres, soit l'équivalent de 80 000 euros.

Le testament de Mrs. Greville recèle par ailleurs bien des surprises. Elle était restée très proche de George VI et de son épouse, les souverains pensaient donc hériter du manoir de Polesden Lacey – ce que sa propriétaire leur avait promis. Mais Margaret a finalement préféré léguer à la reine sa fabuleuse collection de bijoux – en tout, une soixantaine de pièces qui seront livrées au palais de Buckingham dans une petite malle laquée de noir. Les privations et les sacrifices endurés au quotidien par les Britanniques pendant la Seconde Guerre

---

1. *Ibid.*

mondiale rendent toutefois impossible de les porter. « Vous faites bien de ne pas en parler[1] », écrit la reine Mary à sa belle-fille. Les émeraudes de Joséphine, la tiare Boucheron, l'extravagante broche de diamants en forme de nœud longue de douze centimètres et le collier à cinq rangs de diamants attendront la fin des années 1940 pour réapparaître en public. Tout comme la bague qui orne aujourd'hui l'annulaire de Camilla.

---

1. *Ibid.*

X.

« Le reflet du monde dans lequel nous vivons »

Elle flâne le long des étals, visiblement ravie d'être là, distribue des « bonjour, monsieur » et des « bonjour, madame » aux Parisiens éberlués. Marché Raspail, 28 mai 2013. Accrochée à son parapluie (un Fulton à corolle transparente, le modèle favori de la reine Elizabeth), la duchesse de Cornouailles se plie avec bonne humeur aux sollicitations des passants qui l'arrêtent pour se faire photographier à ses côtés, répond avec le sourire aux questions qu'on lui pose, confie à une inconnue impatiente de tout connaître de ses talents domestiques que « oui, bien sûr », il lui arrive encore de faire elle-même un peu de ménage et de cuisine. Accompagnée de sa secrétaire particulière et amie de longue date, Amanda MacManus, l'épouse du prince Charles prend le temps d'acheter trois foulards, poursuit ses emplettes avec l'achat de sachets d'abricots secs et d'olives. S'attarde, quelques mètres plus loin, devant un stand de vêtements pour enfants où elle choisit cinq robes à smocks pour ses petites-filles, Lola et Eliza.

Voilà deux jours que Camilla a pris la capitale française, comme autrefois les Turcs l'ont fait de Constantinople. Les Parisiens, qui ne pensaient probablement voir qu'une silhouette inaccessible, se découvrent sous le charme de cette femme qui n'a rien oublié des six mois « épatants » passés parmi eux en 1963 – elle avait alors seize ans –, lorsqu'elle était venue étudier le français à l'Institut britannique, dans le quartier des Invalides. Elle confesse aujourd'hui ne plus maîtriser la langue de Molière que « comme ci, comme ça ». Qu'importe. Son sac, une pochette en raphia tressé brodée d'un « Paris » terminé par un cœur, parle pour elle.

La veille, la belle-fille d'Elizabeth II, présidente d'Emmaüs Royaume-Uni, a entamé son séjour par la visite de deux communautés Emmaüs, à Bougival et Chatou, deux petites villes des Yvelines. « Si j'avais tout le temps que je voulais, dit-elle alors, et si je n'étais pas réclamée ailleurs, je dépenserais une fortune ici. » Au milieu d'une cohue de reporters et de cameramen, l'épouse du prince Charles explore les centres de stockage et les ateliers, adresse des félicitations, des encouragements et de brèves questions à ses interlocuteurs – « Comment ça va ? », « Tout est vraiment très bien organisé ». Avant d'évoquer, dans un court discours prononcé en français, « le célèbre appel de l'abbé Pierre sur Radio-Luxembourg [le 1er février 1954], cette insurrection de la bonté qui a été le point de départ d'un mouvement international de solidarité pour protéger les sans-abri et ceux qui ont perdu l'espoir. Nous avons beaucoup à apprendre de nos cousins français, et j'ai été extrêmement impressionnée par tout ce que vous avez accompli ici ». Suivent une réception et un dîner en petit comité (dix-huit convives, dont la ministre des Affaires sociales et de la Santé Marisol Touraine), organisés par l'ambassadeur du Royaume-Uni sir Peter Ricketts et son épouse, lady Suzanne.

C'est la toute première fois que Camilla effectue un déplacement officiel à l'étranger en solo. La visite est financée par le prince Charles, le programme dense, minuté. « Il faudrait pouvoir rester plus longtemps, glisse-t-elle, il y aurait tant de choses à voir et à faire. » La journée du lendemain s'ouvre sur une rencontre avec plusieurs centaines de bénévoles engagés dans un périple cycliste au profit de l'association Help for Heroes, qui vient en aide aux militaires britanniques blessés en mission, et se poursuit au siège de l'état-major de la Garde républicaine, dans le IVe arrondissement. Passage en revue des troupes, mini-concert de la musique de la Garde – au cours duquel on verra Camilla battre la mesure avec entrain de la pointe de son soulier –, démonstration du régiment de cavalerie dans le manège Battesti... Ni les averses ni le ciel, aussi bas qu'en hiver, n'entament la bonne humeur de la duchesse de

Cornouailles, résolument printanière dans son ensemble vert pistache griffé Anna Valentine. « Je ne vous aurai apporté le soleil que vingt-quatre heures », plaisante-t-elle.

En début d'après-midi, direction l'avenue Montaigne, où la belle-fille d'Elizabeth II est attendue chez Christian Dior. Pendant près d'une heure, accompagnée de Sidney Toledano, P-DG de Dior Couture, l'épouse du prince Charles – maintenant vêtue d'une robe crème – visite les ateliers, questionne les petites mains sur leur travail, admire plusieurs modèles de la collection haute couture printemps-été 2013 et s'entretient avec Raf Simons, le directeur artistique. Avant l'Eurostar du retour, ultime crochet par le pavillon Denon du musée du Louvre pour y contempler la *Vénus de Milo*, la *Victoire de Samothrace*, *La Joconde* et quelques sculptures de Michel-Ange. Au final, un vrai succès populaire. « Nous n'avons pas de famille régnante en France, confiait, la veille, une bénévole française d'Emmaüs à un reporter du *Times*. Mais nous sommes heureux que vous en ayez une. »

Un homme « exigeant » qui souffre difficilement la contradiction

Clarence House, la résidence londonienne du prince Charles et de son épouse, se distingue du palais de Buckingham par sa relative modestie. Un dédale de cours jouxtant le palais de St. James's, où il arrive que l'on croise l'héritier du trône marchant d'un pas pressé, des portes discrètes ouvrant sur des espaces de bureaux, et des petits salons aux murs blancs meublés de canapés beiges. Aux murs, des tableaux représentant des scènes de chasse et des pur-sang, des aquarelles du prince, un parchemin enluminé témoignant de sa nomination en tant que Lord High Commissioner (le représentant personnel d'Elizabeth II) à l'Assemblée générale de l'Église d'Écosse pour l'année 2000… Tout est fait pour indiquer au visiteur qu'il n'entre pas chez un monarque. Le futur souverain se trouve, comme sa mère, à la tête d'une Royal Household (Maison royale) dont l'organisation et la hiérarchie obéissent à des schémas similaires. Mais « nous ne sommes pas soumis aux mêmes impératifs, commente-t-on dans son équipe, nous n'avons pas à gérer la dimension cérémonielle qui est celle du travail de la reine, comme les banquets d'État. Voilà pourquoi nous n'avons pas de lord chambellan, par exemple[1] ».

La Maison du prince Charles, qui s'est considérablement féminisée ces dernières années, se composait officiellement – en tenant compte des temps partiels – de 124,7 personnes au 31 mars 2016, dont un secrétaire particulier, 6 secrétaires particuliers adjoints, 2,8 membres du staff affectés à la gestion de la correspondance et 10,6 en charge de la communication et des relations des deux époux avec la presse, 1,3 majordome, 2,5 valets et habilleuse, 3 chauffeurs, 10 personnes responsables du management et de l'entretien des résidences du couple et 20 jardiniers[2]. Comme dans la plupart des palais européens, le staff de Charles et Camilla s'est professionnalisé. Les personnels de cour d'autrefois, choisis la plupart du temps pour leur naissance ou les relations irréprochables de leur famille, ont laissé la place à des gens « recrutés pour leurs talents et leurs compétences[3] », comme en témoignent les récentes nominations à la tête de la communication de Clarence House – Kristina Kyriacou, qui s'était longtemps occupée de l'image de plusieurs stars britanniques de l'industrie de la musique avant d'entrer au service de l'héritier du trône, a été remplacée en juillet 2016 par Julian Payne, ancien directeur de la communication de la BBC et ex-vice-président de Burberry en charge des relations publiques et de la stratégie marketing de la griffe.

À la tête des équipes : Clive Alderton, le secrétaire particulier du prince de Galles et de la duchesse de Cornouailles. Ce dernier a succédé, en août 2015, à William Nye, un ancien responsable de la lutte antiterroriste et des services secrets au sein du ministère de l'Intérieur. Secrétaire particulier adjoint du couple entre 2006 et 2008, puis secrétaire particulier en charge des Affaires étrangères et des relations avec le Commonwealth entre 2009 et 2012, Clive Alderton a exercé les fonctions d'ambassadeur du Royaume-Uni au Maroc avant d'être rappelé à Clarence House. Lien direct entre l'héritier du trône et le

---

1. Propos recueillis par l'auteur.
2. Chiffres communiqués par Clarence House.
3. Propos recueillis par l'auteur.

palais de Buckingham, cet homme de confiance doit faire en sorte que les relations avec Downing Street, l'ensemble des ministères, l'Église d'Angleterre et les forces armées soient le plus étroites et le plus harmonieuses possible. Son travail est aussi d'informer et de conseiller le futur souverain sur tous les sujets constitutionnels ou politiques, de mettre au point le planning de ses engagements publics en Grande-Bretagne et à l'étranger, de superviser sa correspondance officielle et l'élaboration de ses discours, et d'assurer la coordination entre sa Maison et le staff des autres membres de la famille régnante. Charles a la réputation d'être un homme « très exigeant », plutôt directif, qui souffre difficilement la contradiction, aime décider seul et défend farouchement son indépendance vis-à-vis du palais. En 2014, une première tentative de regroupement des services de communication de Buckingham, de Clarence House et du palais de Kensington, le quartier général des princes William et Harry, a finalement été abandonnée.

Le déroulement des journées du prince de Galles obéit à un planning quasi immuable. Ses engagements officiels sont rarement programmés avant 10 heures du matin – « le prince se consacre d'abord à l'étude des documents officiels transmis par le gouvernement[1] », précise-t-on autour de lui. L'héritier du trône ne déjeune pas, ou peu – une habitude qu'a adoptée aussi la duchesse de Cornouailles –, et ne marque une « pause » qu'en fin d'après-midi, le plus souvent entre 17 h 30 et 19 heures. Les trois premières semaines de janvier et les mois d'avril, d'août et de septembre sont traditionnellement les moins chargés en termes d'apparitions publiques. Les deux voyages officiels à l'étranger effectués chaque année par le couple ont lieu au début du printemps et en novembre. En mars et en juin, Charles et Camilla se rendent généralement en visite au pays de Galles. Plusieurs journées sont également consacrées tous les étés à des déplacements en Écosse et dans les Cornouailles.

Les sollicitations adressées au prince émanent des quatre coins du pays, des plus de 400 organisations caritatives qu'il parraine, des 24 régiments dont il est le commodore ou le colonel en chef, ou encore

---

1. Propos recueillis par l'auteur.

des Lords Lieutenants, les représentants de la reine Elizabeth dans chacun des comtés du royaume. Une première sélection est opérée par ses secrétaires particuliers. « Les engagements officiels doivent être le reflet du monde dans lequel nous vivons, commente l'un de ses conseillers. Nous passons beaucoup de temps à vérifier que nous répondons aux attentes du public, que ces visites sont pertinentes dans le contexte actuel[1]. »

Les invitations retenues sont ensuite soumises aux deux époux, qui « tiennent à ce que leurs rencontres avec les Britanniques couvrent l'éventail de situations le plus large possible[2] ». Au cours des dix années qui ont suivi son mariage, Camilla a effectué près de 850 engagements officiels au Royaume-Uni et à l'étranger. Dans ses déplacements hors des frontières de la Grande-Bretagne, le couple est escorté de 25 personnes environ – deux ou trois secrétaires particuliers, un écuyer, deux chargés de relations avec les médias, un médecin, deux personnes affectées à la logistique, un majordome, Jacqui Meakin, l'habilleuse de la duchesse de Cornouailles, et son coiffeur, Hugh Green, l'un des deux valets de l'héritier du trône, deux assistants, un membre de l'équipe Web (le site Internet du prince de Galles est actualisé quotidiennement), un artiste invité et six ou huit officiers de sécurité. En 2015, Charles et Camilla se sont rendus dans dix pays différents – dont le Mexique, la Colombie, les États-Unis, le Qatar, la Jordanie, l'Arabie Saoudite, le Koweït et les Émirats arabes unis – et ont parcouru plus de 103 500 kilomètres. Dont 24 522 kilomètres à domicile, où, de foires agricoles en festivals, inaugurations et commémorations en tout genre, ils ont visité 42 comtés et 75 villes et villages.

Le « style » du prince de Galles est celui d'un homme qui se veut sincèrement accessible. Partout où il se rend, et notamment lorsqu'il se déplace dans les provinces du royaume, ses interlocuteurs privilégiés sont rarement les dignitaires locaux. La mission qu'il s'est fixée, tout comme son caractère, l'incitent à préférer le contact avec la population – il connaît ainsi par leur prénom la plupart des

---

1. Propos recueillis par l'auteur.
2. Propos recueillis par l'auteur.

jeunes formés à Dumfries House. Les images de ses engagements officiels le montrent souvent hilare, qu'il pose pour d'improbables photos de classe en compagnie d'écoliers, qu'il apparaisse sur des *selfies* postés sur les réseaux sociaux – un exercice auquel il accepte de se soumettre depuis qu'un ado l'a « piégé » pour la première fois lors de la visite d'une église copte, en décembre 2013 –, qu'il visite des pubs, des ateliers, des boutiques, des casernes ou des terrains de sport. La main gauche éternellement enfoncée dans la poche de sa veste, la pochette de soie en présentoir, Charles distribue poignées de main, plaisanteries et paroles chaleureuses. Certains commentateurs le comparent à un politicien en campagne ? L'héritier du trône considère, lui, que l'écoute est une composante essentielle du « métier ». Avec lui, les échanges sont souvent brefs, mais ils sont vrais. Complice, la voix légèrement voilée et l'œil pétillant, le prince vient prendre le pouls du royaume, encourager, recueillir des histoires, poser des questions sur la santé, les études, la retraite, les difficultés du quotidien. Sans témoins ni médias, il rend visite aux villageois inondés, aux éleveurs touchés par les épidémies de fièvre aphteuse, aux patients et au personnel des hôpitaux. Charles connaît les Britanniques comme aucun des princes ou des monarques de sa famille avant lui.

Une fonction prestigieuse et noble

La monarchie britannique est la deuxième plus ancienne monarchie européenne, après le trône de Danemark. Elizabeth II et son fils sont les héritiers d'une lignée fondée par des figures lointaines aux noms pleins de poésie et de mystère, comme Offa de Mercie, au VIIIe siècle, ou encore Egbert de Wessex, époux de Redburga, et leur fils Æthelwulf, au siècle suivant, dont les successeurs ont régné quasiment sans interruption jusqu'à aujourd'hui – si l'on excepte la brève révolution cromwellienne entre 1649 et 1660. Cette formidable longévité est doublée d'une conception « modérée » de l'institution : les souverains d'Angleterre, puis de Grande-Bretagne (à partir de la signature de l'acte d'Union de 1707, qui entérine l'association des royaumes d'Angleterre et d'Écosse), n'ont jamais été des monarques absolus.

Outre-Manche, la royauté se conçoit en effet comme l'exercice d'une fonction prestigieuse et noble encadrée par une série de règles et de lois. Au fil des siècles, de nombreuses réformes s'accompagnant d'un renforcement progressif des pouvoirs du Parlement ont conduit à une limitation considérable des prérogatives des souverains. Il est admis que, jusqu'à l'accession de George Ier, en 1714, les rois ont, dans les faits, gouverné le pays. « Il ou elle conservait en particulier le droit de nommer et de défaire les ministres, et de déterminer la politique générale », écrit l'expert constitutionnel Vernon Bogdanor dans son essai *The Monarchy and the Constitution*. Mais à partir de 1717, poursuit-il, George Ier commence à bouder les réunions du cabinet et ouvre la voie à l'officialisation de la fonction de Premier Ministre en laissant au plus capé des membres de son gouvernement le soin d'arbitrer les débats. Puisque le souverain prend une part de moins en moins active à l'établissement des politiques à conduire, on en déduit qu'il ne peut plus être tenu pour responsable ni de leur application ni de leurs conséquences. Voilà posée l'une des pierres angulaires du système actuel : celle de la monarchie constitutionnelle.

La formation de partis politiques organisés, le développement d'une presse de plus en plus puissante, l'extension progressive du droit de vote à des couches toujours plus nombreuses de la société et la signature du Reform Act de 1832 (une série de mesures visant à assainir le système électoral en vigueur) font, à leur tour, évoluer considérablement l'institution. C'est toutefois au cours du règne de Victoria que naît la conception de la royauté telle que nous la connaissons aujourd'hui. La Couronne perd son pouvoir, mais elle y gagne paradoxalement un prestige et une autorité qu'on ne lui avait plus connus depuis longtemps. « Le souverain commence à être perçu comme étant au-dessus de la mêlée politicienne ; son influence ne sert plus des objectifs partisans, mais s'exerce de manière indépendante et neutre », analyse Vernon Bogdanor. Cela exige de lui une application sans faille, une assiduité de bon élève dans le suivi et l'étude du travail du gouvernement. Dans ce domaine, Victoria, comme Elizabeth II aujourd'hui, livre tout au long de son règne l'exemple d'une souveraine à qui une conscience professionnelle aiguë interdit de signer le moindre document sans l'avoir lu attentivement au préalable[1]. En 1916, quatorze ans après sa mort, la création d'un secrétariat attaché au cabinet facilite l'accès du monarque à l'ensemble des papiers officiels rédigés quotidiennement par les ministères.

« Je ne m'étais jamais posé la question »

Symbole de l'unité de la nation et chef de l'exécutif, Elizabeth II a le pouvoir de nommer le chef du gouvernement et d'accepter ou de refuser les demandes de dissolution du Parlement. Elle est aussi chef des forces armées britanniques, dispose en théorie du pouvoir de déclarer la guerre et de ratifier les traités, et, en théorie toujours, de celui d'opposer son veto à une loi. Bien que dotée, sur le papier, de prérogatives étendues, elle ne bénéficie en réalité que d'une marge de manœuvre très réduite et, dans l'immense majorité des cas, ne choisit pas son Premier Ministre. À l'issue d'une élection générale, le leader du parti crédité de la majorité des votes, et donc de la majorité du nombre de sièges à la Chambre des communes, se voit en effet automatiquement porté au pouvoir et convoqué au palais de Buckingham, où la souveraine lui demande de former un gouvernement. Les modalités de dissolution du Parlement, qui ne pouvait autrefois s'effectuer qu'à la demande de Downing Street, ont, elles, été réformées en 2011. La loi prévoit désormais un mandat fixe de cinq ans pour la Chambre des communes. Des élections anticipées ne peuvent plus être provoquées que par une autodissolution, votée à la majorité des deux tiers des députés[2].

Les opinions d'Elizabeth II n'ont jamais cessé de faire l'objet d'intenses spéculations. La reine serait pourtant authentiquement

---

1. Vernon Bogdanor, *The Monarchy and the Constitution*, op. cit.
2. Armel Le Divellec, « Un tournant de la culture constitutionnelle britannique : le Fixed-Term Parliament Act 2011 et l'amorce inédite de rationalisation du système parlementaire de gouvernement au Royaume-Uni », juspoliticum.com.

apolitique. Sir Godfrey Agnew, qui fut le greffier du Privy Council, son conseil privé, pendant plus de vingt ans, aimait à dire qu'elle « ne fait pas vraiment de distinction entre les représentants des différents partis. À ses yeux, ils appartiennent tous plus ou moins à la même catégorie[1] ». Des confidences de la souveraine Margrethe II, l'actuelle reine de Danemark, recueillies à l'occasion du quarantième anniversaire de son accession au trône, en 2012, permettent de mieux comprendre l'approche de ces femmes à qui une éducation rigoureuse a appris, dès leur plus jeune âge, à rester « totalement impartiales » et à « se tenir à l'écart de toute politique[2] ». Une anecdote rapportée par l'ex-ministre des Affaires étrangères britannique Malcolm Rifkind est, elle aussi, révélatrice du rapport très particulier entretenu par la mère du prince Charles avec le « système » : « La reine m'a dit : "Le shah d'Iran m'a demandé si j'avais passé plus d'années avec des Premiers Ministres travaillistes ou avec des Premiers Ministres conservateurs. Je lui ai répondu que je n'en avais pas la moindre idée, tout simplement parce que moi-même je ne m'étais jamais posé la question[3]." »

De tous les rôles remplis par la souveraine, le plus important est l'exercice d'une influence, qui s'exprime à huis clos, et sans le moindre témoin, lors de son rendez-vous hebdomadaire avec l'hôte du 10, Downing Street. Un monarque a « le droit d'être consulté, le droit d'encourager et le droit de mettre en garde », écrivait l'essayiste et théoricien de la royauté Walter Bagehot en 1867. Elizabeth II, si elle n'exerce aucun pouvoir en tant que tel, conserve bien le devoir d'exprimer son opinion sur les actions du gouvernement. Mais marque-t-elle vraiment de son empreinte la conduite des affaires du pays au quotidien ou les relations entre la Grande-Bretagne et le reste du monde – domaine dans lequel son expertise est immense ? « Ses opinions et ses arguments ont une influence significative, commente l'ancien Premier Ministre John Major. La reine ne fait pas pression

---

1. Sarah Bradford, *Elizabeth : A Biography of Her Majesty the Queen*, op. cit.
2. La reine Margrethe II de Danemark dans « Meet the Queen », sur CNN, 14 janvier 2012.
3. Robert Hardman, *Our Queen*, op. cit.

sur ses ministres, elle ne les pousse pas dans une direction ou une autre, mais elle leur fait part de ses opinions et, si ses ministres ont du bon sens, ils vont les écouter et les étudier avant de finaliser leur décision. Je crois donc pouvoir dire que ses opinions et ses arguments influencent probablement les gouvernements, oui. Quand on songe à l'expérience qui est celle de la reine, il serait vraiment peu sage de ne pas tenir compte de son avis[1]. »

Elizabeth II reçoit quotidiennement – à l'exception du 25 décembre – le détail des débats de la Chambre des communes, une copie des rapports émis par et pour le Foreign Office (ministère des Affaires étrangères), ainsi que les comptes rendus qui lui sont adressés par les gouverneurs généraux des quinze autres royaumes du Commonwealth[2]. Ses contacts avec les dirigeants étrangers sont nombreux et réguliers. Impressionné lui aussi par la facilité étonnante avec laquelle la souveraine absorbe et synthétise la masse de documents qui lui est transmise chaque jour, Edward Heath, en poste à Downing Street entre juin 1970 et mars 1974, reconnaissait déjà en elle, dès le début de son mandat, « l'une des personnes les mieux informées au monde. [...] Et, malgré l'immense volume de données que cela représente, son intérêt pour les informations transmises par son Premier Ministre ne faiblit jamais[3] ».

La liste des sujets au programme de sa première audience au palais, le 30 juin 1970, donne d'ailleurs une idée précise de la diversité des points abordés : « Mon bureau avait initialement proposé trois thèmes : l'Irlande du Nord, notre approche de l'Europe et le programme législatif que nous souhaitions mettre en œuvre. J'ajoutai, en haut de la liste, la formation du gouvernement, un certain nombre de questions relatives à la haute administration, ainsi que la place et le rôle des hommes d'affaires dans le travail du gouvernement,

---

1. Propos recueillis par l'auteur.
2. Le Commonwealth est une organisation internationale regroupant d'anciens protectorats et colonies de l'Empire britannique, devenus des pays indépendants, et dont l'adhésion reposait au départ sur une allégeance commune à la Couronne.
3. Edward Heath, *The Course of My Life*, Coronet Books, Hodder and Stoughton, 1999.

pour que la reine sache exactement ce que j'avais en tête en prenant mes rendez-vous. […] Je terminai par les problèmes en Afrique, notamment celui de la vente d'armes à l'Afrique du Sud [alors sous le régime de l'apartheid], car je réalisais que ce serait un problème pour le Commonwealth[1]. » La reine a parfois été brocardée sous les traits d'une *lady* timide et solitaire, aux prises avec un métier déconnecté de toutes les réalités socio-économiques de l'époque moderne et prisonnière de rituels et de traditions d'un autre âge. Ses conseillers passés et présents, quant à eux, ont toujours dépeint une femme influente et respectée qui, à sa manière, n'a jamais cessé de se confronter aux enjeux de son temps.

« Vous n'imaginez pas ce qu'elle a parfois dû endurer ! »

En janvier 2017, le *Telegraph* rapporte des propos tenus par le prince Charles lors d'une réception à Lambeth Palace, la résidence officielle de l'archevêque de Canterbury. L'héritier de la Couronne s'y déclare désolé de voir les médias se désintéresser du sort des chrétiens d'Orient – « les gens sont tellement obsédés par le Brexit », dit-il. Peu de temps auparavant, dans une allocution sur la BBC Radio 4, il avait dénoncé « la montée en puissance de nombreuses organisations populistes à travers le monde, de plus en plus agressives envers ceux qui adhèrent à une religion minoritaire », et comparé l'époque contemporaine « aux jours sombres des années 1930 ». Plus de 65 millions de personnes ont été contraintes de quitter leur maison en 2015, rappelait-il, et « leur souffrance ne cesse pas lorsqu'ils arrivent sur une terre étrangère pour y chercher refuge ». Plusieurs observateurs croient alors déceler dans ses paroles une allusion à la récente élection du président américain Donald Trump.

À peine investi, le nouvel hôte de la Maison-Blanche a été convié par les autorités britanniques à une visite d'État. Lord Ricketts, un ancien haut responsable du Foreign Office, a exprimé son étonnement, mâtiné d'une pointe d'irritation, dans les colonnes du *Times* :

---

1. *Ibid.*

« Il aurait été beaucoup plus sage d'attendre de voir quel président Donald Trump allait être avant de conseiller à la reine de l'inviter, déclare-t-il. Maintenant, la souveraine se retrouve dans une position très difficile. » Confirmée par le Premier Ministre Theresa May, la nouvelle suscite bien des remous outre-Manche. Dans un contexte international incertain, rendu plus complexe encore par la série de mesures chocs prises par l'occupant du bureau Ovale depuis son entrée en fonction, était-il opportun, s'interroge une partie de l'opinion et de la classe politique, d'associer Elizabeth II à un personnage public aussi controversé ?

L'enthousiasme manifesté par Donald Trump pour le Brexit – sans compter que sa mère Mary, d'origine écossaise, était, dit-il, « une grande fan » de la reine – explique sans doute en partie cette hâte. Mais aucun président américain n'a jamais été convié en visite d'État dès la première année de son mandat – George W. Bush a dû patienter 978 jours, Barack Obama 758 jours[1]. L'ancienne chef de l'opposition travailliste Harriet Harman a demandé à Theresa May l'annulation du déplacement, et des voix se sont élevées pour réclamer sa rétrogradation au statut de voyage officiel. En effet, seule la visite d'État implique la reconnaissance suprême : une rencontre avec la souveraine et ses proches.

La monarchie constitutionnelle est un édifice complexe qui repose sur le respect de règles immuables : l'impartialité de la figure qui l'incarne, et l'obligation dans laquelle se trouve le gouvernement de protéger le trône de tout embarras à caractère politique. En soixante-cinq années de règne, Elizabeth II a vu le monde entier frapper à sa porte. De Gustave VI et Louise de Suède, en juin 1954, au président chinois Xi Jinping et son épouse, en octobre 2015, elle a accueilli 108 visites d'État à Buckingham ou au château de Windsor. Les invitations sont initiées par Downing Street. Le palais est bien sûr consulté au préalable, puisqu'elles se font officiellement au nom de Sa Majesté, mais, au final, la reine, contrainte de suivre en tout le « conseil » de ses ministres, n'a d'autre choix que de recevoir les dignitaires étrangers qui, deux fois par an, lui sont envoyés par le gouvernement. « Et vous

---

1. Chiffres communiqués par la Press Association.

n'imaginez pas ce qu'elle a parfois dû endurer[1] ! » a lâché un jour l'un de ses conseillers.

Au chapitre des mauvais souvenirs : ce cuisinier résolu à préparer le déjeuner de sa délégation sur un feu allumé à même le plancher de l'une des suites de Buckingham, ou encore, en 1978, le séjour du dictateur roumain Nicolae Ceaușescu et de son épouse, Elena, avec lesquels Elizabeth II entend, d'emblée, limiter au maximum les contacts[2]. Les anecdotes sont légion, et avant tout révélatrices des trésors de tact et de diplomatie déployés par le staff de la Maison royale pour assurer le bon déroulement des festivités. Chacun des distingués visiteurs doit en effet se sentir traité et considéré exactement de la même manière que n'importe quel autre de ses pairs, quelles que soient l'importance de son pays sur la scène internationale ou sa (plus ou moins bonne) réputation.

« *L'émergence d'un parti du prince* »

Que se passera-t-il lorsque Charles se retrouvera face à Donald Trump ? se demande la presse britannique. On dit le nouveau président « réticent » à rencontrer l'héritier du trône en raison, notamment, de leurs divergences d'opinion en matière de dialogue interreligieux et de protection de l'environnement. Le dirigeant américain a déjà annoncé vouloir remettre en cause les accords de Paris sur le climat signés en 2015, et son entourage aurait averti les autorités britanniques qu'il serait « contre-productif[3] », de la part du prince, d'essayer de lui faire la leçon.

Les visites d'État offrent au fils d'Elizabeth II l'opportunité de nouer des liens avec les dignitaires étrangers, qu'il accueille souvent en personne à leur arrivée au Royaume-Uni. Il est également d'usage

---

1. Propos recueillis pas l'auteur.
2. Un après-midi, alors qu'elle se promène dans les jardins du palais, elle aperçoit le couple marchant dans sa direction et, pour l'éviter, court se cacher derrière un buisson.
3. Tim Shipman et Roya Nikkhah, « Trump and Charles in climate row », thetimes.co.uk, 29 janvier 2017.

(même si la tradition n'est pas toujours respectée) que ces derniers viennent prendre le thé à Clarence House. Si ces tête-à-tête sont l'occasion d'échanger sur toutes sortes de sujets, il n'est pas question pour autant de mettre en avant ceux qui fâchent. Au sein du gouvernement, Charles est aujourd'hui perçu comme un « excellent atout » dans les démarches entreprises au niveau international pour faire respecter les décisions de la COP 21. Il estime important de mettre son statut et sa renommée au service du bien général, mais il est tout aussi conscient de la nécessité d'éviter toute forme de confrontation. Intermédiaire « honnête et utile », l'héritier de la Couronne aurait donc pris le parti, lors de ses rencontres avec des chefs d'État étrangers, de se placer « en mode écoute[1] » pendant les trente premières minutes. Avant de proposer, seulement à la fin de l'entretien, quelques pistes de réflexion.

Les princes de Galles successifs n'ont pas tous, loin s'en faut, accepté avec la même bonne humeur les contraintes imposées à leur liberté de parole et d'action. À la fin du XIXe siècle, le futur Edward VII, que sa mère, la reine Victoria, prenait soin de tenir à l'écart de la conduite des affaires de la Couronne, avait siégé en tout et pour tout dans deux comités de la Chambre des lords. En 1884, la première de ces commissions royales (des organes consultatifs créés par le gouvernement afin d'éclairer des questions d'intérêt général) avait porté sur les conditions de logement de la classe ouvrière. Horrifié par les scènes de dénuement extrême dont il avait été témoin en parcourant les bidonvilles des quartiers de Clerkenwell et de St. Pancras, à Londres, l'héritier du trône avait prononcé un vibrant discours devant les parlementaires et appelé (en vain) à d'urgentes réformes. En 1893, la seconde commission avait, elle, été chargée d'émettre un avis sur les moyens à mettre en œuvre pour venir en aide aux personnes âgées défavorisées. Bertie avait alors préféré ne pas se prononcer sur le financement des pensions de vieillesse, jugeant le sujet trop politique[2].

---

1. Robert Booth, « Prince Charles may raise climate change during Trump's visit to Britain », theguardian.com, 29 janvier 2017.
2. Sir Sidney Lee, *King Edward VII : A Biography*, Macmillan, 1927.

Pendant sa « carrière » de prince de Galles, son petit-fils, le futur Edward VIII, s'était, lui aussi, trouvé confronté à plusieurs reprises aux réalités de la monarchie. En 1935, il avait notamment été rappelé à l'ordre par son père, le roi George V, après avoir, dans un discours, invité un détachement de la Légion britannique à se rendre en visite en Allemagne. Le souverain lui avait fait savoir en termes on ne peut plus clairs qu'il était de son devoir de consulter le gouvernement avant de s'exprimer publiquement sur toute question susceptible de prêter à controverse. Quelques années plus tôt, il avait déjà comparé les gouverneurs généraux de Hong Kong et de Singapour à des « fonctionnaires fossilisés ». « Avant de devenir un monarque constitutionnel, lui avait rappelé l'ancien Premier Ministre David Lloyd George, vous devez d'abord vous conduire en prince constitutionnel[1]. »

Ses multiples déplacements aux quatre coins du monde ont permis au prince Charles de converser avec des centaines d'hommes d'État. Parmi les échanges dont il conserve, dit-on, le meilleur souvenir : ceux qu'il a eus autrefois avec l'ancien Premier Ministre conservateur Harold Macmillan, décédé en 1986 ; ses conversations avec le président américain Richard Nixon, qui lui aurait conseillé d'être une « présence » sans pour autant chercher à éviter à tout prix la controverse[2] ; et ses discussions avec le président François Mitterrand – de tous les hôtes de l'Élysée, celui qu'il a le plus souvent rencontré. Le premier tête-à-tête avec celui-ci a eu lieu en juin 1981 à la faveur d'un court déplacement du futur roi pour assister à un gala de bienfaisance donné à l'ambassade du Royaume-Uni. Au printemps 1992, alors qu'il séjournait à titre privé dans l'Hexagone, le prince Charles aurait eu l'occasion de parler avec François Mitterrand de l'Europe, de ses séjours (privés, eux aussi) en Bourgogne et en Provence, quelques mois plus tôt, ou encore de l'affection de la reine Victoria pour la France. Suivront d'autres entretiens – en 1988, pendant la visite officielle de Charles

---

1. Vernon Bogdanor, *The Monarchy and the Constitution*, op. cit.
2. Lionel Barber, « Interview : The Prince of Wales, the Crown planner », ft.com, 28 juin 2014.

et Diana à Paris, puis en 1989, 1992 et 1994, année où le prince de Galles assiste aux commémorations du cinquantième anniversaire du débarquement allié sur les côtes de Normandie.

Aujourd'hui, ce sont les prises de position répétées, et très médiatisées, du fils aîné d'Elizabeth II sur des sujets aussi divers que les médecines douces, l'éducation, les OGM, le chômage des jeunes, la qualité de la nourriture dans les cantines scolaires, l'architecture moderne ou encore la situation des agriculteurs et des éleveurs britanniques qui agitent l'*establishment* et la presse. En 1999, Will Hutton, le rédacteur en chef de *The Observer*, le plus ancien des journaux du dimanche, d'obédience libérale, évoque sur la BBC Radio 4 « l'émergence d'un parti du prince, qui commence à ressembler à un nouveau pôle de pouvoir politique ». J'avais moi-même, il y a quelques années, interrogé à ce sujet un ancien conseiller de François Mitterrand qui a rencontré l'héritier de la Couronne à de nombreuses reprises : Charles a-t-il la trempe d'un chef de parti ? « Très difficile à dire, avait-il répondu. Je ne sais pas comment il aurait réagi dans l'univers conflictuel et, somme toute, relativement hostile dans lequel évoluent les politiques. C'est un homme qui a toujours vécu extrêmement protégé et dont la vision du monde demeure extraordinairement aristocratique, ce qui lui confère un optimisme immuable quant à la "possibilité de faire". J'ignore s'il aurait eu l'énergie de se battre, la capacité de résister aux revers. Mais c'est tout à fait possible. Il est tout de même parvenu à rester debout en dépit de tout ce qu'il a été obligé d'encaisser[1]. »

Son indépendance financière est, avec son activité caritative et philanthropique, le socle sur lequel s'appuie l'activité du prince de Galles. Les sommes qu'il perçoit au titre du Sovereign Grant – un système mis en place en 2012 qui a profondément modifié le mode de rémunération du monarque en exercice et de ses proches (1,1 million d'euros pour 2015-2016) – et les subventions versées par le gouvernement – 543 000 euros en 2015-2016 – financent ses actions et ses déplacements entrepris au nom de la reine Elizabeth en tant que chef de l'État, les missions remplies hors des frontières du royaume à la demande du ministère des Affaires étrangères

---

1. Propos recueillis par l'auteur.

ou encore l'entretien de Clarence House et des locaux mis à sa disposition au palais de St. James's. En tant qu'héritier du trône, Charles tire toutefois l'essentiel de ses revenus de l'exploitation du duché de Cornouailles, un ensemble de terres agricoles, de forêts, de biens immobiliers et de lieux emblématiques de l'histoire de la Grande-Bretagne qui a été constitué en 1337 par le roi Edward III à l'intention de son successeur.

Si les titres de prince de Galles et de duc de Cornouailles désignent un seul et même homme, seul le second est héréditaire. Le fils aîné d'Elizabeth II est ainsi automatiquement devenu le 24e duc en 1952, après l'avènement de sa mère. Le patrimoine du duché, qui n'a cessé de s'étendre depuis le xive siècle, se compose, entre autres, de 27 300 hectares de terres dans le Dartmoor, des îles Scilly (deux cents îles au large des côtes des Cornouailles, dont l'économie dépend essentiellement du tourisme), de 270 monuments anciens, de lacs, d'un ensemble d'appartements et de maisons individuelles à Kennington, un quartier dans le sud de Londres, et de Poundbury, une extension de la petite ville de Dorchester, dans le Dorset, inspirée des théories du prince en matière d'urbanisation, dont la construction a débuté en 1993 et où vivent aujourd'hui près de 3 000 habitants. Le futur roi ne peut avoir accès au capital du duché, mais il perçoit chaque année un revenu indexé sur ses bénéfices d'exploitation. Ce dernier est en augmentation constante, selon les chiffres communiqués par Clarence House : 19 millions de livres en 2013, 19,8 millions en 2015 et 20,4 millions en 2016 (soit 23,5 millions d'euros). Ces sommes viennent couvrir les salaires du personnel du prince et de son épouse, leurs dépenses privées, ainsi que celles des princes William et Harry, et les coûts générés par leur travail caritatif.

« Absolument charmant, mais impitoyable lorsqu'il s'est fixé un objectif »

La liste des initiatives lancées par le fils d'Elizabeth II depuis le milieu des années 1970 révèle l'importance et la complexité de son champ d'intervention. « Il identifie les besoins, puis crée une structure pour y répondre[1] », commente l'un de ses conseillers. En 2015-2016, 144 millions de livres sterling (soit plus de 170 millions d'euros) ont été récoltés par les quatorze organisations regroupées au sein de la Fondation caritative du prince de Galles (The Prince of Wales's Charitable Foundation). Leur mission répond aux cinq priorités définies par l'héritier du trône : le bien-être et l'avenir des jeunes générations, la réforme responsable du monde de l'entreprise et des affaires, l'environnement architectural et les arts, la ruralité et le développement durable, la mise en œuvre de projets à l'international.

Il est évidemment impossible d'établir ici l'inventaire exhaustif de leurs actions. The Prince's School of Traditional Arts (l'École des arts traditionnels du prince) enseigne la philosophie et les techniques artistiques héritées des civilisations anciennes ; The Prince's Teaching Institute (l'Institut d'enseignement du prince) dispense des formations aux enseignants des écoles secondaires subventionnées par l'État ; PRIME Cymru aide les plus de 50 ans installés au pays de Galles à conserver une activité professionnelle. The Prince's Foundation for Building Community œuvre à l'amélioration des conditions de vie dans les quartiers, à la réalisation de logements respectueux du bien-être de leurs habitants et à la promotion du brassage social. Business in the Community, dont l'héritier du trône assume la présidence depuis 1985, a pour vocation d'inciter les entreprises à participer à des projets contribuant au renouveau socio-économique des communautés dans lesquelles elles sont implantées et à prendre conscience de leur responsabilité environnementale.

Depuis 1996, In Kind Direct redistribue toutes sortes de biens de consommation (excédents de stocks, invendus...) aux organisations caritatives de Grande-Bretagne et du Commonwealth[2]. L'action du futur roi est visible sur les cinq continents, au Canada,

---

1. Propos recueillis par l'auteur.
2. Les chiffres publiés par Clarence House font état de 145 millions de livres sterling distribués sous forme de marchandises diverses à plus de 7 800 associations.

en Roumanie, en Jamaïque, en Sierra Leone ou encore en Haïti. The Turquoise Mountain, créée en 2006 en collaboration avec le président Hamid Karzai, s'emploie à pérenniser la culture et les arts traditionnels afghans et à redonner vie à Murad Khani, un quartier historique de Kaboul. Depuis 2007, The British Asian Trust mobilise la diaspora des pays d'Asie du Sud autour de projets visant à faciliter l'accès des populations défavorisées à l'éducation et à venir en aide aux femmes et aux enfants vulnérables en Inde, au Pakistan et au Sri Lanka. L'University of Cambridge Institute for Sustainability Leadership (l'Institut de l'université de Cambridge pour un leadership durable) organise, lui, des sessions d'information et de travail destinées aux grands patrons, aux gouvernants et autres acteurs de la société civile afin de trouver des réponses à des problèmes majeurs comme le changement climatique, l'accès à l'eau potable ou encore la sécurité alimentaire. Plus de 6 000 cadres et dirigeants ont déjà pris part à ces programmes en Europe, aux États-Unis, en Afrique du Sud et en Australie.

L'héritier de la Couronne est un homme dont le caractère, la vision du monde et les convictions, remarquables de persévérance pour ses admirateurs, exaspérantes et témoignant d'un tempérament fâcheusement obstiné pour ses contempteurs, ne laissent personne indifférent. Y compris les leaders d'opinion, les dirigeants d'entreprise ou les représentants du secteur associatif et humanitaire qui travaillent à ses côtés. Les uns le disent « absolument charmant, mais impitoyable lorsqu'il s'est fixé un objectif à atteindre », les autres admirent cette « ténacité dont il fait preuve depuis toujours dans le suivi de ses projets[1] ». « Je ne pense pas que les gens mesurent ce que cela demande de s'exposer ainsi. Il n'y a aucun plaisir à se retrouver dans le viseur en permanence[2] », affirme le prince. Pour Tony Juniper, l'un des principaux acteurs de la défense de l'environnement en Grande-Bretagne, son travail relève avant tout d'une « approche holistique ». « Je vous laisse imaginer, comment

---

1. princes-trust.org.uk.
2. Bob Colacello, « Prince Charles on the environment, the Monarchy, his family and Islam », vanityfair.com, 6 octobre 2012.

« LE REFLET DU MONDE DANS LEQUEL NOUS VIVONS »

l'ancien vice-président américain Al Gore, quel courage, quelle endurance il [lui] a fallu pour continuer à prendre ainsi position publiquement quand tant de voix s'élevaient pour dire : "C'est de l'ingérence, c'est bizarre, déplacé." Aujourd'hui, nous sommes de plus en plus nombreux à [lui] dire tout simplement : "Merci[1]." »

---

1. princes-trust.org.uk.

XI.

Un « dissident »

Il s'avance, tout en élégance et charme discret, sourire aux lèvres. Ce 30 novembre 2015, vingt-trois ans après son élection en tant qu'associé étranger de l'Académie des sciences morales et politiques, le prince Charles est de retour sous la Coupole de l'Institut de France, à Paris, pour y recevoir (enfin) le prix François Rabelais qui lui a été décerné pour l'année 2014 en récompense « d'une œuvre au service de la mise en valeur du patrimoine culturel alimentaire en France et dans le monde ».

En préambule, et dans la langue de Molière, il tient à témoigner de son « cœur lourd », de sa « sympathie la plus profonde » et de sa « solidarité » après les attentats qui ont endeuillé la capitale, le 13 novembre. « Dans un tel contexte de terreur et de violence inhumaine », déclare-t-il, évoquer les bonheurs du quotidien et les beautés gastronomiques de l'Hexagone « paraît presque impossible. C'est pourtant ce que je me propose de faire aujourd'hui, car, face à tant d'horreur, il est utile de se souvenir des valeurs intemporelles et simples qui sont au cœur de notre société ».

Dans son discours, l'héritier du trône évoque les périls qui menacent la qualité et la diversité de l'alimentation moderne, et rend hommage au « génie » français, capable de produire « des concoctions aussi distinguées » que l'andouille, « les vins immortels de Chinon, Saumur et Saint-Nicolas-de-Bourgueil », le brie de Meaux, le crottin de Chavignol et le pont-l'évêque. « La particularité de la cuisine locale est l'un des biais essentiels par lesquels nous nous identifions aux lieux et aux régions que nous aimons, affirme-t-il. Les valeurs éternelles comme la durabilité, l'identité culturelle, le goût, l'esprit de communauté, toutes choses intangibles qui nourrissent le corps, l'esprit et l'âme de l'humanité, sont plus importantes que les critères de commodité ou d'efficacité. Tout comme la santé des sols, qui est le socle de l'existence de l'homme, comme elle l'était déjà il y a cinq cents ans. »

Face à un auditoire conquis, scandant ses phrases dans une alternance de français et d'anglais avec la maîtrise d'un acteur rompu à toutes les scènes, le prince délivre son message de défense de l'environnement et égratigne au passage le penchant de notre époque et de nos institutions pour l'hyperréglementation. « En tant que parrain de l'Association des fromagers du Royaume-Uni, rappelle-t-il, j'étais déjà allé, ici même, à Paris, en 1992, jusqu'à orchestrer une défense vigoureuse de nos fromages contre les prédations de la "police de l'hygiène, de la santé et de la sécurité" ! »

Aux yeux de certains commentateurs comme d'une partie de l'opinion, Charles fait désormais quasiment figure de « cinquième pouvoir ». Il a reçu le Dalaï-lama juste avant les Jeux olympiques de Pékin, en 2008, pris ouvertement position contre la chaîne de restauration rapide McDonald's, constitué autour de lui un consortium de multinationales et de chefs d'entreprise décidés à sauver les forêts tropicales, appelé ses compatriotes à cultiver leurs propres légumes, les États-Unis à freiner la disparition de leurs terres arables et à réduire leur consommation de viande bovine (tout en faisant activement campagne pour le bœuf britannique), dénoncé le tout-automobile, les lobbies et le climatoscepticisme… Reste que, du côté de Downing Street et des ministères, on s'est souvent agacé de sa propension à se mêler de tout.

En novembre 2005, le futur roi intente une action en justice – une première – contre le très influent *Mail on Sunday*. La publication par l'hebdomadaire d'extraits de *The Great Chinese Takeaway*, un récit de la rétrocession de Hong Kong à la Chine par la Grande-Bretagne rédigé par le prince en 1997 à l'intention de quelques amis, a révélé ses opinions bien tranchées. Une armée chinoise « lourdement corrompue », un président Jiang Zemin épaulé par une équipe d'« épouvantables vieilles statues de cire », un gouvernement britannique (alors dirigé par le travailliste Tony Blair) aux mains de fonctionnaires prompts à « prendre des décisions sur des sujets dont ils ignorent tout »… Le *Mail on Sunday* défend le caractère journalistique de sa démarche, qualifie les documents d'« historiques ». Michael Peat, le principal secrétaire particulier de l'héritier du trône, invoque, de son côté, le droit du fils aîné d'Elizabeth II à revendiquer, « comme tout un chacun », le respect de sa correspondance privée.

L'ampleur de l'affaire s'accroît encore lorsque, en février suivant, Mark Bolland, secrétaire particulier adjoint du futur roi entre 1997 et 2002, vient témoigner devant la Haute Cour de Londres : « Le prince m'a expliqué un jour que son objectif était d'influencer l'opinion. Il considère cela comme faisant partie du rôle d'héritier présomptif, et le faisait d'une manière très réfléchie et documentée. Il se présentait souvent comme un "dissident" travaillant en réaction aux consensus politiques dominants. C'est un aspect de sa fonction qu'il a lui-même créé, et qui n'a, en tout cas à ma connaissance, été approuvé ni par la reine ni par le Parlement. »

En cet hiver 2006, la presse évoque des relations « de plus en plus tendues » entre Charles et le gouvernement, l'état-major travailliste lui prêtant des « sympathies conservatrices », tandis que certains ministres se seraient « plaint » de ses « interférences » répétées dans leur travail. « Les secrétaires particuliers [qui se sont succédé] ont eu des approches différentes de cette épineuse question, poursuit Mark Bolland. […] Richard Aylard [auprès du prince entre 1991 et 1996] avait choisi de promouvoir le sage, le penseur, l'homme capable de changer les opinions. Mais, lorsque sir Stephen [Stephen Lamport, 1996-2002] a pris la suite, lui et moi avons, de concert, tenté de modérer la propension du prince à rendre publiques ses vues et ses pensées sur un vaste éventail de sujets, dont certains particulièrement sensibles. Cela nous semblait essentiel pour la préparation de son avenir de roi, car nous voyions l'étendue de la controverse suscitée par ses prises de position sur des thèmes aussi variés que les aliments génétiquement modifiés ou l'environnement architectural, pour ne citer qu'eux. Et parce que cela entre en conflit avec le rôle d'un monarque constitutionnel[1]. »

On voit là combien la frontière entre les préoccupations sincères de l'héritier du trône et la sphère politicienne peut parfois se révéler ténue. Le futur souverain, poursuit Mark Bolland, « dit que, tout en faisant entendre ses opinions, il prend toujours soin d'éviter les sujets politiquement litigieux. [...] En fait, il était toujours prêt à s'emparer des aspects politiques d'un sujet susceptible de prêter à controverse à partir du moment où ce dernier l'intéressait. Un exemple typique en est la campagne virulente qu'il a menée contre les aliments génétiquement modifiés. [Le prince] a pris, en toute conscience, la décision de la lancer dans les colonnes du *Daily Mail* en raison des prises de position de ce quotidien contre le gouvernement. [...] [Il] a utilisé tous les moyens de communication à sa disposition, y compris des entretiens avec des ministres, des discours, des lettres envoyées à des décideurs de tous horizons et des hommes politiques. Il ne prenait jamais fait et cause pour un parti ou un autre, mais prétendre qu'il n'était pas "politique" était difficile[2] ».

« *N'y aura-t-il pas un prix à payer à la fin ?* »

En juin 1999, en effet, le vibrant plaidoyer de l'héritier du trône contre l'introduction des OGM s'exposait en une du *Daily Mail*, un journal populaire, influent (2 millions d'exemplaires vendus chaque jour), conservateur et défenseur autoproclamé de l'« Angleterre moyenne ». Le prince Charles y décrivait « une situation sans précédent et contraire à l'éthique », susceptible d'augmenter considérablement les risques de pollinisation croisée entre les cultures génétiquement modifiées et les autres. Il y dénonçait également l'argument selon lequel les OGM pourraient permettre d'éradiquer la

---

1. « Mark Bolland's witness statement in full », theguardian.com, 22 février 2006.
2. *Ibid.*

faim dans le monde comme un « chantage émotionnel » : « Dans quel monde voulons-nous vivre ? Allons-nous permettre que la vie elle-même soit industrialisée, allons-nous redessiner le monde naturel pour des raisons de commodité et embarquer vers un avenir orwellien ? N'y aura-t-il pas un prix à payer à la fin ? »

À l'époque, le Premier Ministre Tony Blair, jusque-là un défenseur déclaré des OGM, salua (officiellement) la contribution du futur roi à ce débat national et fit savoir par l'intermédiaire de son porte-parole que le prince avait, en amont, dûment informé Downing Street de son intervention. Quelques mois plus tard, le chef du gouvernement britannique reconnut dans les colonnes de l'*Independent on Sunday*, vendu à un peu plus de 300 000 exemplaires, le « potentiel de nuisance des semences et des aliments génétiquement modifiés, à la fois en termes de sécurité pour l'homme et pour la diversité de notre environnement ».

Le prince Charles exerce-t-il une influence sur certaines décisions prises au sommet de l'État ? C'est ce que laisse entendre un ancien secrétaire à l'Environnement, Michael Meacher, dans un document de la BBC Radio 4, *The Royal Activist*. Ce dernier reconnaît avoir travaillé avec le fils aîné d'Elizabeth II afin d'inciter Tony Blair à promouvoir les énergies vertes et à bloquer l'introduction des OGM. « Nous nous étions mis d'accord pour essayer d'accroître notre influence au sein du gouvernement[1] », dit-il. Plusieurs autres hommes politiques témoignent eux aussi des démarches entreprises par le prince de Galles pour faire avancer ses vues, tel Peter Hain, secrétaire d'État à l'Irlande du Nord entre 2005 et 2007 : « Il avait toujours été frustré par son incapacité à persuader les ministres de la Santé que [les médecines complémentaires] étaient une bonne idée. [...] J'avais réussi à mettre en place des procédures d'essai de ces médecines au sein du NHS [le service public de santé], et cela avait donné des résultats spectaculairement positifs, le bien-être et la santé des gens s'en étaient trouvés grandement améliorés. [...] Il était vraiment très enthousiaste lorsqu'il l'a appris. Il a ensuite essayé de convaincre le gouvernement gallois de faire de même, et le

---

1. *The Royal Activist*, bbc.co.uk/programmes/b047w9kn.

gouvernement de Whitehall de faire de même en Angleterre. Mais sans succès[1]. »

La Grande-Bretagne ne dispose pas d'une constitution écrite. La reine, par convention, a le droit d'être consultée, d'encourager et de mettre en garde. Le prince de Galles, lui, n'a pas le droit d'être consulté, mais seulement d'encourager et de mettre en garde. Charles a déjà reconnu avoir eu quelques difficultés à convaincre jusqu'à ses propres équipes de la justesse et du bien-fondé de ses opinions. Ses adversaires déclarés, eux, lui reprochent souvent de ne vouloir changer le monde que pour en faire le laboratoire de ses propres idéaux. En 1984, lors du dîner organisé pour le cent cinquantième anniversaire de l'Institut royal des architectes britanniques, il s'était ainsi attiré les foudres de la profession tout entière en comparant, dans son discours, le projet d'extension de la National Gallery, l'un des plus célèbres musées londoniens, à un « monstrueux furoncle sur le visage d'une amie élégante et chère ». En 2004, un éditorialiste du *Guardian* estime que le prince a, ce soir-là, « provoqué un grand débat national et obligé de nombreux architectes, et ceux qui les financent, à y réfléchir à deux fois[2] ». « Voulons-nous, oui ou non, une monarchie qui s'intéresse à la manière dont les gens vivent dans ce pays ? » interroge l'ancien Premier Ministre John Major.

D'autres polémiques suivront, comme celle qui, en 2010, entoure la révélation d'un courrier adressé au Premier ministre du Qatar, dans lequel le fils d'Elizabeth II conteste un projet de réaménagement du site de Chelsea Barracks, au cœur de la capitale, présenté par l'architecte Richard Rogers et soutenu par une compagnie appartenant à la famille régnante de l'émirat. « Nous avons [déjà] été les témoins de la destruction de tant de parties de Londres, un développement "brutaliste" [référence au brutalisme, un style architectural inspiré du béton brut] après l'autre », écrit-il. L'entreprise aurait finalement été abandonnée quelques semaines plus tard après un entretien entre Charles et l'émir lui-même. Selon Richard Rogers, « l'influence du prince sur les programmes de construction majeurs est telle que les

---

1. *Ibid.*
2. Jonathan Glancey, « Life after carbuncles », theguardian.com, 17 mai 2004.

développeurs s'assurent maintenant, au préalable, d'avoir l'approbation de Clarence House avant de s'engager[1] ».

Dans ce domaine comme dans tous les autres, l'héritier de la Couronne met en avant sa volonté d'écouter « les sentiments et les souhaits des gens ordinaires » et de promouvoir les facteurs de bien social, la nécessité de préparer l'avenir en créant les conditions d'un progrès durable et le retour à une gestion locale. La plupart des principes qu'il défend en matière d'urbanisation, comme le respect de l'environnement, la mixité sociale, la durabilité et l'esthétique des bâtiments, ou encore la prise en compte de leur impact sur la santé, sont aujourd'hui très largement reconnus et mis en pratique.

En 2011, le Parlement britannique a voté le Localism Act, qui facilite le transfert d'un certain nombre de pouvoirs aux communautés locales, comme celui de décider de nouveaux aménagements urbains. Loin d'être le Disneyland annoncé par ses détracteurs, Poundbury, l'extension de la ville de Dorchester conçue en application des idées du futur roi dans un style architectural « qui s'affiche sans honte comme traditionnel », est devenue un lieu de pèlerinage pour les urbanistes. Sa construction, commencée en octobre 1993, devrait s'achever en 2025. Des perspectives et des paysages redessinés pour créer une ambiance de village, des commerces harmonieusement intégrés au tissu résidentiel, une configuration pensée tout entière pour et au service du piéton... « Nous détestons le dire, mais... Charles avait raison[2] », reconnaît le magazine *Building*.

Reste que de nombreux scientifiques jugent sévèrement ses prises de position, en particulier sur les médecines douces et l'homéopathie, et lui reprochent sa vision « romantique » de la nature. Il arrive que le prince exprime des vues sensiblement différentes de celles des organisations qu'il parraine ou dont il est membre, comme en témoignent ses divergences d'opinion avec la Royal Society concernant les aliments génétiquement modifiés. Par le passé, intellectuels et commentateurs

---

1. Adam Sherwin, « Prince Charles has "veto" over major new developments, claims leading architect », independent.co.uk, 2013.
2. Martin Spring, « We hate to say it, but... Charles was right », building.co.uk, n° 13, 2000.

ont régulièrement raillé ou contesté les arguments qui sous-tendent ses discours. Mais, si l'héritier de la Couronne juge la monarchie préférable à une république, c'est (aussi) parce que « chaque règne, assure-t-il, s'imprègne des couleurs du souverain en exercice comme aucun mandat présidentiel ne pourra jamais le faire[1] ».

« Une révolution tranquille se prépare »

« Il va sans dire, déclarait son secrétaire particulier, Michael Peat, en mars 2007, que le prince de Galles sait mieux que quiconque que le rôle et les devoirs d'un héritier du trône sont différents de ceux d'un souverain. [...] En d'autres termes, il est erroné et entièrement hypothétique de laisser entendre que des problèmes surviendront si le prince de Galles remplit son rôle de la même manière [qu'aujourd'hui] lorsqu'il sera roi. [Car] ce n'est pas ce qu'il fera[2]. » À intervalles réguliers, observateurs, journalistes et autres membres de l'entourage du fils d'Elizabeth II affirment toutefois leur conviction qu'« une révolution constitutionnelle tranquille se prépare[3] », motivée par le « combat moral et spirituel » qui l'anime depuis toujours. « Je prédis qu'il ira bien au-delà de tout ce que les monarques constitutionnels qui l'ont précédé ont tenté, analyse son biographe Jonathan Dimbleby dans un article de presse publié pour les soixante-cinq ans du prince, en novembre 2013. Son langage sera plus circonspect qu'il ne l'a été jusqu'à présent et il s'exprimera moins souvent, mais je doute qu'il renonce à utiliser les tribunes appropriées pour aborder les problèmes du moment. Tout en veillant à ne jamais pouvoir être taxé de prendre parti, il ne fuira pas les sujets litigieux ou qui prêtent à controverse[4]. »

---

1. Theo Aronson, *Royal Subjects*, op. cit.
2. Lettre de sir Michael Peat en réponse aux allégations de l'émission *Dispatches*, « Charles : The Meddling Prince », sur Channel 4, princeofwales.gov.uk, 5 mars 2007.
3. Jonathan Dimbleby, « Prince Charles at 65 : a pensioner waits for the job of his life », theguardian.com, 13 novembre 2013.
4. *Ibid.*

UN « DISSIDENT »

Charles est en fait fier de ne jamais avoir perdu de vue l'essentiel : le lien unique, viscéral, hors normes, qui l'a toujours uni à son pays. Pour lui, le courage demeure l'un des aspects essentiels de l'institution. Il lui arrive d'évoquer l'héritage de ses années d'apprentissage au collège de Gordonstoun et à l'université de Cambridge. Ses parents, a-t-il un jour fait remarquer, n'auraient peut-être pas dû le scolariser dans des établissements dont l'enseignement dispose « à prendre des initiatives », ni dans une université « où, inévitablement, vous êtes amené à vous intéresser à ces sujets. Pas de chance, mais c'est ainsi que j'entends continuer[1] ».

Au printemps 2015, au terme d'une procédure judiciaire de près de dix ans, les autorités britanniques, contraintes et forcées, rendent public le contenu d'une quarantaine de lettres envoyées par le fils d'Elizabeth II à d'anciens membres du gouvernement. Souvent longs et très argumentés, ces documents témoignent de la manière directe avec laquelle l'héritier du trône s'adresse aux responsables politiques du Royaume-Uni. Et de sa détermination à se faire le porte-parole de ses concitoyens, qui, « autrement, ne seraient pas entendus », affirme-t-il.

En septembre 2004, quelques jours après avoir reçu le Premier Ministre Tony Blair et son épouse, Cherie, à Birkhall, sa résidence écossaise, il fait ainsi parvenir à l'hôte du 10, Downing Street un compte rendu de leurs discussions : il insiste sur le soutien à apporter aux éleveurs de bovins, ainsi que sur la nécessité d'encourager la population à consommer britannique et de s'attaquer aux lourdeurs administratives qui pèsent sur les agriculteurs. Il revient également sur les difficultés logistiques rencontrées par les forces armées déployées en Irak, évoquant « les piètres performances des hélicoptères Lynx sous des températures élevées ». Parmi les autres lettres publiées : des échanges avec les secrétaires d'État à la Culture, à la Santé (notamment sur la promotion des médecines douces et de l'acupuncture), au Commerce et à l'Industrie, au Développement international ou encore à l'Éducation (sur la qualité de la nourriture

---

1. Bob Colacello, « Prince Charles on the environment, the Monarchy, his family and Islam », art. cité.

dans les cantines). En août suivant, plusieurs extraits de sa correspondance avec le Premier Ministre écossais Alex Salmond, leader du parti indépendantiste SNP, sont également diffusés par la presse. On y découvre par exemple les remerciements qu'il adresse aux autorités du pays pour l'avoir aidé à sauver le manoir de Dumfries House.

Le fils d'Elizabeth II et les autorités du royaume étaient opposés à la divulgation de ces courriers. « Le gouvernement maintient que les échanges entre l'héritier du trône et les ministres devraient conserver leur caractère privé, puisque cela relève de nos accords constitutionnels[1] », précise le 10, Downing Street. Outre-Manche, l'usage veut que le monarque se rende visible par le plus grand nombre, mais « audible » uniquement par quelques *happy few* – une tradition qu'Elizabeth II a toujours respectée à la lettre. La situation du prince Charles « est injuste, fait-on remarquer dans son entourage, car son histoire, unique dans les annales de la monarchie, est celle d'un homme éternellement éclipsé par l'un des membres de sa famille – sa mère, son ex-femme, son fils ou sa belle-fille[2] ». La force de la souveraine actuelle réside dans sa maîtrise de l'immatériel, dans sa capacité étonnante à influer sur le cours des événements par sa seule présence, un sourire, ou – c'est en tout cas ce que prétend la légende – un frémissement de sac à main. À quatre-vingt-dix ans, Elizabeth II a gravé dans les esprits une image de la royauté « parfaite ». Si le prince de Galles se voit tant critiqué, n'est-ce pas parce que, aux yeux de l'opinion, il a le « tort » de ne pas lui ressembler en tout ?

---

1. https://www.gov.uk/government/collections/prince-of-wales-corresponden ce-with-government-departments.
2. Propos recueillis par l'auteur.

XII.

« J'aurais préféré être une bergère »

Juillet 1839. Victoria a été couronnée il y a un peu plus d'un an. Après un siècle de règnes masculins, la Grande-Bretagne, éblouie, se découvre un monarque au physique de poupée, une petite fée de vingt ans, gracieuse, énergique et jolie – sans toutefois l'être à l'excès. Les livres de beauté, des publications à la mode nées au milieu des années 1830, s'emparent de la figure de la souveraine. La voilà prise pour modèle par toute une génération de femmes. Son visage enrubanné, ses grands yeux bleus, sa silhouette drapée de mousselines, de satins et de dentelles accaparent l'espace illustré. Son image se décline à tous les prix et dans tous les formats. La demande est telle que ses portraits représentent bientôt les deux tiers des ventes des principaux imprimeurs de l'Empire. Pour la première fois dans l'histoire de la Couronne, la « dignité » royale s'efface au profit (ou au détriment) de la personne privée.

Un poème publié dans le *Blackwood's Magazine* en novembre 1837 consacre l'héritière des Hanovre « reine des cœurs ». Grâce à une offre sans cesse croissante de journaux et de magazines, la visibilité de Victoria, souveraine nouvellement « médiatique », provoque un engouement sans précédent. Le phénomène transforme en profondeur l'exercice monarchique ; il lui confère une aura affective, mais a aussi pour conséquence, écrit l'historien Antoine Lilti, de « rapprocher la notoriété de la reine de celle des actrices[1] ». La souveraine « est entretenue par la nation en tant que spectacle, assène l'hebdomadaire *The Penny Satirist* en 1843. Il est donc normal qu'elle puisse être vue. Il est même de son devoir de sortir et de se montrer, de manière que nous en ayons pour notre argent ».

Rompant avec ses prédécesseurs, Victoria accepte d'être une reine populaire. Elle multiplie les déplacements, les revues militaires, les visites à vocation caritative. Ses apparitions publiques, relayées par une presse en plein essor, viennent réaffirmer le lien privilégié entre le trône et le peuple britannique. Sa Majesté aime en outre se faire photographier et pose régulièrement en vêtements de ville sans standing particulier aux côtés de son époux, le prince Albert – ce qui, au dire de certains observateurs, « a pour effet de rendre la femme la plus haut placée du pays impossible à distinguer de la moins élevée dans l'échelle sociale ».

Mais la notoriété a ses exigences. Il lui faudra en payer le prix. Pour satisfaire une opinion réclamant toujours plus d'images et de révélations sur le quotidien du monarque et de ses proches, les reporters du *Morning Post* et autres *News of the World* rivalisent d'audace et d'ingéniosité. En 1844, l'un d'eux parvient même à se faire engager dans l'équipage du yacht royal. La nomination au palais d'un chargé de relations avec les médias ne suffit pas à calmer les ardeurs des limiers de Fleet Street[2]. L'arrière-arrière-grand-mère d'Elizabeth II est ainsi la première à devoir s'acquitter de cette « taxe d'amour » (une expression inventée par la poétesse Elizabeth Barrett Browning) qui sera, par la suite, le lot de nombreux représentants de la famille régnante. L'une de ses biographes la décrit dans sa vie de tous les jours, contrainte de « marcher sans se démonter au milieu d'une marée humaine qui restait là à la dévisager [...], les gens plongeant sous [s]a coiffe pour coller leur visage contre le sien[3] ». Dans ses

---

1. Antoine Lilti, *Figures publiques : l'invention de la célébrité, 1750-1850*, Fayard, 2014.

2. C'est dans cette rue qu'ont longtemps eu leur siège les principaux journaux britanniques.

3. Elizabeth Longford, *Victoria R.I.*, Abacus, 2000.

colonnes, *The Penny Satirist* imagine la complainte du monarque : « J'aurais préféré être une vachère ou une bergère, ou l'une de ces insouciantes filles de la campagne que personne ne connaît et dont personne ne se soucie, à part son homme… »

L'année 1861 voit le prince Albert mourir prématurément à l'âge de quarante-deux ans – officiellement de la fièvre typhoïde, mais plus probablement des suites d'une maladie chronique non identifiée qui le faisait souffrir depuis longtemps. Éperdue de chagrin, la reine se retire de la scène publique. Pendant dix ans, Victoria, recluse dans ses châteaux de Windsor et de Balmoral et dans sa résidence d'Osborne House, sur l'île de Wight, limite ses activités à la stricte observance de ses devoirs constitutionnels. Son absence favorise la montée en puissance en Grande-Bretagne d'un sentiment républicain, encouragé par la chute du Second Empire et l'instauration de la Troisième République en France en 1870.

En 1871, son héritier, le futur Edward VII, tombe gravement malade à son tour. La fièvre typhoïde est une nouvelle fois diagnostiquée par les médecins de la Cour. La liesse populaire qui salue son rétablissement pousse Victoria à quitter son exil volontaire pour renouer avec ses compatriotes. Mère et fils assistent à un service d'action de grâces en la cathédrale St. Paul's, à Londres, en février 1872. La monarchie retrouve son prestige et sa popularité. Les jubilés d'or, en 1887, et de diamant, dix ans plus tard, viendront célébrer avec éclat les noces éternelles entre les Britanniques et la royauté. L'épisode a toutefois montré qu'un souverain ne peut se contenter de remplir ses devoirs vis-à-vis du gouvernement et de la constitution ; il doit aussi répondre aux attentes de la population. « Si je veux être crue, je dois être vue », reconnaîtra Elizabeth II.

Sauce salade, marionnettes, piercings, etc.

L'évolution de l'imagerie élizabéthaine – la représentation de la figure du monarque par les artistes et les médias – révèle l'ampleur des mouvements d'humeur et des doutes qui ont agité l'opinion outre-Manche depuis 1952. Les *fifties* sont la décennie de tous les hommages, celle des portraits empreints de solennité destinés à mettre en valeur le glamour et la jeunesse de la reine, symbole de l'espoir renaissant en cette période d'après guerre. Tout change dans les années 1960. L'époque n'est plus à la génuflexion systématique, mais à la remise en question des pouvoirs établis, et la figure révérée de la souveraine ne suffit plus à convaincre.

En 1966, l'artiste allemand Gerhard Richter consomme officiellement cette rupture avec une première représentation critique, ambiguë, d'Elizabeth II, à la manière d'une photographie floutée, donnant l'impression d'un monarque en proie à l'incertitude quant à sa position. La même année, les résultats d'un sondage effectué dans tout le pays révèlent que les Britanniques se sentent « concernés » par leur souveraine, mais que celle-ci n'éveille en eux aucune émotion notable, aucun sentiment profond particulier. C'est l'époque où le travailliste Tony Benn tente, sans succès, de faire supprimer son effigie sur les timbres. Les chroniqueurs royaux notent par ailleurs que les déplacements de Sa Majesté n'attirent plus des foules aussi nombreuses que par le passé.

Dans l'entourage d'Elizabeth se forge peu à peu la conviction que la monarchie doit désormais apprendre à se vendre à son public, à se présenter à lui sous un jour favorable. En 1969, la souveraine accepte de laisser une équipe de tournage la suivre pendant des mois dans le cadre de ses activités officielles et privées. Des quelque quarante-trois heures d'images mises en boîte naît un documentaire événement de quatre-vingt-dix minutes intitulé *Royal Family*, retransmis une première fois sur la BBC le 21 juin 1969 et une seconde fois sur la chaîne ITV huit jours plus tard. Il montre Elizabeth II telle qu'elle est, jamais seule, dévouée à ses obligations, mais aussi attentive en mère de famille – on l'y voit notamment décorer un sapin de Noël, plonger le doigt dans une sauce salade fraîchement préparée par le prince Charles ou encore acheter des friandises à son cadet, Edward, alors âgé de cinq ans, dans une boutique de Ballater, près de son château de Balmoral.

Le palais, satisfait, croit alors la presse et l'opinion rassasiées. Il se trompe. Car l'intimité de la souveraine vient de perdre son caractère sacro-saint. Les scènes sont inoffensives, souvent pleines de charme,

« J'AURAIS PRÉFÉRÉ ÊTRE UNE BERGÈRE »

mais elles présentent aussi la reine sous les traits d'une femme normale, sinon ordinaire. De l'avis du scénariste, producteur et metteur en scène David Attenborough, alors l'un des cadres dirigeants de la BBC, *Royal Family* risque de « tuer la monarchie ». Le film est définitivement retiré des circuits de diffusion au bout de quelques mois.

Le hasard veut que 1969 soit aussi l'année du rachat du quotidien *The Sun* et du très populaire hebdomadaire du dimanche *News of the World* par Rupert Murdoch, événement qui clôt pour de bon l'âge doré de la déférence. Ouvertement antimonarchiste, le magnat de la presse australien va, pendant plus de trente ans, semer une zizanie sans précédent dans l'histoire des relations entre l'institution et ses sujets. Sous son règne, les appétits de révélations et d'images à caractère intime ne connaîtront plus de limites. Dès le début des *seventies*, les tabloïds, engagés dans une féroce guerre des tirages, s'arrachent les clichés des premiers paparazzi, comme Ray Bellisario[1], poil à gratter numéro un de la famille Windsor. Quatre ans plus tard, alors qu'Elizabeth II s'apprête à fêter le vingt-cinquième anniversaire de son accession au trône, le groupe punk Sex Pistols assaisonne l'hymne national *God Save the Queen* au vinaigre de l'irrévérence et, avec la complicité de l'artiste anarchiste Jamie Reid, orne la couverture de ses albums d'un portrait de la souveraine les lèvres percées d'une épingle à nourrice. Les dessins humoristiques fleurissent dans les journaux. À partir de 1984, *Spitting Image*, sorte de *Bébête Show* britannique, caricature la reine sous les traits d'une marionnette en latex, dépeinte par la presse comme « une Granny farfelue à la tête d'un *soap opera* totalement fou ».

Oubliées, l'innocence et la mièvrerie des représentations d'autrefois ! Elizabeth II semble avoir perdu son statut d'incarnation intouchable de la grandeur britannique. Aux photographies léchées d'antan, celles de l'icône parée de joyaux ou encore de la mère de famille posant, tout sourire, aux côtés de son mari et de ses enfants, viennent se substituer des clichés pris sur le vif qui la montrent tour à tour heureuse, grimaçante, inquiète, hilare, agacée, étouffant un

---

[1]. Celui-ci publiera un recueil de ses photos les plus emblématiques en 1973 sous le titre *To Tread on Royal Toes* (Marcher sur les pieds royaux).

bâillement, un bâton de rouge à lèvres à la main ou même un doigt dans le nez. Autant d'instantanés destinés à alimenter une machine médiatique toujours plus gourmande d'images tendant à démontrer que, oui, la souveraine est bien une femme comme les autres.

L'irruption de Diana sur la scène publique, au début des années 1980, altère de manière durable les relations entre la presse et le trône. En décembre 1981, la reine convoque les éditeurs de Fleet Street afin de leur demander davantage de retenue dans la couverture des événements relevant de la vie privée de ses proches. En dépit de ses efforts, la *Dianamania* précipite les Windsor dans une nouvelle ère de médiatisation à outrance. La lente désagrégation du mariage du prince et de la princesse de Galles et la guerre qu'ils paraissent se livrer l'un l'autre par voie de presse entraînent la famille royale dans un tourbillon de scandales. En janvier 1992, le quotidien *The Sun* publie des photos de Sarah Ferguson, l'épouse du prince Andrew, en compagnie d'un ancien amant, le milliardaire texan Steve Wyatt ; en avril suivant, la princesse Anne divorce de Mark Phillips ; deux mois plus tard, la parution du livre d'Andrew Morton, *Diana : Her True Story*, qui révèle le mal-être de la jeune femme, ses supposées tentatives de suicide et l'incompréhension dont elle s'estime victime de la part d'un époux distant, apparaît comme un coup majeur porté à l'image de la monarchie.

Le 20 août, le *Daily Mirror* publie des photos de Sarah Ferguson en vacances dans le sud de la France en compagnie d'un autre *boyfriend*, John Bryan – 3,5 millions d'exemplaires du quotidien seront vendus en l'espace de quelques heures. Le 24 août, *The Sun* expose le caractère intime de conversations enregistrées en 1989 entre la princesse de Galles et son ami James Gilbey. Le 20 novembre, jour du quarante-cinquième anniversaire de mariage d'Elizabeth II et du prince Philip, un incendie accidentel détruit en partie le château de Windsor ; la photo de la reine errant en bottes et ciré au milieu des décombres fumants symbolise alors, aux yeux du monde, le drame d'une dynastie désemparée.

Car une dangereuse confusion s'est emparée des esprits, associant désormais la souveraine et l'institution royale dans son ensemble au marasme conjugal du couple héritier. Le 9 décembre 1992, le

« J'AURAIS PRÉFÉRÉ ÊTRE UNE BERGÈRE »

Premier Ministre John Major rend officielle la séparation du prince et de la princesse de Galles devant la Chambre des communes. Les difficultés continuent, sans que personne paraisse en mesure d'enrayer la spirale. En janvier 1993, la publication des extraits d'une conversation intime entre Charles et Camilla, enregistrée à leur insu trois ans plus tôt, plonge une nouvelle fois la famille régnante dans l'embarras.

Voilà longtemps que les chroniqueurs royaux les plus influents du pays ont pris fait et cause pour « leur » Lady Di. La manière dont l'héritier de la Couronne conduit ses affaires de cœur incite quelques experts à douter publiquement, pour la première fois, de l'accomplissement de son destin de roi. Dans un entretien accordé à l'auteure américaine Sally Bedell Smith, l'ancien archevêque de Canterbury, lord Carey, révèle qu'à l'époque Elizabeth II elle-même décèle dans les événements chaotiques de ce début des années 1990 de troublantes similitudes avec l'abdication d'Edward VIII en 1936. « À un moment, nous parlions de divorce. Je me souviens qu'elle a soupiré et dit : "L'Histoire se répète." Je voyais son désespoir. [...] Elle craignait qu'en cas de divorce [du prince et de la princesse de Galles] Charles n'épouse ensuite Camilla. Elle pensait qu'il risquait de tout mettre par terre en rejetant Diana et en s'engageant dans une nouvelle relation[1]. »

Dans l'entourage de la reine, raconte un témoin, « beaucoup étaient préoccupés. C'était comme si personne ne savait trop quoi faire, quelle attitude adopter[2] ». Plus de 65 % des Britanniques veulent alors toujours voir la princesse monter sur le trône aux côtés de Charles, et 85 % d'entre eux se déclarent résolument opposés au remariage de l'héritier de la Couronne avec Camilla Parker Bowles[3]. Suivront l'officialisation du divorce des deux conjoints, en août 1996, par un Decree Nisi Absolute de la Haute Cour de justice de Londres,

---

1. Sharon Churcher et Elizabeth Sanderson, « History's repeating itself : Ex-Archbishop tells of the Queen's despair over Charles's split from Diana and love for Camilla in a revealing new biography », dailymail.co.uk, 8 janvier 2012.
2. Propos recueillis par l'auteur.
3. Sondage paru dans le quotidien *The Sun*.

puis, un an plus tard, le 31 août 1997, la mort de la princesse et de son compagnon, Dodi al-Fayed, dans un accident de voiture à Paris.

Les plaies béantes laissées par le drame du tunnel de l'Alma provoquent une crise de confiance durable au sein de la Maison royale. De l'aveu même d'un conseiller d'Elizabeth II, le palais aborde la préparation du jubilé d'or de 2002 « dans un état de doute avancé. Le bruit courait que l'événement n'intéresserait personne[1] ». Des experts en communication poussent, un temps, la souveraine à effectuer une série de visites plus ou moins informelles chez des particuliers. Un cliché réalisé par Dave Cheskin en juillet 1999 la montre mal à l'aise, assise face à deux *ladies* de toute évidence aussi embarrassées qu'elle, dans un salon chichement meublé. L'expérience se révélera aussi brève qu'inutile.

Trois ans plus tard, le succès des célébrations du jubilé démontre que la popularité de Sa Majesté n'est pas une affaire de *spin doctors*. « La reine est quelqu'un de très modeste, confie un membre de son entourage, cela l'étonnait que tant de gens veuillent la remercier alors qu'après tout elle n'avait jamais fait que son travail[2]. » Les festivités marquent le début d'un nouvel état de grâce, celui d'une monarchie réconciliée avec son époque et dont les relations avec la presse commencent à s'apaiser. « La machine, commente un autre conseiller de la souveraine, y puisera la force de mettre en œuvre de nouvelles réformes et d'accélérer sa modernisation[3]. » Elizabeth 2.0 fait son entrée sur le Web. Inauguré en mars 1997, le site Internet de la Couronne est consulté par plus de 100 millions de personnes au cours de sa première année de mise en service. Suivront la Royal Channel (un site présentant images d'archives et minifilms d'actualité), sur YouTube, dix ans plus tard, un Royal Twitter en 2009, des pages Flickr et Facebook en 2010. Premier de tous les palais européens à investir ainsi la Toile et les réseaux sociaux, Buckingham entame une révolution qui vise à rendre l'institution à la fois plus accessible et plus concrète pour les jeunes générations.

---

1. Propos recueillis par l'auteur.
2. Propos recueillis par l'auteur.
3. Propos recueillis par l'auteur.

« *Je pensais que, dans un bar, on était obligé de consommer de l'alcool* »

Le prince Charles est l'enfant d'une ère nouvelle, dominée par une double révolution culturelle et technologique dans le domaine de l'information. Tout au long de son adolescence, il subit avec plus ou moins de bonhomie les tentatives d'intrusion répétées des médias dans sa vie de collégien. En juin 1963, il est surpris par un journaliste dans un bar de l'île de Lewis, en Écosse, un verre de *cherry brandy* à la main. « Le barman m'a demandé : "Que souhaitez-vous boire ?", racontera-t-il par la suite. Je pensais que, dans un bar, on était obligé de consommer de l'alcool[1]. » L'année suivante, son cahier de dissertations disparaît de manière inexplicable de l'enceinte du collège de Gordonstoun. Scotland Yard est mis sur l'affaire et retrouve bientôt trace des œuvres du prince dans une petite société d'édition anglaise. De larges extraits en sont publiés peu après dans les colonnes du magazine allemand *Stern*. Le jeune garçon est d'autant plus embarrassé que l'hebdomadaire tente maladroitement de se défendre en l'accusant d'avoir lui-même vendu ses textes pour la somme de 30 shillings. Le palais qualifie l'incident de « hautement regrettable ».

Quelques mois après son premier mariage, au tout début des années 1980, le prince plaidait pour « une plus grande coopération du palais avec la presse ». L'« intrusion » des médias est une chose, déclarait-il alors, « mais il serait beaucoup plus inquiétant encore que les journaux cessent de s'intéresser à ce que fait la famille royale. Leur intérêt est le signe que la monarchie reste une institution florissante, vivante[2] ». L'héritier du trône accepte et comprend la nécessité dans laquelle se trouvent les représentants des dynasties régnantes d'aujourd'hui de donner une surface médiatique à leur travail, qui consiste, pour l'essentiel, à sensibiliser le public à des causes charitables et à promouvoir leur pays sur la scène internationale. « Si je ne faisais pas tout ce que je fais, disait-il à un journaliste américain

---

1. Jonathan Dimbleby, *The Prince of Wales : A Biography*, op. cit.
2. Theo Aronson, *Royal Subjects*, op. cit.

en octobre 2005, alors je serais accusé par les gens comme vous de ne rien faire de ma vie[1]. »

J'ai eu l'occasion, par le passé, d'évoquer avec les membres de plusieurs familles régnantes et non régnantes les conséquences de l'hypermédiatisation sur leur travail et leur quotidien. Au cours d'un entretien réalisé en novembre 2014, le roi Carl XVI Gustav de Suède, qui a accédé au trône des Bernadotte en 1973, reconnaissait que « [le métier] a beaucoup évolué en quarante ans. La différence est considérable. La Suède a changé, les médias ont changé, le rôle n'est plus le même lui non plus : il est plus difficile, plus exigeant. Le rythme est devenu plus intense[2] ». Régner est effectivement dorénavant un métier, confirmait l'ex-souverain Siméon II de Bulgarie au printemps 2015 : « Dans une époque spécialisée comme la nôtre, il est aussi nécessaire de se spécialiser dans cette fonction. Je le vois avec les souverains régnants actuels, mes cousins, mes confrères. Autrefois, un roi pouvait régner sans être vu, à l'abri de son palais. Par le biais des médias, d'Internet, des réseaux sociaux, il se sait désormais sous observation constante. Tout est questionné, vu, commenté, critiqué, organisé en fonction des attentes du reste du monde. Difficile d'exprimer sa véritable personnalité[3]. »

En 1994, le journaliste Jonathan Dimbleby consacre un documentaire de plus de deux heures au fils aîné d'Elizabeth II à l'occasion du vingt-cinquième anniversaire de son investiture en tant que prince de Galles. Réalisé pour la chaîne ITV, *Charles : The Private Man, the Public Role* montre son travail au jour le jour, explore sa soif de spiritualité, sa conscience sociale et ses aspirations. Le futur monarque se laisse filmer en vacances en Écosse avec ses fils, les princes William et Harry. Leurs jeux sur les rives du loch Muick et leurs parties de pêche dans la rivière Dee révèlent un père de famille plein d'attention et d'amour. L'héritier du trône est alors séparé de Diana depuis deux ans ; Jonathan Dimbleby l'interroge sur ses difficultés conjugales, l'éventualité d'un divorce et son « amitié » avec Camilla Parker

---

1. Interview par Steve Kroft pour l'émission *60 Minutes*, CBS.
2. Propos recueillis par l'auteur.
3. Propos recueillis par l'auteur.

Bowles. Ces passages douloureux, dans lesquels le prince, visiblement mal à l'aise, finit par s'en remettre à la compréhension et à la bienveillance des Britanniques en reconnaissant avoir été fidèle à son épouse « jusqu'à ce que notre mariage soit rompu de manière irrémédiable, après que nous avons tout tenté l'un et l'autre », éclipsent totalement le reste du documentaire. Dans les années suivantes, ils impacteront gravement son image.

La princesse Diana ne craignait pas de laisser paraître ses émotions et ses fragilités en public, ce qui lui avait permis de trouver d'emblée le chemin du cœur de ses contemporains. Le prince Charles, profondément influencé par une éducation qui, au contraire, lui a enseigné à ne jamais les montrer, peine, ce jour-là, à convaincre de l'honnêteté de ses propos, à faire entendre sa vérité. Marquées par une forte dose d'incompréhension de part et d'autre et frappées du sceau de l'éternel soupçon, les relations du futur souverain avec la presse de son pays ne connaîtront un début d'embellie qu'au début des années 2000. Sa vie personnelle ne prêtant plus à controverse, les Britanniques redécouvriront alors l'homme public, ses qualités, l'importance de la tâche qu'il accomplit au service du Royaume-Uni.

En mars 2002, le prince est invité à prononcer un discours devant une assemblée de distingués représentants de Fleet Street à l'occasion du trois centième anniversaire de la création du premier quotidien londonien, le *Daily Courant*. « Ma présence ici a, à n'en pas douter, quelque chose d'ironique, dit-il. […] Nous sommes, de temps en temps, probablement un peu durs les uns avec les autres, exagérant nos inconvénients et ignorant nos bons côtés respectifs. Peut-être vous attendez-vous d'ailleurs à ce que je fasse de même aujourd'hui. Mais, charitable jusqu'au bout, je souhaite au contraire rendre hommage au bien réel que font les quotidiens et les magazines *pro bono publico*. Oui, il arrive que vous soyez dans l'erreur, comme tout le monde. Mais vous vous employez aussi à faire en sorte que les gens soient informés de ce qui se passe dans la société, à observer celles et ceux qui détiennent ou qui cherchent à détenir une position influente, à révéler les méfaits qui se produisent au niveau national ou dans les affaires, à moquer la pompe et, nous l'oublions parfois, à nous divertir. […] En trois siècles, la presse s'est montrée ingrate, revêche, cynique, butée, parfois intrusive, parfois inexacte et, parfois aussi, profondément injuste et nuisible à l'égard des individus et des institutions. Cependant, je citerai Thomas Jefferson : ces travers sont "la réalité de notre liberté" et ce sur quoi repose le juste équilibre de notre société, vertus et vices n'y faisant plus qu'un. Qu'il en soit ainsi encore longtemps. »

Quinze ans et quelques propos nettement moins diplomatiques plus tard, l'héritier du trône reste, envers et contre tout, un homme de communication. Il a participé à plusieurs documentaires – sur ses jardins de Highgrove ou encore sur la rénovation de Dumfries House –, accepté de figurer dans un épisode de la série télévisée culte *Coronation Street*, donné une interview aux animateurs vedettes Ant et Dec[1] pour les trentième et quarantième anniversaires du Prince's Trust… En mai 2012, il enregistre un bulletin météo pendant une visite des studios de la BBC Écosse[2]. Au printemps 2016, il provoque l'hilarité générale lorsque, avec un art consommé du spectacle, il monte sur la scène du Royal Shakespeare Theatre – situé à Stratford-upon-Avon, ville de naissance de William Shakespeare – pour déclamer, au beau milieu d'une représentation retransmise en direct à la télévision, le fameux « To be or not to be » de *Hamlet*.

« C'est avec elle que tout a changé »

« N'oubliez pas que nous sommes en compétition avec Elizabeth Taylor et les Beatles[3] ! » avait un jour lancé la princesse Alexandra, cadette des petites-filles du roi George V et de la reine Mary et cousine germaine d'Elizabeth II. Convaincu que la monarchie doit promouvoir son image de la manière la plus efficace et la plus professionnelle possible, le prince Charles s'est doté dès 1998 d'un site Internet qui comporte aujourd'hui des rubriques détaillées sur sa vie, ses missions, ses liens avec le gouvernement et les forces

---

1. Anthony McPartlin et Declan Donnelly.
2. https://www.youtube.com/watch?v=54FKp4Ib4Kk.
3. Theo Aronson, *Royal Family : Years of Transition*, John Murray, 1983.

armées, ses discours, ses jardins et ses *hobbies*, ainsi que ceux de son épouse et de ses fils. Plus de 600 000 personnes se sont abonnées au compte Twitter de Clarence House ; elles sont également plus de 190 000 (à la date où ces lignes sont écrites) à suivre son compte Instagram.

Outre-Manche, la diffusion des quotidiens régionaux – « qui ont longtemps été notre fer de lance[1] », dit-on au sein de l'équipe du prince – diminue en moyenne de 10 % par an. Il a donc fallu imaginer d'autres moyens de marquer les esprits, de capter l'attention d'une opinion de plus en plus sollicitée. Charles et Camilla sont ainsi régulièrement photographiés, souriants et détendus, aux côtés de célébrités britanniques – des images qui trouvent immanquablement leur place dans les journaux nationaux. Leurs déplacements hors des frontières du Royaume-Uni sont aussi l'occasion de collaborer avec la presse étrangère. Avant la visite officielle du couple au Canada, en mai 2014 – un marathon de quatre jours –, l'héritier du trône a accordé un entretien à la chaîne CBC ; une journaliste travaillant pour un magazine féminin très populaire outre-Atlantique a, par ailleurs, été invitée à suivre les époux dans leurs activités officielles[2].

Au sein du *royal rota* – le petit groupe de journalistes et de photographes accrédités auprès du palais de Buckingham et de Clarence House –, on souligne volontiers la « relation apaisée » que le fils d'Elizabeth II et la duchesse de Cornouailles souhaitent désormais entretenir avec le quatrième pouvoir. « Surtout maintenant que la génération montante des Windsor, jeune et glamour, a tendance à occuper tout l'espace », entend-on parfois murmurer. Il est vrai que la couverture des engagements officiels remplis par William, Kate et Harry est aujourd'hui assez largement dominante dans les médias. « Nous n'en sommes pas moins tous au service d'un seul et même succès », répètent inlassablement les équipes de Charles et Camilla.

En amont des grands événements qui rythment le cours ultraplanifié de la vie monarchique, des réceptions sont organisées afin

---

1. Propos recueillis par l'auteur.
2. Son compte rendu, sous le titre « La duchesse de Cornouailles gagne les cœurs par son style sans prétention », sera publié par le magazine féminin *Châtelaine*.

de favoriser les contacts informels entre les membres de la famille régnante et les journalistes. En novembre 2011, la presse est ainsi conviée à faire plus ample connaissance avec la souveraine et ses proches au cours d'un cocktail de début de soirée donné au palais de Buckingham. La présence parmi les invités de plusieurs acteurs majeurs de la scène médiatique des années Diana – comme James Whitaker[1] ou encore Richard Kay[2] – prouve que les temps ont changé. De part et d'autre, la méfiance et les crispations ont laissé place au dialogue, encouragé par le service de presse du palais. « Nos rapports avec les médias se sont beaucoup améliorés, c'est vrai, confie un représentant de la Cour. Le jubilé d'or, en 2002, a été le tournant décisif qui nous a permis de bâtir une relation nouvelle, fondée sur la confiance. Nous avons aussi appris à devenir plus ouverts. » La révolution technologique de l'information, puis la crise économique, ont fait le reste.

Se pourrait-il que les anciens meilleurs ennemis du monde aient, aujourd'hui plus que jamais, besoin les uns des autres ? C'est en tout cas ce que suggère le directeur d'une grande agence de presse britannique : « Une image qui, il y a dix ans, aurait été vendue 850 euros à un quotidien comme *The Sun* ne rapporte plus désormais que 150 euros. De ce point de vue-là, Camilla est formidable : elle comprend ce qu'attendent les photographes et fait toujours de son mieux pour les aider. Elle ne fait pas ça pour avoir son portrait dans le journal ; elle sait simplement que, en ce moment, c'est dur : alors, à sa manière, elle donne un coup de main. »

La duchesse de Cornouailles est là, souriante et décontractée, comme toujours. Elle distribue des « Oh, hullo ! » et des poignées de main chaleureuses tout en virevoltant dans un fourreau pailleté – « on m'attend à une première », explique-t-elle. L'une de ses secrétaires particulières s'occupe des présentations, repère certains reporters dans la foule, fait en sorte qu'elle puisse échanger quelques mots avec

---

[1]. Le chroniqueur royal est décédé en février 2012 des suites d'une longue maladie.

[2]. L'un des journalistes emblématiques du quotidien *The Daily Mail*, qui fut l'ami et le confident de la princesse de Galles.

tous ceux qui le souhaitent dans les meilleures conditions possible. Ce soir-là, beaucoup veulent la féliciter pour sa récente prestation sur le plateau des répétitions de *Strictly Come Dancing* (*Danse avec les stars*), un show télévisé ultra-populaire outre-Manche. Une journaliste d'un grand hebdomadaire *people* reconnaît que quelque chose d'indéfinissable la pousse à vouloir serrer la main « de cette femme sur laquelle tant de choses terribles ont été écrites, et qui s'est, au final, révélée être quelqu'un de bien ».

La complicité entre Charles et son épouse, visible aux yeux de tous, a largement contribué à modifier l'image du prince, perçu aujourd'hui comme plus accessible, plus serein. « C'est avec elle que tout a changé, admet cet habitué du *royal rota*. Il est réconfortant pour lui de pouvoir enfin partager pleinement ce qu'il vit avec quelqu'un, car il a beau être entouré de gens en permanence, sa position est d'une solitude incroyable. » « Camilla apporte quelque chose en plus dans les engagements officiels, poursuit l'un de ses confrères, avec son sourire, son côté chaleureux, la manière dont elle s'adresse aux gens, dont elle les prend en considération. Elle tient aussi à connaître les reporters qui la suivent, les femmes notamment : elle leur pose des questions sur elles, leurs enfants, leur vie de famille. Son intérêt est sincère. Je crois aussi que, quand elle se déplace, ça la rassure de pouvoir repérer dans la foule des visages qui lui sont familiers. En outre, on la sent vraiment désireuse de travailler avec nous[1]. »

« Un vrai courage »

Le 14 octobre 2015, le *Daily Mail* titre en une : « Camilla : "Ma croisade pour les victimes de viol" ». L'épouse du prince de Galles a choisi de s'exprimer sur l'une des causes qui lui tiennent le plus à cœur. Plus de 88 000 viols et autres actes de violence sexuelle ont été enregistrés par la police au Royaume-Uni en 2015, soit une augmentation de 37 % par rapport à l'année précédente. La duchesse de Cornouailles adresse une lettre ouverte aux Britanniques : « Au cours des cinq

---

1. Pour toutes les citations qui précèdent : propos recueillis par l'auteur.

dernières années, j'ai visité, ici et à l'étranger, des centres d'accueil qui offrent à ces survivants un refuge sûr et un avenir. J'ai parlé à un grand nombre de victimes ; le simple fait de dire ce qu'elles ont vécu leur demande à toutes un vrai courage. Leur bravoure est une leçon d'humilité. Ces récits sont toujours des expériences extrêmement douloureuses, à la fois pour leurs auteurs et pour ceux qui les écoutent. »

La belle-fille d'Elizabeth II a choisi de mettre sa voix et sa notoriété au service de cette cause après avoir visité un centre spécialisé de Croydon, dans le sud de Londres, en novembre 2009. « Il ne m'appartient pas de débattre des problèmes qui peuvent être à l'origine des violences et des abus sexuels, mais j'ai pu constater par moi-même quelques-unes de leurs effroyables conséquences[1] », écrit-elle encore dans sa tribune. En février 2013, elle invite victimes, membres de la classe politique et représentants des services de santé et des forces de l'ordre à se retrouver à Clarence House. L'une des personnes présentes témoigne : « Ces hommes et ces femmes ont pu raconter leur histoire à Theresa May [l'actuelle Premier Ministre, alors secrétaire d'État à l'Intérieur et ministre des Femmes et de l'Égalité des droits du gouvernement de David Cameron]. Et si tout cela a pu se faire, c'est grâce à Camilla, qui, pour la première fois, est parvenue à réunir l'ensemble des acteurs de la lutte contre les violences sexuelles dans une seule et même pièce[2]. »

Ce jour-là, l'épouse de l'héritier du trône fait la connaissance de Mia, rescapée d'un viol collectif à l'âge de seize ans. Le cauchemar vécu par la jeune femme, les échanges que la duchesse de Cornouailles aura par la suite avec d'autres victimes rencontrées dans une quinzaine de centres spécialisés de Grande-Bretagne lui inspirent, quelques mois plus tard, l'idée de créer des nécessaires de soin composés de produits de toilette et d'hygiène à l'intention des personnes en détresse[3]. « C'est peu de chose, dit-elle, mais cela peut

---

1. Rebecca English, « Camilla : My crusade for victims of rape », *Daily Mail*, 14 octobre 2015.
2. Propos recueillis par l'auteur.
3. Les produits sont offerts par des marques comme Marks & Spencer, Champneys, 2True ou encore Trevor Sorbie.

permettre aux femmes et aux jeunes filles qui traversent cette terrible épreuve de se sentir à nouveau "humaines"[1]. »

Le jour de son appel national dans les colonnes du *Daily Mail*, Camilla se rend une nouvelle fois au Rape and Sexual Abuse Support Centre de Croydon, accompagnée de Theresa May, pour s'y entretenir avec le personnel et les volontaires, avant de rejoindre, à Wimbledon, les locaux de Nelsons, le plus ancien fabricant de remèdes homéopathiques d'Europe, fournisseur de la famille régnante depuis la fin du XIXe siècle, où l'attend un groupe de bénévoles chargé de l'assemblage des nécessaires. Dans ces grandes trousses transparentes : un gel douche, une brosse à dents et du dentifrice, du shampooing, un déodorant, une serviette, des lingettes, des cosmétiques, une brosse à cheveux... Plus de mille ont déjà été distribuées dans les centres d'accueil The Havens, situés dans les quartiers londoniens de Camberwell, Paddington et Whitechapel. Arthur Edwards, le plus ancien et le plus capé des photographes du *royal rota*, que la duchesse de Cornouailles appelle par son prénom, place un nécessaire dans ses mains : « Allez, *Ma'am*, souriez, et montrez-moi ce sac ! »

Camilla s'attarde auprès des volontaires, insiste sur l'« énorme différence » créée par leur travail. « Elle a pris confiance, souligne-t-on autour d'elle, elle ne se laisse décourager ou démonter par rien. Elle n'est pas née pour remplir ce rôle, rien ne l'y a préparée, mais on voit maintenant avec quel calme, quelle présence elle l'assume. » Alertés par la présence de voitures banalisées, les curieux – des employés de sociétés voisines, les ouvriers d'un chantier tout proche, beaucoup de jeunes, aussi, leur téléphone portable à la main – se sont massés devant l'entrée de Nelsons. L'épouse du prince Charles laisse patienter chauffeur et motards pour aller discuter avec eux. Sa voiture s'éloignera sous les applaudissements.

Le troisième engagement officiel de la journée est consacré à la visite du centre The Havens de Whitechapel, dans l'est de la capitale, où une partie des victimes accueillies sont sans domicile fixe. La belle-fille d'Elizabeth II s'enferme dans une petite pièce pour s'entretenir avec plusieurs femmes secourues par le refuge, puis elle

---

1. Rebecca English, « Camilla : My crusade for victims of rape », art. cité.

effectue le tour des locaux – une succession de pièces exiguës, équipées de manière sommaire –, écoute les récits des personnels, des psychologues et des médecins, se fait expliquer les procédures... Elle parle du chemin qui reste à parcourir et évoque la création d'un numéro de téléphone unique à l'intention des personnes agressées – « nous devons trouver une solution, dit-elle, afin qu'elles sachent où appeler ».

« Dans ce pays, les gens connus ont bien trop peur de nous soutenir publiquement, déclare Yvonne Traynor, responsable des opérations menées par l'organisation Rape Crisis dans plusieurs comtés du sud de l'Angleterre. Ils nous envoient des lettres qui font l'éloge de notre travail, mais ne souhaitent pas s'impliquer davantage. Le viol et les abus sexuels sur les enfants ne sont pas des sujets qui se contentent de vous chavirer le cœur, ce sont des sujets difficiles, dégradants et qui heurtent. La plupart des gens, à plus forte raison une duchesse, préféreraient les fuir, comme s'ils n'existaient pas. Il fallait qu'une femme courageuse, fidèle, déterminée et forte se tienne à nos côtés et dise clairement : "C'est mal, cela ne devrait pas arriver." Et c'est exactement ce que la duchesse de Cornouailles a fait[1]. »

---

1. *Ibid.*

XIII.

« Le seul endroit où il était libre »

En janvier 1996, le *Sunday Telegraph* révèle que le prince de Galles effectue des visites nocturnes dans des galeries d'art. La plupart du temps, raconte le journal dominical, son arrivée se fait de manière inopinée, annoncée dans l'heure qui précède par un simple coup de fil de son secrétariat particulier. « Et il ne va pas se contenter de prodiguer quelques mots de réconfort aux artistes dont les œuvres ne se sont pas vendues aussi bien qu'ils l'espéraient ; il va lui-même les rémunérer généreusement. » Car les peintres ainsi choisis par l'héritier du trône ont une mission toute particulière : celle d'immortaliser sur toile ses activités officielles, notamment ses déplacements à l'étranger.

La tradition du peintre de cour, ou « peintre ordinaire » (*painter in ordinary*), remonte à l'ère Tudor. Des artistes étrangers de renom sont alors engagés pour retracer batailles et banquets et exalter la noblesse, la grandeur et la vie de famille du monarque en exercice. Henry VIII est le premier à instaurer cette forme de patronage en confiant son image à l'Allemand Hans Holbein le Jeune, auteur de ses portraits les plus célèbres. Au XVIIe siècle, le Flamand Anthony van Dyck et le Hollandais Peter Lely sont attachés au service de Charles Ier et de Charles II, tandis que l'Allemand Godfrey Kneller travaille pour Mary II et William III, avant de devenir le peintre ordinaire de George Ier.

Le successeur de ce dernier, George II, innove en « sponsorisant » des artistes originaires du Royaume-Uni : William Kent en 1723, John Shackleton en 1749, et Allan Ramsay, le premier Écossais à se retrouver investi de cette charge, en 1767. Suit Joshua Reynolds, que la fonction ne paraît pas combler outre mesure : « C'est un office misérable, écrit-il peu après sa nomination, [dont la rémunération] a été réduite de deux cents à trente-huit livres par an. Chasseur de rats du roi est une meilleure situation, je crois, et je serai payé un quart seulement de ce que je reçois habituellement des gens, [...] les portraits de Leurs Majestés ne seront donc probablement pas mieux exécutés dorénavant qu'ils ne l'étaient[1]. » Puis viennent David Wilkie, qui travaillera à la gloire de William IV, ou encore George Hayter, principal peintre ordinaire de la reine Victoria à partir de 1841.

La souveraine et son époux, le prince Albert, tous deux passionnés d'art, collectionneurs et mécènes, commanderont de nombreux tableaux exaltant leur amour et leur vie de famille à Franz Xaver Winterhalter, Robert Thorburn, réputé pour ses miniatures, et Edwin Landseer. En 1953, l'artiste choisi pour dépeindre le couronnement d'Elizabeth II est, cette fois, un Polonais, Feliks Topolski. Sa mission : créer une représentation monumentale des cérémonies, destinée à figurer en bonne place dans l'une des galeries du palais de Buckingham[2]. Neuf ans plus tard, le peintre John Ward est invité par la souveraine à séjourner à Balmoral afin de croquer des scènes quotidiennes et quelques intérieurs du château.

Lorsqu'il se déplace hors des frontières de la Grande-Bretagne en sa capacité d'héritier de la Couronne, le prince Charles choisit lui-même l'artiste qui le suivra et finance l'opération sur ses deniers personnels. Dans les années 1990, de jeunes talents comme Toby Ward (le fils de John Ward) et Emma Sergeant participent à ses

---

1. Ian McIntyre, *Joshua Reynolds. The Life and Times of the First President of the Royal Academy*, Allen Lane, 2003.
2. Le résultat, une fresque de plus de trente mètres de long en quatorze panneaux, sera présenté pour la première fois au public à l'occasion du cinquantenaire de l'événement, en 2003.

voyages officiels en Égypte, au Maroc et dans les pays du Golfe. Renommé pour ses paysages, l'Australien Warwick Fuller, représenté à Londres par la galerie Panter & Hall, l'accompagnera en Australie en 2012 et 2015.

Le futur roi est apparemment un mécène sans exigences ni caprices. « Il n'y avait aucune attente particulière de sa part, explique Warwick Fuller. [Le prince] m'a demandé de me joindre aux visites parce qu'il aimait mon travail et qu'il savait ce que je peignais. Et n'a rien demandé d'autre[1]. » Le fils d'Elizabeth II a un droit de première vision sur les œuvres réalisées. Celles dont il fait l'acquisition rejoindront, à terme, la Royal Collection, l'immense patrimoine réuni au fil des siècles par les monarques britanniques – environ un million de pièces uniques, tableaux de maître, sculptures, dessins, mobilier, livres, manuscrits, costumes, services de table[2]…

L'intérêt de Charles pour l'art s'est manifesté pour la première fois à Gordonstoun, où il a notamment appris la poterie avec son professeur d'éducation artistique, Robert Waddell. L'atelier du collège était alors pour lui un refuge, le seul endroit où il lui était possible d'exprimer sa personnalité, loin des humiliations et des brimades qui constituaient l'ordinaire de sa vie de pensionnaire. Son goût et son talent pour l'aquarelle se développent un peu plus tard, dans les années 1970, sous l'influence d'artistes reconnus, comme Edward Seago. Remarqué à l'occasion d'une exposition organisée par la Société royale des peintres portraitistes, en 1949, ce dernier intègre, trois ans plus tard, le petit groupe d'artistes invités à immortaliser les festivités du couronnement d'Elizabeth II et se lie d'amitié avec le prince Philip. Pendant plus de vingt ans, en janvier et en juillet, il est convié à séjourner au château de Sandringham. Réputé pour ses paysages et proche de l'école impressionniste, Seago inspire le prince Charles, dont l'un des tableaux est exposé pour la première fois en 1977, au château de Windsor, dans le cadre d'une exposition

---

1. Ellen Hill, « Artist shines light on Royal Tour 2015 », warwickfuller.com.
2. Conservée (et régulièrement enrichie) par le département éponyme de la Maison royale, cette collection est assimilée à un patrimoine national dont les souverains régnants ne peuvent disposer librement.

présentant au public les œuvres de plusieurs générations de membres de la famille régnante.

Comme Victoria – qui, en son temps, avait pris des leçons de dessin, de peinture et de gravure à l'eau-forte avec George Hayter, Edwin Landseer ou encore William Leighton Leitch –, le futur roi bénéficie, au fil des années, des précieux conseils de peintres comme John Ward, Bryan Organ et Derek Hill. En 1981, Ward l'accompagne en Italie à bord du yacht royal *Britannia*. « Souvent, nous nous installions côte à côte sur le pont pour peindre, racontera l'artiste. Le prince observait par-dessus mon épaule pendant que je travaillais, et je lui donnais quelques astuces en termes de technique. Il avait une endurance que je trouvais remarquable, et restait assis à peindre même lorsque ses mains étaient bleuies par le froid. Le bateau semblait être le seul endroit au monde où il pouvait peindre ainsi sans la présence de ses gardes du corps. Le seul endroit où il était libre[1]. »

Le fils d'Elizabeth II aime installer son chevalet en plein air. Il trouve ses principales sources d'inspiration sur les terres de Balmoral, à Highgrove et dans les paysages qui entourent le château de Sandringham. Mais il a aussi peint la Grèce, les montagnes de Klosters, dans les Alpes suisses, croqué des scènes en Égypte, en Jordanie, en Arabie Saoudite, en Turquie et en Tanzanie, ainsi que quelques natures mortes. Sans oublier la France, où il a, dans les années 1990, réalisé une série de vues près du village du Barroux, dans le Vaucluse. Signés A.G. (Arthur George) Carrick, d'après l'un de ses titres écossais, ses tableaux font l'objet de rares expositions, dont les revenus sont intégralement reversés à sa fondation caritative. Il faut compter entre 5 000 et 15 000 livres sterling pour une lithographie[2]. Les œuvres originales, elles, ne sont pas à vendre.

---

1. Catherine Milner, « Charles and his Court Painters », *The Sunday Telegraph*, 21 janvier 1996.
2. http://www.belgraviagallery.com/artist/hrh-the-prince-of-wales/.

Groovy Grannies

Camilla, de son côté, aurait commencé à dessiner à la fin des années 1960 en prenant pour modèle son chien d'alors, un pékinois baptisé Chang[1]. La duchesse de Cornouailles partage avec le prince Charles le goût de la peinture de paysage et aurait elle aussi bénéficié des conseils d'artistes réputés, tout en reconnaissant se sentir quelque peu complexée vis-à-vis de l'héritier du trône, dont elle estime les talents d'aquarelliste très supérieurs aux siens.

Lorsque leurs proches se laissent aller à évoquer la vie quotidienne des deux époux, c'est, le plus souvent, pour insister sur sa normalité. À table, raconte l'une de leurs amies, la belle-fille d'Elizabeth II a une prédilection pour « les plats "honnêtes", simples, mais préparés avec des ingrédients de qualité, comme un poulet rôti cuit à la perfection accompagné des meilleurs légumes du potager. Le prince, quant à lui, préfère une nourriture plus élaborée, plus crémeuse. La plupart du temps, ils ont donc des menus différents pour le dîner[2] ».

Leur entourage décrit les airs de musique classique qui s'échappent des fenêtres de Highgrove, des intérieurs cosy encombrés de livres, des pièces où trônent en évidence de grands bouquets de fleurs fraîchement coupées. Après son mariage, la duchesse de Cornouailles a choisi de conserver Ray Mill, la maison du Wiltshire qu'elle avait acquise après son divorce avec Andrew Parker Bowles, en 1995. Camilla a quasiment vécu toute sa vie d'adulte dans ce comté du sud de l'Angleterre niché entre l'Oxfordshire, le Gloucestershire et le Dorset, où elle a élu domicile pour la première fois en 1973 – elle occupait alors avec son premier époux Bolehyde Manor, une résidence classée à proximité de la petite ville de Chippenham.

« Ses parents, Rosalind et Bruce, adoraient jardiner, confie une proche, et elle-même a fait des merveilles à Ray Mill. » La belle-fille d'Elizabeth II décide seule de l'aménagement de ses jardins du Wiltshire, dans lesquels le vaste potager occupe une place de choix. Elle n'aime rien tant, avoue-t-elle, qu'y « savourer des petits pois

---

1. Bob Colacello, « Charles and Camilla : Together at Last », art. cité.
2. Propos recueillis par l'auteur.

crus », tout juste cueillis, « à même la cosse », un plaisir qu'elle partage avec ses cinq petits-enfants, Eliza, Lola, Gus, Louis et Freddy[1], à l'intention desquels elle a fait agrandir sa maison pour aménager une *nursery*. Ray Mill lui permet, à intervalles réguliers, de renouer avec l'informalité de sa vie d'autrefois, de laisser libre cours à son penchant pour le désordre et les séries télévisées. Elle y retrouve aussi ses deux enfants, Tom (aujourd'hui critique gastronomique), né en décembre 1974, et Laura (cofondatrice de la galerie d'art londonienne Eleven), née en janvier 1978. Une fois par an, elle y convie ses amies à un pique-nique de Groovy Grannies. « Nous débarquons avec nos petits-enfants turbulents dans nos jupes, raconte la comédienne britannique Joanna David. Camilla est comme toutes les grand-mères aimantes et dévouées, elle est attentive à chacun d'eux[2]. »

Chambres d'amis

En juillet 2005, trois mois après le remariage de l'héritier du trône et de Mrs. Parker Bowles, le magazine *Tatler* s'interroge : « Qui sera convié aux fêtes données par Camilla ? Maintenant que le prince de Galles a fait de sa nouvelle épouse la châtelaine de Highgrove, un week-end là-bas est devenu l'invitation la plus *hot* de tout le pays. » John Heaney, l'auteur du papier, décrit la manière dont le couple reçoit ses hôtes – « une expérience plus intimiste que vous ne le pensez », précise-t-il. De fait, par sa taille relativement modeste et son allure générale, Highgrove ressemble davantage au petit hôtel particulier de Clarence House qu'aux autres résidences de la famille régnante. La moins spacieuse des quatre chambres d'amis regroupées au premier étage a été reconvertie en *dressing room* pour le prince Charles, tandis que les trois autres sont « si proches de la suite royale, précise encore John Heaney, que si vous ronflez bruyamment ou si vous vous disputez avec votre conjoint, tout le monde le saura ».

---

1. Nés respectivement le 16 janvier 2008, le 9 octobre 2007, le 30 décembre 2009 (Gus et Louis sont jumeaux) et le 28 février 2010.
2. Kathy Lette, « Why Australia fell for the Duchess of Cornwall », art. cité.

« LE SEUL ENDROIT OÙ IL ÉTAIT LIBRE »

La prédilection du prince pour les demeures de taille raisonnable rappelle le goût « aristocratique » dont ont fait preuve, dans ce domaine, les souverains de la maison de Hanovre – les quatre rois George qui se sont succédé sur le trône de Grande-Bretagne entre 1714 et 1830. George Ier, George II et George III encouragent l'architecture et les arts, mais leur prudence sur le plan financier, leur volonté de ne pas s'attirer le mécontentement de l'opinion en s'entourant d'un faste excessif ainsi que leurs aspirations personnelles les conduisent à adopter un style informel, davantage en phase avec celui de leurs contemporains. Les historiens de la monarchie soulignent d'ailleurs leur décision significative de ne pas reconstruire Whitehall, le somptueux palais de quinze cents pièces où les souverains britanniques vivaient depuis le début du XVIe siècle, détruit par un incendie en 1698. Le palais de St. James's, un petit château de brique rouge autrefois érigé par Henry VIII pour sa maîtresse Anne Boleyn, devient, sous leur règne, la résidence officielle du monarque en exercice. Les rois George s'attachent à rénover et à embellir Leicester House – une propriété du XVIIe siècle située au niveau de l'actuel Leicester Square, à Londres –, Carlton House – dans le quartier de St. James's –, ainsi que les palais de Kensington et de Richmond – ce dernier comptant parmi les résidences favorites de la reine Elizabeth Ire. En 1761, George III se porte acquéreur de Buckingham House, un hôtel particulier plus confortable que luxueux, qu'il transforme en maison de famille. Autant d'initiatives comparables aux projets entrepris par le prince Charles à Highgrove et à Birkhall, sa résidence écossaise.

« Il arrive que ce soit en rêvant »

Un manoir blanc dont les jardins descendent en pente douce vers le loch Muick et les forêts des Highlands. Au loin, le château de Balmoral, les collines du parc national des Cairngorms et les reliefs bleutés du mont Lochnagar. En 1849, la reine Victoria et son mari, le prince Albert, acquièrent Birkhall, coquette propriété de campagne bâtie au XVIIIe siècle, pour en faire cadeau à Bertie, leur fils aîné.

Celui-ci, trouvant les lieux exigus, n'y effectuera qu'un seul séjour. À la fin des années 1920, à l'invitation du roi George V, le futur George VI et son épouse, alors duc et duchesse d'York, transforment Birkhall en une accueillante maison de vacances pour eux-mêmes et leurs deux filles, les princesses Elizabeth et Margaret. « Mon très cher papa, écrit la jeune duchesse d'York à son beau-père en août 1929, je suis certaine que nous allons beaucoup nous plaire ici. J'ai déjà l'impression d'y avoir vécu toute ma vie ou presque. Le jardin est très agréable, il déborde de fleurs, et la rivière émet un son délicieux, très apaisant la nuit[1] ! »

Les deux conjoints sont aussi férus de jardinage l'un que l'autre, mais leur grand projet de réaménagement du parc de Birkhall doit s'interrompre en 1936, après l'accession au trône de George VI – Balmoral devient alors leur résidence officielle *north of the border*. Comme eux, la princesse Elizabeth et son mari, le prince Philip, feront ensuite de la maison leur villégiature d'été. En 1952, année de la disparition de George VI, Queen Mum s'installe de nouveau à Birkhall et entreprend de donner vie aux jardins dont elle et son époux avaient rêvé.

Cinquante ans plus tard, le prince Charles hérite à son tour de la propriété, précieux témoin des heures heureuses passées en compagnie de sa grand-mère. Sous son impulsion, Birkhall connaît, depuis maintenant près de quinze ans, une révolution verte comparable à celle de Highgrove. « Ma méthode en matière de jardinage, confie-t-il, consiste à essayer de travailler en accord avec l'esprit du lieu, à prendre le temps de le parcourir en tout sens jusqu'à ce qu'une vision claire de ce qu'il doit être finisse par s'imposer à moi. Il arrive que ce soit en rêvant[2]. » Création d'un *Stumpery*, plantation de delphiniums bleus, d'Alchemilla et d'érables du Japon, aménagement d'allées ourlées de thyms, de parterres de sauges sclarées d'un beau rose vibrant et de dahlias de couleurs vives, que la duchesse de Cornouailles affectionne particulièrement… L'ensemble forme

---

1. William Shawcross, *Counting One's Blessings, op. cit.*
2. « Birkhall, Balmoral estate, Aberdeenshire », countrylife.co.uk, 14 novembre 2013.

aujourd'hui une composition impressionniste et vivante, un sanctuaire, une retraite parfaite.

Si Queen Mum, qui était venue se réfugier à Birkhall après la mort de sa mère, Cecilia, en juin 1938, y trouvait quiétude et réconfort, le petit manoir du Royal Deeside est à présent tout aussi étroitement associé à l'histoire d'amour du prince de Galles et de Camilla. Tous deux ont choisi de passer leur lune de miel et de fêter leur premier anniversaire de mariage dans cette maison paisible et sans prétention. En 2015, la photo officielle célébrant les noces d'étain du couple les montre dans leur jardin, emmitouflés dans des vêtements de tweed. « La taille "humaine" de la propriété permet que l'on y vive simplement, affirme un proche. Camilla a des amis en Écosse depuis toujours. Et c'est là-bas que tous les deux se sont mis au ski de fond[1]. »

La doyenne des Windsor et la duchesse de Cornouailles s'appréciaient et s'entendaient bien. John Bowes-Lyon, l'un des cousins au second degré de la reine mère, évoque les nombreuses similitudes entre les deux femmes. Une certaine communauté de destins, bien sûr, mais aussi des traits de caractère et une approche de l'existence assez semblables. Queen Mum « faisait preuve de beaucoup d'humour, vis-à-vis d'elle-même et de tout ce qui se passait dans sa vie, témoigne-t-il. En outre, elle avait totalement les pieds sur terre. Elle détestait la pomposité sous toutes ses formes. Camilla a le même sens de l'humour, et une vraie personnalité[2] ». Lucia Santa Cruz, l'amie de toujours du prince Charles et de son épouse, parle elle aussi de cette ressemblance. « Comme la reine mère, Camilla s'intéresse sincèrement aux gens, à leur parcours, dit-elle. Lorsqu'elle dîne à côté d'une personne qu'elle n'a encore jamais rencontrée, vous pouvez être sûr qu'elle connaîtra toute l'histoire de sa vie au dessert. Elle a en outre la même passion qu'elle pour l'Écosse. Et pour Birkhall, qu'elle considère vraiment comme sa maison[3]. »

---

1. Propos recueillis par l'auteur.
2. Bob Colacello, « Charles and Camilla : Together at Last », art. cité.
3. Propos recueillis par l'auteur.

« Mieux que le sexe »

Les personnalités qui constituent le noyau de la cour des deux conjoints forment ce que le très sérieux *Sunday Times* appelait à l'époque de leur mariage un « somptueux salon », très éloigné de la perception d'une partie du public, enclin à imaginer le prince Charles évoluant dans un cercle d'intellectuels déconnectés du monde réel et d'experts New Age. La liste des invités à leur mariage donnait déjà une idée assez précise de la diversité des parcours et des personnalités qui le composent. Dans les salons du château de Windsor se pressaient ce jour-là des ambassadeurs du Prince's Trust, Tony Blair, le politicien conservateur Nicholas Soames, l'ancien champion de polo Mark Vestey, les acteurs Prunella Scales (*Fawlty Towers*), Kenneth Branagh, Richard E. Grant (*La Dame de fer*, *Downton Abbey*, *Game of Thrones*…) et Rowan Atkinson (*Mr. Bean*), le couturier Valentino, l'historien Simon Sebag Montefiore, l'auteur de best-sellers Robert Harris, le journaliste William Shawcross, un ami d'enfance de la duchesse de Cornouailles, William Rees-Mogg, ancien éditeur du quotidien *The Times* et ex-vice-président de la BBC, la comédienne et présentatrice de télévision américaine Joan Rivers, Trudie Styler, l'épouse du chanteur Sting, ou encore le révérend Christopher Mulholland, vicaire de l'église St. Leonard, près de Highgrove, où Charles et Camilla assistent régulièrement à l'office. Comme son père, le duc d'Édimbourg, l'héritier du trône apprécie la compagnie de femmes qui se distinguent par leur esprit, leur chemin de vie ou leur parcours professionnel. Parmi elles, les comédiennes Judi Dench et Joanna Lumley (*Absolutely Fabulous*), la journaliste de télévision Selina Scott ou encore l'actrice Emma Thompson. Le prince Charles « est un grand grand danseur, a un jour confié cette dernière. […] [Avant lui], je n'avais jamais dansé avec quelqu'un qui soit vraiment capable de me guider, avec qui je puisse juste me détendre et me laisser aller. C'est super, mieux que le sexe[1] ».

---

1. Catherine Mayer, *Charles : The Heart of a King*, op. cit.

« LE SEUL ENDROIT OÙ IL ÉTAIT LIBRE »

Le futur roi, qui a hérité de sa grand-mère maternelle un sens aigu de la fête et une touche d'extravagance, aime organiser des soirées mémorables – au premier sens du terme. En juillet 1997, la presse britannique raconte la réception inspirée des *Mille et Une Nuits* donnée en l'honneur du cinquantième anniversaire de Camilla et décrit « une tente richement tapissée et parfumée » dressée dans les jardins de Highgrove, ainsi qu'une piste de danse décorée de palmiers et un personnel vêtu de tenues blanches et de coiffes rouges d'allure exotique. À l'occasion de l'assemblée générale de l'Église d'Écosse, en 2000 – événement auquel il assiste en tant que représentant officiel de la souveraine –, le prince de Galles donne un dîner pour deux cents convives, accueillis par des jongleurs et des cracheurs de feu. « Un divertissement somptueux, au-delà de tout ce que nous avions vu jusqu'alors[1] », témoigne un invité.

Dépeinte comme une amie et une hôtesse pleine d'entrain – « Je ne connais personne qui raconte mieux les histoires qu'elle[2] », assure l'une de ses proches –, la duchesse de Cornouailles peut compter sur un cercle d'intimes de longue date : Lucia Santa Cruz ; la décoratrice Jane Churchill (née Wyndham), sa colocataire au temps où elle travaillait chez Colefax & Fowler, longtemps mariée à Charles Spencer-Churchill, fils du 10e duc de Marlborough et arrière-petit-neveu de Winston Churchill ; Virginia Carrington, la fille de lord Carrington, un ancien ministre des Affaires étrangères du gouvernement de Margaret Thatcher ; Carolyn Benson (née Carolyn Gerard Leigh), la fille du colonel William Gerard Leigh, titulaire d'une charge honorifique à la cour d'Elizabeth II entre 1967 et 1985. Sans oublier l'artiste et sculpteur Amanda Ward ; Fiona, marquise de Lansdowne ; la romancière Jilly Cooper ; ou encore la baronne Jane von Westenholz.

Camilla a gardé de nombreuses attaches personnelles dans l'East Sussex, où elle a grandi, et dans le Wiltshire. Autour des deux conjoints gravite en outre ce que le *Sunday Times* appelle « une élite

---

1. Nicholas Hellen, Christopher Morgan et Richard Woods, « The Court of King Charles », *The Sunday Times*, 13 février 2005.
2. Propos recueillis par l'auteur.

quasi edwardienne[1] » dont les grandes demeures ont abrité leur idylle dans les années 1980 et 1990. Parmi eux : les Palmer-Tomkinson, propriétaires de Dummer Grange, dans le Hampshire ; le marquis et la marquise de Douro ; le comte et la comtesse de Halifax, qui auraient accueilli Charles et Camilla dans leur manoir de Garrowby, près de la ville d'York, dans le nord de l'Angleterre ; et Deborah, duchesse de Devonshire, qui les a fréquemment reçus à Chatsworth. Tout comme le 9e duc et son épouse recevaient autrefois Edward VII et Alice Keppel...

---

1. Nicholas Hellen, Christopher Morgan et Richard Woods, « The Court of King Charles », art. cité.

XIV.

« Ils avaient un trésor entre les mains »

Le 2 octobre 2014, Charles et Camilla prennent place au deuxième rang du cortège qui escorte la dépouille de Deborah Devonshire jusqu'à l'église St. Peter, dans le village d'Edensor. Les six cents membres du personnel de Chatsworth et plusieurs centaines d'anonymes se sont rassemblés en une haie d'honneur silencieuse et recueillie le long de la route. La dernière des sœurs Mitford, disparue à l'âge de quatre-vingt-quatorze ans, a demandé à être inhumée au côté de son époux, Andrew, le 11e duc de Devonshire, dans un cercueil d'osier ceint de guirlandes de feuillages et de fleurs. Elle a aussi souhaité qu'un titre d'Elvis Presley, *How Great Thou Art*, soit joué au cours du service religieux, et qu'à aucun moment son nom ne soit prononcé durant la cérémonie. Un *swing band* a été convié à venir jouer ses airs favoris, et des marquises blanches et des buffets chargés de gâteaux, de scones, de thé et de champagne ont été dressés sur les pelouses de la propriété à l'intention des invités. L'héritier du trône et son épouse, qui ont perdu une alliée et amie de toujours, peinent à contenir leur émotion. Avec Deborah s'éteint l'une des légendes du siècle passé.

Les Honorables sœurs Mitford sont nées de l'union follement Belle Époque entre le 2e baron Redesdale et Sydney Bowles, la fille d'un député conservateur, qui, enfant, aurait inspiré son Alice à Lewis Carroll. De leur mère, elles ont hérité la beauté saisissante ;

de leur père, l'extravagance, le tempérament excessif et le goût de l'aventure. Rebelles, espiègles et insolentes, les six Calamity Jane de l'Oxfordshire poussent comme des herbes folles, entourées d'animaux – chèvres, poules, rat, salamandre, serpent – dont elles font leurs confidents. Le défi aux convenances est leur credo, l'excentricité leur *British way of life*. Une seule d'entre elles, Pamela, connaîtra l'existence tranquille de femme au foyer dont rêvaient pour elles leurs parents.

Nancy, l'aînée, venue au monde en 1904, s'impose très vite comme l'intellectuelle de la bande. Brillante, acide, généreuse et malheureuse en amour, elle est l'amie de quelques-uns des écrivains les plus fameux de son temps – Robert Byron, Evelyn Waugh –, avant de devenir l'une des grandes figures du Tout-Paris, au milieu du XXe siècle. Auteure de nombreux romans, elle s'éteint à Versailles, vaincue par un cancer, en 1973. Deux de ses cadettes, Diana et Unity, nées respectivement en 1910 et 1914, se laissent emporter par la folie et les errements des années 1930. La première divorce de l'héritier de la richissime famille Guinness pour vivre au grand jour sa liaison avec Oswald Mosley, le fondateur de l'Union fasciste britannique – Adolf Hitler assiste à leur mariage, en 1936, à Berlin. La seconde s'enorgueillit des liens d'amitié qui l'unissent au chancelier nazi et se tire une balle dans la tête quelques heures après que la Grande-Bretagne a déclaré la guerre à l'Allemagne, le 3 septembre 1939[1].

Révoltée de naissance, hostile au conservatisme sous toutes ses formes, Jessica, l'avant-dernière, est une pacifiste convaincue et s'enfuit avec un lointain cousin anarchiste qu'elle épouse en 1937. Le couple se réfugie aux États-Unis dès le début des hostilités. Au cours du conflit, Diana purge une peine de trois ans et demi de prison à Londres. Jessica, elle, perd son mari au combat et se remarie peu après avec un jeune avocat, fils d'émigrés juifs hongrois. Communiste, militante des droits civiques – elle prendra fait et cause pour le mouvement des Black Panthers –, elle entame une brillante carrière de journaliste et décède en 1996 à l'âge de soixante-dix-huit ans.

---

1. Elle survivra pendant quelques années à ses blessures.

L'Histoire, les passions et les drames ont eu peu à peu raison de la formidable complicité qui unissait autrefois les sœurs Mitford. Jessica et Diana ne s'étaient pas revues depuis trente-six ans lorsqu'elles se retrouvent pour la dernière fois autour du lit de mort de Nancy. Mrs. Mosley s'éteint à son tour en 2003, laissant seule Deborah.

J'ai rencontré la duchesse de Devonshire en 2007 à l'occasion de la publication en France d'un de ses livres, *Les Humeurs d'une châtelaine anglaise*. Notre entretien se déroule alors autour d'un *tea for two*, à 8 heures du matin, dans l'ancien appartement de sa sœur, Diana, au premier étage d'un immeuble élégant du VIIe arrondissement de Paris. Un tailleur de tweed clair, de grands yeux bleus rieurs encadrés par une chevelure de neige… « C'est bien aimable à vous de vous être déplacée, me dit-elle de sa voix grave. Mais je ne vois pas en quoi mon livre peut à ce point intéresser les Français. »

Les Humeurs d'une châtelaine anglaise sont exactement ce que ce titre laisse entendre : une série de considérations cocasses et pas toujours tendres sur les pendulettes aux aiguilles mal fichues, les présentatrices météo, les cintres d'hôtel, les distributeurs de savon liquide, les directives européennes ou encore l'ignorance dans laquelle on tient aujourd'hui les enfants au sujet des oiseaux de basse-cour. Incarnation délicieuse de l'Anglitude avec un A majuscule, Sa Grâce n'aimait rien tant qu'Elvis Presley – « quelle beauté, quand il était jeune, vous ne trouvez pas ? » – et les poules qu'elle élevait dans son jardin. « Chacune d'elles a sa propre personnalité et ses petites manies, je les adore. Mais ce que j'aimerais avoir par-dessus tout, ce sont des porcs. Vous n'avez jamais eu affaire à des porcs ? Des animaux très intelligents, qu'on a tendance à sous-estimer. »

Cousine de Winston Churchill et parente par alliance du président John Fitzgerald Kennedy, elle affirmait n'avoir jamais rien lu d'autre que *Le Bulletin de la volaille* et les catalogues de la maison de ventes aux enchères Bonhams. Et cultivait une humilité et une simplicité de bon ton, comme pour s'excuser d'avoir, à elle seule, connu tant de grandeur. Son destin hors du commun et sa personnalité, qui l'était tout autant, conféraient à cette femme une aura et un charme particuliers. Si je raconte ici son histoire, c'est en raison de l'influence, profonde et durable, qu'elle a exercée sur Charles et Camilla.

L'existence de Deborah bascule le jour où elle rencontre Andrew Cavendish, le fils cadet du 10e duc de Devonshire, aux courses hippiques de Goodwood. Leur mariage est célébré le 19 avril 1941, à Londres. « Mon époux n'étant que le numéro deux, nous n'avions alors presque rien pour vivre. Le système britannique, qui permet au plus âgé des descendants d'hériter de tout, est terriblement injuste. » La disparition prématurée de William, son frère aîné, en 1944, puis celle de son père, en 1950, font d'Andrew, aimable dandy porté sur le turf, le légataire malgré lui de l'immense fortune de son clan. « Son rêve à lui, c'était de devenir éditeur, racontait la duchesse. Dans le fond, il n'avait rien désiré de tout cela. »

Enfant, Deborah n'était jamais allée à l'école, mais sa nounou lui avait appris à voler à l'étalage, et ses sœurs à traduire des chansons polissonnes en « *boudledidge* », une sorte de dialecte mitfordien. Autant d'expériences qui ne lui sont d'aucune utilité dans son nouveau rôle de maîtresse de Chatsworth, l'immense manoir des Devonshire, érigé au cœur d'un écrin de verdure de 400 hectares : 297 pièces, 5 260 mètres carrés de toiture, plus d'un kilomètre de couloirs, 17 escaliers et pas une seule salle de bains. L'urgence ? « Régler les droits de succession, qui, à l'époque, représentaient 80 % de la valeur de tout ce que nous possédions. Cela nous a pris vingt-trois ans. » Le couple se sépare de 25 000 hectares de terres, de sa demeure de Hardwick Hall, un manoir du XVIe siècle considéré comme l'un des plus remarquables d'Angleterre, et de dix de ses plus précieuses œuvres d'art, dont un Rembrandt. Rongé par la poussière, la moisissure et le fardeau des ans, Chatsworth, lui, manque de peu d'être vendu au Victoria and Albert Museum de Londres, puis à l'université de Manchester. « Nous avions emménagé dans le village voisin, jusqu'à ce que l'intendant du domaine nous interpelle : "Si tous les propriétaires se mettent à faire comme vous, que croyez-vous que l'avenir réserve à ces grandes maisons ?" »

Dans les années 1930, trois de ses sœurs avaient vu leur jeunesse et leur respectabilité consumées par la politique. Deborah, elle, choisit de militer balai et chiffon à la main. S'attaquer à la restauration du petit Versailles du Derbyshire, c'est en effet un peu comme entrer en résistance. « Après la guerre, le gouvernement n'avait qu'animosité pour les gens de notre espèce. Plus personne ne voulait voir ces châteaux debout. Les autorités locales ont même essayé de faire passer une autoroute dans le parc. » Sous la houlette inspirée de la duchesse, Chatsworth retrouve sa vocation de maison de famille pour leurs trois enfants, Emma, Peregrine et Sophia, et devient une attraction touristique à la réussite commerciale sans précédent. L'ouverture d'une boutique de produits de la ferme, en 1977, est suivie de la création d'une ferme éducative pour les enfants, de trois magasins de vaisselle, *merchandising* et autres objets de décoration, et d'un restaurant de 90 couverts. Dopée par l'exemple de lady Devonshire, la rébellion des aristocrates britanniques s'organise partout dans le royaume. « Aujourd'hui, tout le monde fait de la vente au public. Mais la plupart d'entre eux ont mis un temps fou à comprendre qu'ils avaient un trésor entre les mains. »

En 2004, année de la mort d'Andrew, les revenus tirés de l'exploitation de la propriété et de la vente de tickets d'entrée à ses 500 000 visiteurs suffisent pour la première fois à assurer le financement de l'entretien du domaine. Deborah rend alors les clés de Chatsworth à son fils, Peregrine, devenu le 12e duc de Devonshire, et emménage dans un cottage avec ses poules, bien décidée à ne jamais prendre sa retraite et à continuer de plaider pour la réhabilitation des vraies chaussures de marche, du silence, des télégrammes et de la neige en janvier. Je me souviens d'une femme que son titre de duchesse douairière n'impressionnait guère – « en Angleterre, la noblesse est finie », disait-elle. Fière d'avoir su préserver ses liens d'amitié avec la reine Elizabeth – « nous nous retrouvions déjà aux mêmes soirées dansantes quand nous étions jeunes » –, comme d'avoir autrefois abrité les amours clandestines de Charles et Camilla. Elle avait conclu notre entretien par ces mots : « Longue vie à tout ce qui est interdit. »

« Un biscuit d'adulte »

Au milieu des années 1970, la boutique de Chatsworth commercialisait essentiellement du gibier ainsi que la viande de bœuf et de mouton produite par les fermes du domaine. Elle propose désormais à la vente un large éventail de produits – *pies* cuisinées sur place, volailles, gâteaux, pains et autres aliments de consommation courante. Une réussite dont le prince Charles s'est inspiré, en 1992, pour créer sa propre ligne de denrées biologiques sous la marque Duchy Originals.

Celle-ci compte aujourd'hui plus de trois cents produits : fruits, légumes, laitages, charcuterie, viandes, soupes, crèmes glacées, pains, riz, condiments, thés, gâteaux secs et autres confitures. Tous doivent impérativement répondre aux critères fixés par l'héritier du trône : « faire du bien et avoir bon goût ». En partant à l'assaut des supérettes du Royaume-Uni, le fils d'Elizabeth II souhaitait encourager le développement d'un réseau de petits producteurs locaux porteur, à plus ou moins long terme, d'un espoir de renouveau économique et social pour la campagne britannique. Le bacon, issu de porcs élevés en liberté et soignés à l'homéopathie, est ainsi produit dans une petite ferme du Dorset, les jambons dans le Wiltshire, les fromages dans le Somerset. Le miel de bruyère est récolté dans les ruches du château de Balmoral. Duchy Originals fait aussi appel à des fournisseurs étrangers : les citrons viennent de Sicile, le cacao d'une coopérative de fermiers en Guyane.

Au départ, ni la presse ni les professionnels de la distribution ne pariaient un *cent* sur l'avenir commercial de cette initiative. Perçu comme une utopie contre-productive, le tout-bio ne faisait pas encore l'objet de débats de société. Précurseur en la matière, Charles mène à l'époque une vaste opération de conversion aux méthodes de l'agriculture propre dans son duché de Cornouailles et sur les terres de Home Farm, la ferme pilote de sa propriété de Highgrove. Un peu plus de trente ans après sa fondation, l'entreprise agricole de Highgrove est devenue ce « potentiel modèle pour le développement d'une production alimentaire durable » dont le prince rêvait déjà lorsqu'il a acheté sa propriété du Gloucestershire, en 1980.

Le domaine se composait alors de trois parcelles entourant la maison, d'une superficie totale de 138 hectares. Les 170 hectares de la ferme voisine de Broadfield sont acquis en 1985, année où David Wilson entre au service de l'héritier du trône à la tête de

« ILS AVAIENT UN TRÉSOR ENTRE LES MAINS »

l'exploitation. « Je travaillais à quelques kilomètres d'ici, explique Wilson. Je venais de l'agriculture conventionnelle. Au lycée agricole, je n'avais jamais entendu parler de production biologique. Entrer ici m'a ouvert les yeux. » La transformation de Home Farm est amorcée en 1986. Les débuts se font à petite échelle : du trèfle, un engrais vert connu pour améliorer et enrichir la structure des sols, est semé dans quelques champs. « Et ça a marché, poursuit David Wilson. Au bout de trois ans, nous avons planté du blé, qui a poussé bien mieux que ce que nous espérions. Là, j'ai commencé à me dire que beaucoup de choses allaient être possibles[1]. »

Dès cette époque, le futur souverain s'inspire des travaux du professeur Hartmut Vogtmann, pionnier de l'agriculture biologique en Allemagne, souvent décrit comme l'un de ses mentors. « Lorsque j'ai rencontré [le prince], raconte ce dernier, c'était avant tout pour le familiariser avec ce concept. Notre idée était de lui expliquer en quoi consiste l'agriculture biologique, qu'il s'enthousiasme pour elle – ce qui a été le cas. Mais [au départ] il était hésitant. Alors il a envoyé son secrétaire particulier et son vétérinaire en Allemagne, nous leur avons montré des exemples de ce qui se passe ici. [Ses conseillers] sont rentrés [en Angleterre] et lui ont dit : "Sir, nous pouvons le faire nous aussi[2] !" » La ferme acquiert du bétail et des machines agricoles. Suivent la construction d'un grenier à grains et l'achat de nouvelles terres. En 1990, Charles décide de convertir la totalité de l'exploitation aux méthodes respectueuses de l'environnement prônées par le professeur Vogtmann. « À l'époque, témoigne l'un de ses proches, beaucoup de gens, y compris au sein de ses équipes, disaient : "Il ne faut pas y prêter attention, vous savez bien qu'il parle à ses plantes." Mais il était déterminé à aller au bout de son projet[3]. »

Home Farm n'est pas une vitrine, insiste-t-on autour du « *boss* ». Ce n'est pas non plus une simple occupation. « Il ne se passe jamais plus de trois semaines d'affilée sans que le prince vienne à la ferme, dit David Wilson. Il peut aussi lui arriver de venir nous voir trois

---

1. Propos recueillis par l'auteur.
2. « Der Bauer & sein Prinz », thefarmerandhisprince.com.
3. Propos recueillis par l'auteur.

ou quatre fois dans la même semaine[1]. » Parrain du Fonds pour la survie des espèces rares, le prince de Galles a fait de son domaine un sanctuaire pour les races de bétail endémiques, menacées par le recours quasi généralisé aux espèces continentales, qui sont considérées comme mieux adaptées à l'élevage intensif. Lorsque j'ai visité l'exploitation, au printemps 2014, on comptait parmi les quelque 500 têtes de bétail de la ferme 30 moutons des Hébrides, une quinzaine de moutons Shropshire, 3 truies Tamworth et une quinzaine de vaches Irish Moiled, Shetland et British White. Plus de 8 hectares de bois et de chênaies avaient déjà été plantés, des espaces aménagés pour permettre aux fleurs sauvages et à la faune locale de s'implanter durablement, et 27 000 mètres de haies montés à la main – une passion chez l'héritier du trône, qui aime l'engagement physique que demande l'exercice. Préoccupé par les menaces qui pèsent sur la biodiversité, le prince Charles héberge en outre 1 000 des quelque 2 200 variétés de pommiers du Conservatoire national de Brogdale – l'une des plus importantes collections fruitières au monde –, disposées dans un vaste potager de 20 hectares entre des rangs de légumes à l'alignement parfait.

Près de 770 hectares de terres sont aujourd'hui cultivés dans la ferme de Highgrove. Le blé, l'avoine, l'orge et la moitié du lait biologique produits chaque année sont réservés à la fabrication des denrées commercialisées sous la marque Duchy Originals ; la viande de bœuf et de mouton est vendue par plusieurs établissements londoniens renommés, comme l'épicier de luxe Fortnum & Mason, sur Piccadilly, l'hôtel Ritz ou encore le boucher-charcutier Lidgate, sur Holland Park. Le seigle est transformé en farine par le moulin de Shipton (une référence pour de nombreux boulangers bio du royaume) ; les légumes sont achetés par des pubs, des restaurants, des entreprises locales ou des conseils régionaux soucieux de la qualité de leur restauration scolaire. Afin de créer toujours plus de lien et d'interactivité avec les communautés alentour, le fils d'Elizabeth II a encouragé la création de Veg Shed, un service de vente directe et

---

1. Robert Taylor, « Prince Charles : Royal Patron for Sustainability », mofga.org, 2010.

de livraison de paniers de légumes aux particuliers auprès duquel se fournissent désormais plusieurs centaines de familles. Des recherches dans le domaine de l'agronomie et de la protection environnementale sont également menées en partenariat avec des organisations spécialisées et des universités.

Toutes ces initiatives procèdent de la « passion authentique pour la nourriture[1] » du prince, décrit par son entourage comme un *foodie*. Pas une seule recette qu'il n'ait, au préalable, goûtée et approuvée, comme celle de la limonade qu'il commercialise sous sa marque, élaborée par le cuisinier de Highgrove. Pour son fameux sablé à l'avoine – le premier Duchy à avoir été mis sur le marché –, la société écossaise Walkers a testé une bonne centaine de recettes et de modes de cuisson différents avant d'avoir son approbation. « Il nous a rendu visite plusieurs fois, raconte Jim Walker, l'un des directeurs de la compagnie. Ses instructions étaient les suivantes : le biscuit devait être rustique, pas trop riche, parce qu'il devait accompagner parfaitement les fromages britanniques comme le stilton ou le cheddar, pas trop doux non plus – un biscuit d'adulte, en résumé. Nous avions déjà nos propres biscuits à l'avoine, nous sommes d'ailleurs fournisseurs de la reine Elizabeth, mais le prince souhaitait quelque chose d'unique, un sablé qui ne ressemble à aucun autre. Nous soumettions régulièrement nos essais à son équipe, qui les lui transmettait à son tour. Chaque fois, il nous disait ce qui n'allait pas, ce qui pouvait encore être amélioré, et c'est grâce à cela que nous sommes parvenus à créer un produit de cette qualité. » Plus de 70 millions de ces gâteaux secs se sont déjà vendus dans le monde entier vingt ans après leur création. Jusqu'au Japon, où, toujours selon Jim Walker, « *Charles is big*[2] ».

Les Duchy Originals ne sont pas particulièrement bon marché, mais le bénéfice cumulé (de 7,5 millions de livres sterling en 2008) est entièrement reversé à la fondation caritative du prince. La marque connaît d'emblée un vrai succès commercial en Grande-Bretagne. Hors des frontières du royaume, elle est d'abord cantonnée à une poignée de sites Internet ainsi qu'aux étagères de quelques grandes

---

1. Propos recueillis par l'auteur.
2. Propos recueillis par l'auteur.

épiceries fines, comme celle du Bon Marché, à Paris, ou de Dean & DeLuca, à New York. Après avoir présenté ses produits au Salon du goût de Turin, l'une des plus importantes manifestations au monde dans ce secteur d'activité, elle amorce une diversification – mobilier de jardin en châtaigner, shampooings et après-shampooings aux huiles essentielles… – destinée à séduire de nouveaux publics. La baisse des ventes engendrée par la crise contraint toutefois les équipes du fils d'Elizabeth II à modifier leur stratégie. En 2009, un accord de partenariat est signé avec les supermarchés Waitrose, qui deviennent dès lors les distributeurs exclusifs de la gamme.

Cela n'éteint pas les critiques pour autant. Cette année-là, les remèdes homéopathiques élaborés par la firme Nelsons et vendus sous étiquette Duchy sont taxés par certains de « charlatanisme ». En juillet 2013, plusieurs organisations de défense de l'environnement, comme l'ONG Friends of the Earth (Les Amis de la Terre), dénoncent la commercialisation d'une partie des produits à plusieurs milliers de kilomètres du royaume – ceux-ci sont exportés dans plus de trente pays, où leurs ventes croissent de plus de 20 % chaque année[1]. L'eau minérale Royal Deeside est ainsi vendue dans les supermarchés du Golfe, plusieurs bières sont disponibles en Australie et en Nouvelle-Zélande, et ce en dépit des engagements de Waitrose à réduire son empreinte carbone. L'affaire est reprise dans les médias, deux mois seulement après que l'héritier du trône, au cours d'un Forum sur la sécurité alimentaire, a souligné les problèmes liés à l'envoi « de grandes quantités de marchandises à l'autre bout du monde ».

Damson preserve *et salon vert*

Par un bel après-midi de septembre 2013, Charles fête les vingt et un ans d'existence des « Duchies » dans les jardins de Clarence House. Il a réuni autour de lui fermiers et producteurs, les représentants de Waitrose, mais aussi des clients de la marque et les organisations

---

1. Chiffres communiqués par Waitrose.

caritatives qu'elle contribue à financer. Le prince rentre, ce jour-là, des funérailles de l'un de ses meilleurs amis, Hugh van Cutsem, un proche depuis le tout début des années 1970, très engagé, comme lui, dans la protection de l'environnement et la défense des communautés rurales en Grande-Bretagne.

En costume bleu sombre et fine cravate noire, un bleuet, fleur symbole du souvenir, à la boutonnière, l'héritier de la Couronne parcourt les stands installés autour de deux grands platanes – le « salon vert » où Queen Mum aimait autrefois recevoir ses invités. Camilla est là elle aussi, dans un ensemble moutarde et blanc dont la jupe à pois rappelle irrésistiblement le logo des Duchy Originals. Elle s'attarde chez Tracklements, fournisseur en marmelade et autres spécialités aux fruits, comme le *damson preserve*, une variété de confiture de prunes que la duchesse de Cornouailles dit « avoir en permanence » dans son réfrigérateur. Une grande partie des matières premières utilisées par la compagnie provient des terres du prince. « Régulièrement, un tracteur se présente à notre porte chargé de toutes sortes d'ingrédients à partir desquels nous créons ensuite quelque chose, explique son directeur, Guy Tullberg. Nous répétons souvent que nous travaillons en relation directe avec un fermier local. Il se trouve simplement que le fermier en question est l'héritier du trône[1]. »

Juché sur une estrade, le futur roi rappelle, dans son discours, combien il a été « éprouvant et difficile de mettre sur pied l'une des premières marques biologiques ». L'année précédente, celle-ci a permis de verser près de 3 millions de livres sterling à la fondation caritative du prince de Galles, au Fonds du prince pour la protection de la ruralité et au Duchy Future Farming Programme, qui soutient 3 000 fermiers dans leur quête de méthodes de culture et d'élevage respectueuses de la nature. « Nous avons dû démarrer de rien, littéralement, poursuit-il, et si nous y sommes parvenus, c'est parce que nous avons réussi à convaincre quelques producteurs courageux que se plier au processus épuisant et risqué de la conversion aux méthodes biologiques valait la peine. »

---

1. Sarah Rainey, « Why Prince Charles's Duchy Originals take the biscuit », telegraph.co.uk, 12 novembre 2013.

Les feuillets qu'il tient sont couverts de ratures, de phrases réécrites à la main et de rajouts à l'encre rouge. Son épouse ne le quitte pas des yeux, sourit à ses plaisanteries et aux traits d'autodérision dont il a parsemé son discours. Charles « a eu du mal à s'épanouir, notamment sur le plan émotionnel, confie une proche, et Camilla est celle grâce à qui il y est enfin parvenu. Il y a toujours une profonde insécurité en lui, et je ne pense pas qu'il ait autant d'estime de lui-même qu'il le mériterait. Mais il est resté incompris pendant si longtemps[1]... ».

Vous avez dit « révolutionnaire » ?

Longtemps raillé pour ses prises de position « écolo », Charles est aujourd'hui unanimement considéré comme un précurseur sur ces questions. En 1970, année européenne de la conservation de la nature, il dénonce déjà publiquement « les effets terrifiants de la pollution sous toutes ses formes[2] ». À l'époque, les scientifiques commencent à s'interroger sur les dangers de l'accumulation de gaz à effet de serre dans l'atmosphère. L'Américain Frank Rowland et le Mexicain Mario Molina mettent en évidence le rôle des CFC sur la destruction de l'ozone stratosphérique. Au Royaume-Uni comme un peu partout sur le continent, les initiatives privées se multiplient et reçoivent le soutien du futur roi et de son père, le prince Philip, devenu président de la branche britannique du WWF dès sa création, en 1961.

Le prince de Galles commence par concentrer son action sur la préservation du milieu naturel et des conditions nécessaires à la survie des espèces sauvages. L'ouvrage d'Ernst Friedrich Schumacher, *Small Is Beautiful*, publié en 1973, va ensuite influencer sa pensée. L'économiste britannique y assimile le marché à « une institutionnalisation de l'individualisme et de l'irresponsabilité », et dénonce « ses conséquences importantes sur la compréhension des affaires

---

1. Propos recueillis par l'auteur.
2. Jonathan Dimbleby, *The Prince of Wales : A Biography*, op. cit.

humaines » : « Ce qui est sacré (la personne) est éliminé de la vie, car il ne peut rien y avoir de sacré dans ce à quoi on donne un prix[1]. » Le discours de l'héritier de la Couronne prend dès lors une dimension plus spirituelle. « Si la science nous apprend quelque chose, déclare-t-il lors de l'ouverture de la Conférence internationale sur la protection de la mer du Nord, à Londres, en 1987, c'est que notre environnement est plein d'incertitudes. Cela n'a aucun sens de tester [ses limites] jusqu'à le détruire[2]. »

L'époque voit la communauté internationale se mobiliser pour la première fois de manière significative autour du changement climatique et de l'impact des activités humaines sur la nature. En 1988, année européenne de l'environnement, le fils d'Elizabeth II annonce avoir banni l'usage des aérosols de l'ensemble de ses résidences. Il commence à réunir autour de lui un conseil d'experts spécialisés dans les questions écologiques. Celles-ci deviennent l'un des thèmes phares de son action à l'échelle planétaire, et c'est probablement dans ce domaine que son désir d'indépendance, ses convictions personnelles et son refus des compromis trouvent maintenant le plus clairement leur expression. Dans sa résidence du Gloucestershire comme à Clarence House, un tuyau descend désormais de la fenêtre de la salle de bains, le long de la façade, afin de recycler les eaux dans l'arrosage des jardins.

Charles multiplie les contacts avec les membres du gouvernement, fait connaître ses inquiétudes, ses propositions, ses projets. L'usage veut que ses discours soient, au préalable, transmis aux ministères concernés. Parfois, ceux-ci suggèrent des changements mineurs, comme l'explique son biographe officiel, Jonathan Dimbleby. En général, le prince « trouve leurs conseils utiles » et s'y soumet. Mais il arrive aussi qu'« il s'y refuse[3] ».

Les messages lancés par le futur souverain influencent plusieurs des politiques mises en œuvre par les autorités britanniques et

---

1. E.F. Schumacher, *Small Is Beautiful : A Study of Economics As If People Mattered*, https://www.ee.iitb.ac.in/student/~pdarshan/SmallIsBeautifulSchumacher.pdf.
2. Jonathan Dimbleby, *The Prince of Wales : A Biography*, op. cit.
3. *Ibid.*

provoquent de nouvelles prises de conscience dans l'opinion. Le *Sunday Mirror*, un hebdomadaire populaire à fort tirage, le sacre en 1990 « champion de la Révolution verte ». Cette année-là, la BBC suit l'héritier du trône des landes écossaises aux forêts d'Indonésie, des monastères d'Italie au Centre spatial Kennedy, en Floride, pour les besoins d'un documentaire intitulé *The Earth in Balance* (La Terre en harmonie). Dans le film, Charles appelle avec passion l'humanité à changer sa relation au monde qui l'entoure, et chacun de nous à s'interroger sur la place qu'il y occupe. Il profite de sa liberté de monarque *in waiting* pour s'octroyer « le droit de mettre en garde, de protester et de conseiller[1] ». Sa connaissance des dossiers et la vigueur avec laquelle il choisit de les défendre, son humilité, son humour aussi, lui permettent de prôner une attitude « courageuse » et « révolutionnaire » sans que quiconque trouve à y redire, comme devant le Parlement européen en 2008, d'organiser des rencontres entre industriels, leaders politiques et ONG, ou encore, comme en 2009, de réunir autour de lui, au palais de St. James's, la chancelière allemande Angela Merkel, le secrétaire général des Nations unies Ban Ki-moon et le président français Nicolas Sarkozy pour évoquer les dangers de la déforestation tropicale.

Les initiatives du prince dans le domaine de l'écologie mériteraient d'être toutes développées – ce qui est difficile ici. En 2004, il lance le projet Account for Sustainability (« Prendre en compte la durabilité »), conçu pour inciter les autorités politiques et le milieu des affaires à considérer les questions environnementales avant d'élaborer leurs décisions. Des Finance for the Future Awards sont créés afin de récompenser les entreprises et les organismes qui mettent en œuvre des politiques intégrées. Une Campagne pour la laine vient vanter les mérites de cette fibre 100 % naturelle, tandis que le Programme du prince pour la résilience du secteur fermier propose, pour les cinq années à venir, des mesures d'aide et de soutien aux petites exploitations familiales du royaume, dont le nombre ne cesse de décliner. En novembre 2015, Charles est accueilli en

---

1. *Ibid.*

superstar par les organisateurs de la COP 21, à Paris. Devant un auditoire conquis, il déclare : « Si, enfin, l'heure est arrivée de prendre les mesures si longtemps attendues pour sauver l'homme et notre planète d'une catastrophe imminente, alors poursuivons ensemble cet objectif vital avec un esprit éclairé[1]. »

---

1. « A Speech by HRH the Prince of Wales at the COP 21 Opening Session, Paris », princeofwales.org.uk, 30 novembre 2015.

XV.

« Une influence féminine forte »

Lorsque William et Harry étaient enfants, ils passaient une grande partie de leurs week-ends avec leur père à Highgrove, parcourant les terres de Home Farm à bord des Land Rover du domaine et courant d'un enclos à un autre, les deux Jack Russell du prince, Tigger et Pooh, à leurs trousses. Charles a cherché très tôt à partager avec ses fils sa passion pour l'environnement ; il leur a transmis son savoir, leur a appris à distinguer les crécerelles des buses et l'orge du blé. La découverte de la beauté et des trésors de la nature a été l'un des biais par lesquels s'est pleinement exprimé l'amour qu'il leur porte.

Dans ses interventions publiques, en particulier ses discours sur la protection de l'environnement, l'héritier du trône fait d'ailleurs souvent référence à l'avenir – non pas le sien, mais celui de ses enfants, de ses petits-enfants, George et Charlotte, et des générations futures du royaume. Il évoque son affection pour son petit-fils, avec qui il a déjà planté un peuplier baumier dans le parc de Highgrove, visible de la maison. Depuis que William et Kate ont fondé une famille, la propriété du Gloucestershire a retrouvé ses couleurs d'autrefois. Le prince de Galles a fait restaurer à l'intention de George et de Charlotte la petite maison au toit de chaume, Holyrood Tree House, jadis construite pour William et Harry à l'abri des grands arbres du parc, et installer une cabane de berger en bois bleu, montée sur roulettes, au milieu d'une prairie fleurie.

Un jour, son aîné lui succédera à la tête du duché de Cornouailles et devra veiller à son tour sur les destinées de la propriété et de Home Farm. William s'y prépare – en 2014, il a suivi un cursus de dix semaines en management agricole à l'université. Ses intimes le disent profondément attaché, tout comme son père, aux charmes de la campagne anglaise. Et à son mode de vie.

Des gens (presque) comme les autres

Dès la naissance de leur fille, la princesse Charlotte, en mai 2015 – deux ans après son grand frère, George, né en juillet 2013 –, William et Kate quittent la capitale pour emménager à Anmer Hall, un manoir (dix chambres, une piscine et un court de tennis) clos comme une forteresse où, pendant un peu plus de deux ans, s'épanouit leur vie de parents. Les abords immédiats de la maison ont été ceints de rangées d'arbres qui l'abritent des regards. Autour d'elle, la campagne paisible du domaine royal de Sandringham, le (tout petit) village d'Anmer, des bouquets de cottages reliés entre eux par des routes sinueuses et de minuscules bourgades pleines de charme où l'on s'habitue à croiser le couple et ses deux enfants.

Le duc et la duchesse de Cambridge ont fait le choix d'une normalité relative. Ils se sont entourés d'un staff minimum : une nounou d'origine espagnole, Maria Teresa Turrion Borrallo, et une gouvernante, Sadie Rice, recrutée au cours de l'été 2015 après avoir été longtemps au service du prince Haakon et de la princesse Mette-Marit, les héritiers du trône de Norvège. La belle-fille du prince Charles organise sa vie officielle en fonction de son quotidien de mère de famille ; ses déplacements sont ainsi regroupés de manière à lui ménager de longues plages de disponibilité. Le soir, il arrive qu'elle et William se mêlent aux résidents du voisinage pour assister à l'une des soirées cinéma du club local ou dîner au Crown Inn, un pub d'East Rudham.

En 2015, le duc de Cambridge a rempli 122 obligations au nom de la Couronne. Cette année-là, en juillet, il a également intégré le corps des ambulanciers aériens de l'East Anglian Air Ambulance en tant que pilote d'hélicoptère. Plusieurs sources dressent de lui le portrait d'un prince désireux de mener la vie de *gentleman farmer* qui est celle de la plupart de ses amis – une vie tranquille, protégée des contraintes de la vie monarchique, dont il souhaite ardemment tenir ses enfants à l'écart. Les médias s'étonnent de tant de discrétion, de cette distance entretenue par le couple avec la presse et du contrôle très strict exercé sur l'image de George et Charlotte, dont la plupart des portraits officiels sont réalisés par Kate elle-même. Certains décrivent William sous les traits d'un jeune homme réticent à assumer pleinement ses obligations de représentation. La polémique est vive… et s'éteint rapidement.

En avril 2016, aux premières heures d'un voyage officiel en Inde et au Bhoutan, organisé, à en croire les quotidiens du royaume, « à un moment crucial dans les relations entre le duc et la duchesse de Cambridge et le public britannique », la belle-fille du prince Charles entreprend de marquer les esprits : arrivée dans un ensemble rouge Alexander McQueen imprimé de motifs cachemire et assorti de souliers crème LK Bennett ; démonstration de cricket dans une robe bohème rose et vert créée par la designer indienne Anita Dongre ; dîner de gala dans une robe du soir bleu saphir Jenny Packham constellée de perles et de paillettes… Entouré d'une effervescence médiatique quasiment sans précédent, relayé en continu sur le Web et les réseaux sociaux, le déplacement est une suite ininterrompue de tableaux vivants et colorés montrant le couple sous un jour nouveau.

S'ensuivent un tour surprise dans Bombay sur un bus à impériale avec les enfants des bidonvilles, un dîner en présence de stars de Bollywood, un hommage au Mahatma Gandhi, un déjeuner avec le Premier ministre Narendra Modi, une cérémonie traditionnelle célébrant la fin de la saison des moissons dans le parc national Kaziranga, un safari, une visite du Taj Mahal, une rencontre avec le roi et la reine du Bhoutan à Thimphou, enfin un trek jusqu'au monastère Taktshang (le « Nid du Tigre »), l'un des joyaux de la patrie du bonheur national brut. Plus que jamais, le charme opère.

Au printemps 2011, la plupart des observateurs considéraient l'entrée de Kate dans la famille régnante comme tout aussi déterminante que l'avait été celle de Diana trente ans auparavant. La monarchie semblait alors comme « soulevée » par la force printanière d'un amour vrai. Par le passé, les roturiers n'ont pas toujours été bien accueillis : on se souvient de la froideur manifestée par une poignée de duchesses à l'encontre d'Antony Armstrong-Jones, le mari de la princesse Margaret, au début des années 1960, ou encore de l'obstination des tabloïds à rappeler la parenté de Mark Phillips, le premier époux de la princesse Anne, avec John Harington, l'inoubliable inventeur de la chasse d'eau. Mais ils ont toujours permis à la famille régnante de s'ancrer dans son époque. Une grande partie de l'opinion trouve certainement plus facile de s'identifier à Catherine Middleton du fait qu'elle ne vienne pas d'un milieu aristocratique. En faisant le choix d'« une épouse dont le milieu social n'est pas si différent de celui de beaucoup de Britanniques, le prince William ouvre la voie au renouveau de la *love affair* entre le pays et sa Couronne », commentait l'historien Dominic Sandbrook dans les colonnes du *Daily Telegraph* à la veille du mariage des deux jeunes gens.

Les spécialistes prêtent aux épousailles princières des propriétés curatives pour le moral. Les Windsor ont souvent fait preuve, dans ce domaine, d'un sens exemplaire du *timing*. En novembre 1947, Elizabeth disait « oui » à Philip dans un royaume mis à genoux par les restrictions d'après guerre. D'Aberdeen à Plymouth, de Cardiff à Norwich, des foules compactes prenaient d'assaut les cinémas pour y voir le film de la noce et s'offrir quelques minutes d'ivresse devant la robe de soie ivoire brodée de dix mille perles et paillettes de cristal portée par la mariée, acquise grâce à deux cents bons de tissu fournis par le gouvernement de l'époque. Un peu moins de trente-cinq ans plus tard, dans une Angleterre agitée et en récession, hostile aux remèdes de cheval que cherchait à lui administrer Margaret Thatcher, Charles et Diana parvenaient à dissiper brièvement ces ciels d'orage en offrant à leurs compatriotes un show nuptial comme la planète n'en avait encore jamais connu. Le 29 avril 2011, William et Catherine se disaient à leur tour « *I do* » dans un contexte de crise aiguë, devant plus de deux milliards de téléspectateurs. La royauté reste cet entonnoir millénaire où n'ont jamais cessé de se déverser les aspirations romantiques et les rêves d'ascenseur social des opinions du monde entier. Six mois après l'annonce des mesures d'austérité décidées par le gouvernement de David Cameron, le mariage princier se révélait le *gin and tonic* dont le pays avait besoin, « la dose revigorante d'évasion et de théâtralité » à laquelle il aspirait.

L'union d'un héritier du trône et d'une ravissante petite fleur de la bourgeoisie britannique, fille d'un ancien steward et d'une ex-hôtesse de l'air reconvertis avec succès dans le commerce en ligne[1], avait alors tout son sens. Aujourd'hui, elle a l'allure d'une révolution tranquille. Beaucoup voient en effet dans la discrétion de Kate et le côté « traditionnel » du couple qu'elle forme avec son époux la promesse d'un *comeback* de la légende sans tapage des Windsor, une légende forgée au tout début du XXe siècle dans l'exaltation des vertus domestiques de la famille régnante, et dont le souvenir avait fini par se perdre. Pour la première fois dans l'histoire de la monarchie, un futur souverain choisit de partager le quotidien de ses compatriotes en exerçant un travail (quasiment) à plein temps. Au sein de l'East Anglian Air Ambulance, le prince William bénéficie d'horaires aménagés de manière à lui permettre de remplir ses obligations envers la Couronne, dont le nombre va croissant chaque année. Son épouse, elle, l'accompagne dans la plupart de ses déplacements, tout en assumant un nombre lui aussi croissant d'engagements officiels en solo.

Leur relation est fondée autant sur la sincérité de leurs sentiments que sur l'acceptation de leur destin extraordinaire, destin qu'ils ont le désir d'accomplir en commun sans pour autant lui sacrifier leur vie personnelle. En janvier 2017, le palais de Kensington rend public le choix – librement consenti – de William de ne pas prolonger son contrat de pilote au-delà de l'été et d'embrasser une existence d'altesse royale à plein temps. Le couple, apprend-on alors, retournera s'établir à Londres dès la rentrée suivante afin de faciliter la scolarité de ses enfants. Les causes que défendent le duc et la duchesse de Cambridge – la lutte contre la souffrance psychologique chez les enfants et les adolescents, le soutien aux victimes d'addictions ou encore la protection d'espèces animales menacées d'extinction – sont en lien avec les préoccupations et l'avenir des jeunes. À travers eux s'enracine dans l'esprit des générations montantes du royaume

---

1. Le couple a fait fortune grâce à Party Pieces, un site Internet de vente d'articles de fête.

et des pays du Commonwealth une perception moderne, résolument contemporaine, des représentants de la dynastie. Celle de gens (presque) comme les autres, simplement soucieux de bien faire leur travail.

« *Elle sera, pour le bonheur de l'Angleterre, une princesse riche en années* »

Au cours du premier semestre 2016, une série de portraits officiels vient célébrer le quatre-vingt-dixième anniversaire d'Elizabeth II et mettre en évidence la stabilité et la continuité dynastique de la maison de Windsor. L'une des images, réalisée dans le salon Blanc du palais de Buckingham pour les besoins d'un timbre commémoratif, montre la reine assise, tout sourire, entourée (à sa droite) du prince Charles et (à sa gauche) de William tenant par la main son fils, le prince George, deux ans et demi, juché sur un monticule de plaques de mousse bleues. La photographie est historique : pour la première fois depuis la fin du XIXe siècle et le règne de Victoria, un monarque en exercice réunit autour de lui trois générations d'héritiers du trône.

Elizabeth II, qui a accédé à la distinction de « plus ancien souverain régnant au monde » après la disparition du Bhumibol Adulyadej de Thaïlande, en octobre 2016, et fêté son jubilé de saphir (soixante-cinq ans de règne) en février 2017, demeure fermement aux commandes d'une institution monarchique dont les jeunes représentants incarnent, à leur manière, l'éternel printemps. Si les longs voyages à l'autre bout de la planète sont désormais effectués en son nom par ses enfants et petits-enfants, la reine n'entend pas renoncer, pour le moment, à la ronde ininterrompue des obligations qui est l'ordinaire de sa fonction. Ses proches tentent pourtant de la convaincre de ralentir le rythme : « Nous faisons régulièrement allusion à [tous les engagements] que nous pourrions assumer à sa place, confie le prince William, mais elle ne veut pas en entendre parler[1]. » À la tête de l'État britannique depuis février

---

1. Robert Hardman, *Our Queen*, op. cit.

1952, Elizabeth II demeure l'une des personnalités les plus admirées et les plus populaires de l'Histoire, tant dans son propre pays que dans le reste du monde. « Comment imaginer qu'un seul homme politique puisse rester aussi longtemps au gouvernement tout en conservant une popularité telle que les foules envahissent les rues pour fêter le soixantième anniversaire de son entrée en fonctions? commentait l'ancien Premier Ministre John Major lors de l'entretien qu'il m'avait accordé en juin 2011. Moi, je ne peux pas l'imaginer. Et pourtant, c'est ce que la reine a fait[1]. »

La souveraine est une icône, c'est vrai. Sous son règne, la monarchie a su évoluer « de manière à demeurer à la fois en phase avec son époque et un peu "à part" – car c'est une institution à part, et qui doit le rester, analyse John Major. Cette évolution lui a permis de conserver sa pertinence à une époque où tout bouge, où tout change plus vite. [...] Je ne sais pas si son règne est un tournant dans l'histoire du trône de Grande-Bretagne, mais il a certainement conforté la popularité de l'institution dans un monde où les monarchies sont moins nombreuses qu'il y a cinquante ou soixante ans. J'ai la conviction qu'il a rendu la monarchie plus forte. Qu'il a assuré son avenir pour très longtemps[2] ».

La popularité de la royauté outre-Manche connaît d'ailleurs une remarquable stabilité. En 1969, une enquête montrait qu'entre 70 et 75 % des Britanniques la soutenaient sans réserve – seuls 18 % se disaient mécontents, les autres se déclarant sans opinion. Excepté au cours des semaines qui ont suivi le décès de Diana, en août 1997, ces chiffres ont, depuis, peu varié. Au lendemain de la venue au monde du prince George, en juillet 2013, 74 % des personnes interrogées se disent convaincues que celui-ci régnera un jour. L'étude révèle également la fascination dont Kate fait l'objet chez les 18-24 ans, ainsi que la difficulté du prince Charles à gagner massivement le cœur de ses compatriotes : si 42 % d'entre eux se prononcent alors en faveur de son accession au trône après la disparition d'Elizabeth II, 38 % plébiscitent le prince William pour succéder à sa grand-mère.

---

1. Isabelle Rivère, *Elizabeth II : dans l'intimité du règne*, Fayard, 2012.
2. *Ibid.*

Les changements politiques, sociétaux, économiques des années qui viennent influeront peut-être sur l'harmonie des relations entre les Britanniques et la Couronne, mais une chose est sûre : quel que soit l'âge auquel il embrassera son destin de roi, le prince de Galles, qui a fêté ses soixante-huit printemps en novembre 2016, ne disposera pas du temps nécessaire pour pérenniser « son héritage par cette gestion lente et prudente du changement qui a si bien servi sa mère[1] ». Grâce au Prince's Trust et aux nombreuses actions dont il a eu l'initiative, Charles est déjà parvenu à redessiner les contours du métier de souverain en imposant le modèle (nouveau) d'un héritier enclin à participer activement à la société civile. Ces dernières années, il a rendu publiquement plusieurs hommages affectueux à la reine, notamment à l'occasion de son quatre-vingt-dixième anniversaire, dont il a organisé les célébrations. Au cours d'une allocution prononcée sur l'antenne de la BBC et diffusée sur les cinq continents, il a repris les mots que Shakespeare place dans la bouche de l'archevêque Cranmer à propos de la future Elizabeth Ire : « Elle sera, pour le bonheur de l'Angleterre, une princesse riche en années : une multitude de jours la verront régner : & il ne s'en écoulera pas un seul qui ne soit couronné par quelque action mémorable ou vertueuse. »

Elizabeth II, témoigne-t-on dans son entourage, serait « souvent peinée de voir ce que les journaux racontent sur [ses enfants], en particulier sur le prince Charles[2] ». Elle est fière de son fils, dont elle a maintes fois vanté publiquement les mérites ; admirative, aussi, de la manière dont il a toujours su se mettre au service de justes causes par le biais de ses organisations caritatives. Mais, « malheureusement, ils se sont un peu éloignés l'un de l'autre, me confiait une proche il y a quelques années. Ils ne se voient pas beaucoup, et je pense qu'elle est désolée qu'ils ne communiquent pas davantage. C'est difficile à expliquer... Il est si préoccupé par tout ce qu'il fait, toutes ces initiatives, tous ces projets qu'il veut mener à bien, qu'il a tendance à oublier un peu sa mère. De son côté, il est possible qu'elle soit maladroite dans

---

1. Catherine Mayer, *Charles : The Heart of a King*, op. cit.
2. Propos recueillis par l'auteur.

sa manière d'aller vers lui. Et puis ils ont des conceptions, des points de vue souvent si différents[1]... »

Aux yeux de nombreux Britanniques, c'est bien William qui paraît le plus proche de la souveraine. En 2012, le duc de Cambridge se confie pour la première fois au journaliste Robert Hardman sur les liens « de plus en plus forts » qui l'unissent à Granny – « ma grand-mère d'abord, avant d'être la reine ». Il reconnaît pouvoir « lui poser toutes les questions, lui parler de tout ; il n'est aucun sujet qu'elle ignore ou sur lequel elle n'ait pas déjà un avis bien plus sûr, bien meilleur que le mien ». Lorsqu'il est rentré de sa visite officielle en Australie et en Nouvelle-Zélande, en mars 2011, Elizabeth II lui a écrit « la plus formidable des lettres, une lettre qui disait : "Je te félicite", "Bravo, tu t'en es très bien sorti", ce qui signifie énormément pour moi[2] ».

William est, par tempérament, un jeune homme qui se livre peu, mais il choisit les célébrations du quatre-vingt-dixième anniversaire de la souveraine, quatre ans plus tard, pour révéler la place que cette dernière a prise dans sa vie depuis la mort de Diana, en 1997 – « une influence féminine forte. [...] Il était particulièrement important que quelqu'un comme la reine soit là. Quelqu'un que j'admire, quelqu'un qui comprenait la complexité des problèmes qui surviennent après la perte d'un être cher[3] ».

Elizabeth II respecte l'indépendance de son petit-fils et l'application avec laquelle il remplit ses obligations tout en affirmant son désir de mener son existence comme il l'entend – certains chroniqueurs royaux vont jusqu'à dire qu'elle décèle dans sa personnalité quelques-uns des traits de caractère de son époux, le prince Philip. Au cours de l'été 2016, elle invite les parents de Kate, Carole et Michael Middleton, à passer quelques jours au château de Balmoral. Ces derniers avaient déjà séjourné à Birkhall, la propriété (voisine) du prince Charles, mais n'avaient jamais été invités à partager ainsi le quotidien de la reine et de ses proches pendant leur retraite estivale.

---

1. Propos recueillis par l'auteur.
2. Robert Hardman, *Our Queen*, op. cit.
3. *The Queen at 90*, documentaire diffusé sur la chaîne Sky News en avril 2016.

La souveraine sait que les Middleton sont l'un des éléments non négociables de l'existence de William, le lien puissant, rassurant, qui l'unit à cette vie de famille heureuse et simple dont il a tant manqué tout au long de ses jeunes années. « Étonnamment, confie le duc de Cambridge, elle soutient ce que je fais en ce moment, elle comprend à quel point ma famille compte pour moi, elle comprend aussi que je souhaite être présent le plus possible pour mes enfants[1]. »

Elizabeth II veille à distance sur ses débuts, comme sur ceux de son frère, le prince Harry, en tant que représentants de la Couronne. Elle est d'avis que tous deux doivent apprendre le métier par eux-mêmes en multipliant les contacts avec le public, les voyages, les expériences. À sa demande, David Manning, un ancien haut diplomate, ambassadeur de Grande-Bretagne aux États-Unis entre 2003 et 2007, fait office auprès d'eux de mentor et de conseiller, et les accompagne dans leurs déplacements officiels à l'étranger.

« Vous avez fait de moi une personne meilleure »

Orlando, Floride, 9 mai 2016. Les cheveux en bataille, le sourire ébouriffant, Harry s'avance sur la scène dressée pour la cérémonie d'ouverture des 2e Invictus Games, les olympiades qu'il a fondées en 2014 à l'intention des vétérans des forces armées du monde entier. Les bras tendus vers la foule qui l'acclame, il s'adresse aux militaires et à leurs familles dans le discours le plus vibrant de sa jeune « carrière » d'altesse royale : « Vous avez fait de moi une personne meilleure. Aujourd'hui, vous êtes une source d'inspiration pour le monde. Et je suis fier d'être votre ami. »

Le fils cadet de Charles et Diana, éternel numéro deux, si longtemps réduit à son image de joli garçon noceur et turbulent, prend enfin toute sa place. Au cours des jours qui suivent, il accorde une série d'entretiens aux médias anglo-saxons. En quelques phrases jaillissent les blessures, l'absence de sa mère et le « vide béant » qu'elle a laissé dans sa vie, le besoin impérieux qu'il éprouve de se montrer

---

1. *Ibid.*

digne d'elle et de poursuivre son œuvre « inachevée ». Sa crainte, aussi, de lasser, de ne plus savoir s'attirer l'affection et l'intérêt dont il se sent comblé. Des pointes d'humour et de bonne humeur égaient toutefois ses confidences : « J'ai la chance d'occuper une position privilégiée, et je m'en servirai aussi longtemps que je le pourrai, jusqu'à ce que je devienne franchement ennuyeux. Ou, en tout cas, jusqu'à ce que George devienne plus intéressant que moi ! »

Il dit ressembler à Diana, mais il ne fait aucun doute que Harry présente également de nombreux points communs avec son père. Comme le prince Charles au début des années 1970, il aurait aimé prendre un travail et y trouver une forme de reconnaissance au sein de la société ; comme lui, il a été contraint d'y renoncer. Au fil des interviews se dessine le portrait d'un prince attaché à sa liberté de parole. Ainsi, « le gouvernement pourrait faire bien davantage » pour les vétérans, estime-t-il. À l'instar du prince de Galles, il s'avoue préoccupé par la prédominance des réseaux sociaux dans la vie des plus jeunes. Comme lui encore, il se préparerait, dit-on, à lancer un programme ambitieux destiné à reconnecter ces derniers avec la nature. Partout où il se rend au nom de la Couronne et à la demande du ministère des Affaires étrangères britannique, de la Jamaïque au Belize, du Canada au Népal, son sourire, son énergie, la spontanéité avec laquelle il prend dans ses bras les enfants, les malades… et les épouses de chefs d'État, font merveille. Les Invictus Games d'Orlando ont d'ailleurs donné lieu à une campagne de promotion d'une portée inédite – un clip réunissant le couple Obama et la reine Elizabeth, qui, à la demande de son petit-fils, a bien voulu interpréter, avec un plaisir évident, son propre rôle devant les caméras.

Le pouvoir de l'escarpin

Les succès de William et Harry se nourrissent en partie d'un souci d'indépendance en tout point semblable à celui dont le prince Charles faisait preuve à leur âge, ainsi que d'une volonté de se démarquer des générations de la famille régnante qui les ont précédés. Si les deux frères viennent régulièrement soutenir leur père dans les grandes occasions, comme le trentième et le quarantième anniversaire du Prince's Trust, ni l'un ni l'autre ne paraît souhaiter (pour le moment, du moins) lui succéder à la tête de ses nombreuses organisations caritatives. Ils se sont fixé leurs propres objectifs, qui restent dans l'esprit du travail accompli par l'héritier du trône, mais qui – c'est en tout cas leur sentiment – leur ressemblent davantage.

William et Harry ont ainsi instauré, avec la duchesse de Cambridge, la Fondation royale, présentée comme « un investisseur majeur dans le domaine de la philanthropie mettant efficacement à profit son temps et ses ressources pour créer un changement durable dans des régions ciblées[1] ». Par le biais de son programme United Wildlife, ils mènent une action commune, très médiatisée, au service de la protection des espèces animales menacées d'extinction, comme les éléphants et les rhinocéros, en partenariat avec des organisations comme le WWF et l'Union internationale pour la conservation de la nature (UICN). À l'initiative du duc de Cambridge, quarante grandes entreprises du secteur des transports se sont déjà réunies au palais de Buckingham pour s'engager à lutter contre le trafic d'animaux sauvages.

Avec sa campagne Heads Together, la fondation soutient et initie des opérations qui viennent en aide aux personnes victimes de difficultés psychologiques et mentales ; l'Endeavour Fund se consacre aux militaires rentrés du front invalides ou gravement blessés en créant autour d'eux des conditions propices à leur convalescence ; Coach Core ouvre des centres de formation en encadrement sportif ; le projet Full Effect entreprend, depuis 2014, de trouver des solutions aux problèmes liés à la violence et à la culture des gangs qui affectent la jeunesse des quartiers difficiles de la ville de Nottingham, dans l'est de l'Angleterre. Accompagnement des familles d'enfants atteints de maladies graves, prévention de l'addiction sous toutes ses formes, encouragement des élèves de primaire aux activités de plein air… Comme le prince Charles, dont les *charities* sont en partie financées par des dons en provenance des États-Unis, William, Kate et Harry sont « épaulés » par la branche des American Friends de leur fondation, née en 2011 et dont les bureaux sont installés à New York, sur

---

1. http://royalfoundation.com/.

« UNE INFLUENCE FÉMININE FORTE »

la 3ᵉ Avenue. Présidée par le financier John Studzinski, une figure de l'action caritative et mécénale des deux côtés de l'Atlantique, elle compte notamment parmi les membres de son conseil d'administration sir Lucian Grainge, président du groupe Universal Music, et Virginia Rustique-Petteni, conseillère du président Bill Clinton entre 1996 et 1999, aujourd'hui directrice des partenariats de la fondation Nike.

Les fils du prince Charles sont entourés d'une petite équipe de conseillers jeunes, efficaces et très présents, qui veillent sur leur image, gèrent leur montée en puissance sur la scène officielle britannique et internationale, et protègent leur vie privée. D'origine américaine, Jason Knauf, diplômé en sciences politiques et relations internationales de l'université de Wellington, en Nouvelle-Zélande, et titulaire d'un master en politique et communication à la London School of Economics, se trouve aujourd'hui à la tête de la communication et des relations avec la presse de William, Kate et Harry. Il a conseillé l'ancien Premier ministre néo-zélandais Helen Clark, travaillé pour le service de presse du ministère des Finances britannique, puis dirigé les relations publiques de la Banque royale d'Écosse, avant d'entrer au palais de Kensington en janvier 2015. Miguel Head, le secrétaire particulier du duc de Cambridge, a intégré la garde rapprochée des deux frères après s'être fait remarquer pour sa gestion de l'embargo médiatique organisé autour de la première mission en Afghanistan du prince Harry, en 2007 (il travaillait alors pour le ministère de la Défense). La secrétaire particulière de Kate, Rebecca Deacon[1], a d'abord travaillé à l'organisation du concert géant donné pour le dixième anniversaire de la mort de Diana, en 2007. Assistante personnelle et styliste en chef de la duchesse de Cambridge, Natasha Archer a, elle, été couronnée par le magazine *Tatler*, à seulement vingt-neuf ans, comme « l'une des personnalités les plus influentes de l'industrie de la mode ».

Chaleureuse et pimpante dans ses petites robes près du corps et ses bibis pleins de charme, l'épouse du prince William s'est révélée

---

1. Rebecca Deacon, qui occupait ce poste depuis cinq ans, quittera ses fonctions au cours de l'été 2017.

déterminante dans la construction de l'image de son couple. Chacune de ses apparitions dans une nouvelle tenue déclenche une incontrôlable frénésie de shopping un peu partout dans le monde. Dans son allure générale, rien d'extravagant ni de particulièrement sophistiqué. Son style réussit à parler à toutes les femmes en mêlant pièces couture (Alexander McQueen, Diane von Fürstenberg, Jenny Packham, Erdem, Oscar de la Renta…), « basiques » petits prix et accessoires discrets. Ses ensembles épurés coupés au-dessus du genou, ses blouses coquettement campées sur des jupes droites, ses manteaux ceinturés à la taille et sa palette de teintes classiques célèbrent l'avènement d'une mode rassurante, facile à décliner. L'esthétique « lady Kate » a pris possession de la rue, aux États-Unis comme en Europe : les escarpins fermés refleurissent sur le macadam des villes, les collants chair ressortent des tiroirs, les brushings glossy font à nouveau fureur dans les salons de coiffure. L'identification tourne à plein. Objet d'une incroyable admiration – certains vont même jusqu'à parler de culte – sur le Web et les réseaux sociaux, la belle-fille du prince Charles suscite une ferveur populaire en tout point comparable à celle qui entourait autrefois sa belle-mère, et ce jusque dans les royaumes du Commonwealth. La visite en Australie et en Nouvelle-Zélande de la famille Cambridge, en avril 2014, ainsi que son déplacement au Canada, en septembre-octobre 2016, ont sans aucun doute été les *royal tours* les plus médiatisés de tous les temps.

XVI.

« Vous me le direz, n'est-ce pas ? »

Les liens qui unissent les membres de la famille régnante au Canada sont anciens. Entre les séjours du futur William IV à Halifax, à partir de 1786, et le périple de huit jours que le duc et la duchesse de Cambridge entament à la fin du mois de septembre 2016 avec leurs enfants, George et Charlotte, les souverains britanniques et leurs proches s'y seront rendus près de deux cents fois. En 1860 – il a alors dix-huit ans –, l'héritier de la reine Victoria, le futur Edward VII, effectue le premier *royal tour* en Amérique du Nord, une aventure de deux mois à la découverte de Terre-Neuve, de la Nouvelle-Écosse, de l'île du Prince-Édouard et des provinces du Haut et du Bas Canada, au cours de laquelle il est accueilli par les tribus indiennes en « fils de l'Éminente Mère ». En 1901, c'est au tour du futur George V et de la future reine Mary, alors duc et duchesse d'York, de rencontrer un vrai succès populaire de Québec à Vancouver, de Victoria à Toronto. Leur fils aîné, le futur Edward VIII, s'y rend régulièrement à partir de 1919, époque où il se fait construire un ranch entouré de 41 hectares de terres près de Pekisko Creek, dans l'Alberta.

Par la suite, pendant plusieurs années, le gouvernement d'Ottawa adresse des invitations aux monarques régnants, mais il lui faut attendre 1939 et l'imminence de la Seconde Guerre mondiale pour voir le tout premier d'entre eux, George VI, débarquer sur ses côtes. La générosité de l'accueil qui est alors réservé au roi et à son épouse, l'affection dont le couple va se sentir comblé pendant quatre semaines, demeureront, pour l'un comme pour l'autre, des souvenirs précieux. « Le Canada et les Canadiens ont conquis mon cœur, et mes sentiments n'ont jamais changé avec le temps », confiera Queen Mum. La princesse Elizabeth et le prince Philip découvrent, eux, la culture et les beautés du pays en 1951. Six ans plus tard, c'est en souveraine que la jeune femme retourne à Ottawa pour y ouvrir la 23e session du Parlement. La reine et ses proches vont, dès lors, se rendre outre-Atlantique plusieurs fois par an. En 1976, Elizabeth II ouvre en personne les Jeux olympiques de Montréal, auxquels participe sa fille, la princesse Anne, engagée dans les épreuves de concours complet. Entre septembre et décembre 1977, le prince Andrew, son deuxième fils, est scolarisé pendant plusieurs mois au collège Lakefield, près de Toronto.

L'attachement passionné de la reine pour le Commonwealth se nourrit d'un idéal : celui d'une communauté de nations libérées des préjugés raciaux, décidées à travailler ensemble à un développement économique harmonieux et à l'épanouissement de la démocratie. Entre novembre 1953 et mai 1954, quelques mois seulement après son couronnement, elle avait accompli une tournée triomphale de plus de 70 000 kilomètres qui l'avait amenée du Canada aux îles Cocos, au large de l'Australie, et de Malte à la Nouvelle-Zélande. Si l'organisation a, depuis, traversé bien des tempêtes, il ne fait aucun doute que la souveraine a été déterminante dans le maintien de l'unité et de la cohésion de cette « amicale » turbulente, composée de pays de cultures et d'aspirations radicalement différentes, aux intérêts souvent divergents.

L'un de ses anciens conseillers se souvient de la visite d'État organisée au Pakistan et en Inde pour le cinquantième anniversaire de la création des deux pays : « J'ai été très impressionné de voir cette façon qu'elle avait de manœuvrer, de contourner les difficultés en réussissant toujours à exprimer sa chaleur et sa considération personnelles pour le Pakistan tout en évitant les mots, les attitudes qui auraient pu déplaire à New Delhi. En matière de diplomatie, Elizabeth II est une incroyable funambule. Ce genre d'exercice est très périlleux, y compris pour les politiciens les mieux rodés, mais elle ne tombe jamais dans aucun piège[1]. »

L'ancien secrétaire général du Commonwealth, sir Shridath Ramphal, considère lui aussi son action comme cruciale, et son influence auprès des représentants des gouvernements des nations concernées comme essentielle : « Elle est amie avec eux depuis longtemps. Plusieurs d'entre eux ont en quelque sorte grandi avec elle. Julius Nyerere [le premier président de la République de Tanzanie], Kenneth Kaunda [le premier président de la République de Zambie] et de nombreux autres originaires du continent africain étaient encore de jeunes hommes lorsqu'elle est devenue reine. Elle les a connus Premiers ministres, puis présidents. En outre, elle a toujours préparé prodigieusement ses dossiers. Tous me faisaient d'ailleurs la même réflexion : "C'est incroyable de voir à quel point elle peut être au courant de notre situation." Elle savait tout, qui était dans les griffes du FMI, qui se trouvait aux prises avec un scandale politique, elle connaissait aussi les vies de famille des uns et des autres, si des enfants étaient nés, si certains de ses interlocuteurs avaient perdu des proches. Elle n'ignorait rien de l'état des économies, des élections à venir. Tous ces hommes avaient le sentiment de parler à une amie, une amie qui se souciait sincèrement de leur pays et de sa population[2]. »

En 1979, à Lusaka, en Zambie, lors de la conférence des chefs d'État du Commonwealth, ses qualités de médiatrice et le respect dans lequel la tiennent ses pairs se révèlent décisifs dans l'amorce d'un règlement des conflits qui déchirent alors la Rhodésie et minent les relations du pays avec ses voisins. Ulcérés par l'attitude du gouvernement de Salisbury, de nombreux leaders africains le sont également par l'attitude ambiguë du Premier Ministre britannique, l'inflexible Margaret Thatcher. On parle d'un sommet à haut risque, susceptible de déboucher sur un éclatement de l'organisation internationale. Elizabeth II, à l'époque, termine une tournée qui l'a amenée successivement en Tanzanie, au Malawi et au Botswana. Son arrivée à Lusaka permet de rétablir le dialogue entre les différentes parties

---

1. Propos recueillis par l'auteur.
2. Sarah Bradford, *Elizabeth : A Biography of Her Majesty the Queen*, op. cit.

et la confiance entre Londres et les autres capitales. « Loin de moi l'idée de m'immiscer dans vos discussions, l'entend-on dire à un petit groupe de dirigeants, mais je vous connais depuis plus longtemps que vous ne vous connaissez les uns les autres. Ne pensez-vous pas qu'il est toujours préférable de discuter[1] ? » Shridath Ramphal raconte qu'elle a parlé à Thatcher et à Kaunda, et que sa présence a permis de débloquer la situation. « Kaunda, ajoute-t-il, avait le sentiment qu'il l'aurait laissée tomber[2] » s'il n'avait rien fait. De nombreux témoignages lui prêtent le rôle d'une sorte de directrice de conscience, toujours là pour entendre inquiétudes et doléances. Le prince Philip lui-même prétend que, à sa manière, elle est un peu la « psychothérapeute » du Commonwealth[3]. « Lorsque vous rencontrez des difficultés avec l'un des chefs d'État, témoigne l'ex-Premier Ministre John Major, elle peut dire quelque chose comme : "Oh oui, je me souviens très bien de son père, vous devriez peut-être essayer ceci ou cela…" C'est unique[4]. »

« *Arrivera un moment où je deviendrai inutile* »

Observateurs et hommes politiques ont, par le passé, souvent plaidé en faveur d'une réorganisation géographique du travail du monarque – « un mois en Australie chaque année, suggérait le ministre des Affaires étrangères britannique Selwyn Lloyd à la fin des années 1950. J'aimerais aussi que [la souveraine] passe une semaine en Nouvelle-Zélande et qu'elle se rende au Canada peut-être trois ou quatre fois par an[5] ». Difficile à mettre en œuvre, coûteuse, la réforme n'a jamais vu le jour et serait aujourd'hui inenvisageable. Mais combien de temps encore les seize royaumes que compte le Commonwealth souhaiteront-ils maintenir leurs liens avec le trône ?

---

1. Ben Pimlott, *The Queen : A Biography of Elizabeth II*, HarperCollins Publishers, 1997.
2. *Ibid.*
3. *Ibid.*
4. Isabelle Rivère, *Elizabeth II : dans l'intimité du règne, op. cit.*
5. Andrew Duncan, *The Reality of Monarchy*, Pan Books, 1970.

Elizabeth II est en effet reine de plusieurs des États membres de l'organisation, comme la Barbade, les Bahamas, la Grenade, la Papouasie-Nouvelle-Guinée, les îles Tuvalu, Sainte-Lucie, Saint-Vincent-et-les-Grenadines et la Jamaïque, dont les dirigeants se sont déjà prononcés à plusieurs reprises en faveur de l'indépendance du pays vis-à-vis de la Couronne[1]. Elle règne également sur trois grands États régulièrement saisis, à des degrés divers, par des accès de fièvre républicaine. Le Canada, par le Canada Act de 1982, a rompu les derniers liens constitutionnels et législatifs l'unissant au Royaume-Uni. Même si ce pays demeure une monarchie constitutionnelle, le rôle d'Elizabeth II en tant que reine du Canada est distinct de sa fonction de reine de Grande-Bretagne. La Nouvelle-Zélande a, elle, rejeté par référendum, en mars 2016, un projet de nouveau drapeau national supprimant toute référence à l'Union Jack. Quant à l'Australie, elle est restée une monarchie constitutionnelle, bien que l'Australia Act de 1986 ait aboli ses derniers liens constitutionnels et législatifs avec Londres.

Le Mouvement républicain australien a été créé en 1991. L'année suivante, Elizabeth II faisait comprendre au Premier ministre de l'époque, Paul Keating, qu'à aucun moment elle ne chercherait à faire obstacle à un changement de régime à Canberra : « Vous avez cinquante-quatre nationalités en Australie. Arrivera un moment où je deviendrai complètement inutile ; vous me le direz, n'est-ce pas[2] ? » En 1999, l'opinion s'y déclare pourtant, là aussi par référendum, opposée à une rupture avec la Couronne. À la veille du début de la seizième visite de la souveraine dans le pays, en octobre 2011, les enquêtes révèlent le soutien de la population australienne à la royauté (55 % des personnes interrogées s'y disent favorables) et des sympathies républicaines en net recul (23 % des sondés). Le Premier ministre Julia Gillard admet alors qu'il ne servirait à rien d'organiser

---

1. En avril 2016, le gouverneur général Patrick Allen y a proposé un amendement à la Constitution visant à « remplacer Sa Majesté la reine par un président non exécutif aux fonctions de chef de l'État ».
2. Andrew Marr, *The Diamond Queen : Elizabeth II and Her People*, Macmillan, 2011.

une deuxième consultation populaire avant la fin du règne actuel. L'effet Elizabeth II ? Sans doute.

« *Un vrai baptême du feu* »

Sa succession à la tête de l'organisation du Commonwealth s'annonce d'ores et déjà comme l'un des enjeux majeurs de la fin du règne. En novembre 2013, le prince Charles préside au nom de sa mère la réunion des chefs d'État de l'organisation, qui se tient cette année-là au Sri Lanka. Le sommet se déroule dans un climat tendu – selon la presse, c'est là « le plus controversé de tous les rassemblements biennaux des leaders du Commonwealth depuis Lusaka, en 1979[1] » –, et sous une pluie de protestations internationales dénonçant les atteintes aux droits de l'homme perpétrées par le gouvernement sri-lankais. En raison de son âge, il a été jugé préférable que la souveraine renonce au voyage. L'événement fait donc figure de test pour son héritier. À Charles de faire la démonstration de son *soft power*. « Cela peut paraître étrange, souligne l'historien Andrew Roberts, mais le prince de Galles n'aurait pas souhaité qu'il en soit autrement : un vrai baptême du feu pour son tout premier essai en matière de gestion politique à l'échelle planétaire s'intègre parfaitement dans sa stratégie, qui est de prouver au monde qu'il est plus que prêt pour assumer la tâche d'un roi[2]. »

Le prince ne sera pas automatiquement porté à la tête du Commonwealth après la disparition d'Elizabeth II ; il appartiendra aux leaders des nations concernées d'en décider. Le palais s'affaire d'ores et déjà à préparer le passage de témoin, comme le laisse entendre l'anecdote rapportée à l'automne 2016 par l'ancien Premier ministre australien Julia Gillard au cours d'une conférence donnée au King's College de Londres : « Début 2013, on m'a fait savoir que sir Christopher Geidt, le secrétaire particulier de la reine,

---

1. Andrew Roberts, « Prince Charles shows he's got what it takes to be king », telegraph.co.uk, 16 novembre 2013.
2. *Ibid.*

souhaitait que je lui accorde une demi-heure de mon temps. [...] Il était prêt à se rendre en Australie, où que je sois. Le fruit de notre rencontre, qui s'est finalement déroulée à Adélaïde, le 21 février 2013, a été une déclaration sur les modalités de la succession à la tête du Commonwealth. [...] Je ne voudrais pas que vous pensiez qu'il s'agissait, de ma part, d'un acte de soumission coloniale. Car j'y voyais de la sagesse. » Dans son allocution devant le Parlement, en mars suivant, Julia Gillard se dit, au nom de son pays, convaincue que le prince Charles « servira un jour en tant que chef du Commonwealth avec la même distinction que Sa Majesté ».

De son côté, Don McKinnon, secrétaire général de l'organisation entre 2000 et 2008, évoque dans ses Mémoires cette recommandation qui lui a été formulée un jour par l'ancien président du Nigeria Olusegun Obasanjo : « À la mort de la reine, vous devrez parler à tous les chefs de gouvernement pour établir un consensus autour du nouveau roi, et l'annoncer ensuite publiquement. Nous ne souhaitons pas nous retrouver scrutés par l'opinion et les médias, et nous ne voulons certainement pas non plus avoir à faire face à un vote, ou quoi que ce soit d'approchant, sur le sujet[1]. » La plupart des observateurs sont d'accord sur un point : il y a ne serait-ce que dix ans, l'accession du prince Charles à la tête du Commonwealth aurait fait l'objet d'âpres débats en interne. Apolitique, contraint, de par sa position, à une bienveillante neutralité, l'héritier du trône s'impose aujourd'hui comme le choix du bon sens, le seul candidat crédible. L'ex-chef du gouvernement de Canberra Malcolm Turnbull, pourtant partisan de l'instauration d'une république dans son pays et opposant déclaré à l'avènement du « roi Charles » en tant que chef de l'État australien, aurait eu ce commentaire en privé : « De toute façon, il n'y a personne d'autre, non[2] ? »

Le prince a déjà effectué plusieurs centaines de déplacements et séjours dans 41 des 53 pays que compte le Commonwealth. Entre

---

1. Don McKinnon, *In the Ring : A Commonwealth Memoir*, Elliott & Thompson Limited, 2013.
2. http://www.thetimes.co.uk/edition/news/queen-s-secret-lobbying-for-charles-qvl350mjl.

2005 et 2015, la duchesse de Cornouailles en a, à ses côtés, visité 15. Camilla est l'arrière-arrière-arrière-petite-fille de sir Allan MacNab, qui a exercé les fonctions de Premier ministre de la province du Canada au XIXe siècle. Son engagement au service des lettres la conduit à parrainer, depuis plusieurs années maintenant, The Queens Commonwealth Essay Prize, le plus ancien prix littéraire au monde réservé aux scolaires (fondé en 1883).

En 1966 (il avait alors dix-sept ans), le fils d'Elizabeth II a été élève pendant six mois en Australie, à Timbertop, l'un des campus de l'école Geelong, dans l'État de Victoria – « j'ai quitté [l'Angleterre] avec un jeune garçon, commentera l'écuyer qui l'accompagnait, je suis rentré avec un homme ». Depuis, il s'est rendu treize fois en Australie, une fois aux Bahamas, à la Barbade et à Sainte-Lucie, dix-sept fois au Canada, deux fois à Trinité-et-Tobago, quatre fois dans les îles Fidji et en Jamaïque, huit fois en Inde, cinq fois à Malte, neuf fois en Nouvelle-Zélande, trois fois au Nigeria, en Papouasie-Nouvelle-Guinée et au Sri Lanka. Le prince Charles est en contact avec les dignitaires et les chefs de gouvernement du Commonwealth, qu'il reçoit à Clarence House, et ses discours mentionnent régulièrement les liens personnels qui l'unissent à l'organisation et à ses dirigeants. « Je n'ai jamais oublié cette danse avec Mrs. Pindling », l'épouse du Premier ministre des Bahamas, lors des festivités données pour l'indépendance de l'archipel, rappelle-t-il à Colombo, au Sri Lanka, en 2013, avant d'évoquer l'arc et les flèches dont lui avait fait cadeau le Dr Kwame Nkrumah, du Ghana, lorsqu'il était enfant, ou encore son après-midi de ski nautique en compagnie de Dom Mintoff, le « remarquable » Premier ministre maltais, coiffé d'un « chapeau de bain extraordinaire. […] [Parmi vous], conclut-il, je me sens en famille ».

L'objectif clairement affiché des déplacements officiels de l'héritier du trône et de son épouse dans les pays du Commonwealth est de se faire mieux connaître (et apprécier). Le sens du contact et l'humour du fils d'Elizabeth II l'ont régulièrement tiré de bien des mauvais pas. L'accueil qui lui a été réservé dans les royaumes du bout du monde s'est révélé au fil des ans plus ou moins enthousiaste, plus ou moins amical aussi. En janvier 1994, à Sydney, un étudiant a fait feu dans sa direction avec un pistolet d'alarme pour attirer l'attention du monde sur les conditions d'accueil des réfugiés cambodgiens en Australie – le sang-froid impressionnant du prince, unanimement salué par l'opinion et la presse, s'est aussitôt traduit par un regain de popularité dans le pays. On l'a parfois dit « trop protégé de certaines réalités ». Mais on le considère aussi, aujourd'hui, comme « l'un des atouts majeurs » de la Grande-Bretagne sur la scène internationale.

La vie des gens ordinaires

En mai 2014, Charles et Camilla effectuent un voyage éclair de quatre jours au Canada, où la presse fait état d'une opinion de plus en plus divisée au sujet de la monarchie. « Quel intérêt pour la vie des gens ordinaires peut bien avoir un aristocrate britannique de soixante-cinq ans formé dans un palais ? » interroge la chaîne nationale CBC. La visite du couple en 2009 s'était déroulée dans un climat d'indifférence bienveillante. Le séjour de 2012, organisé dans le cadre des célébrations du jubilé de diamant de la souveraine, avait suscité une adhésion plus large de la part de la population.

Cette fois, le déplacement doit mettre en valeur le travail entrepris outre-Atlantique par les Prince's Charities Canada (les Organisations caritatives du prince au Canada), fondées par l'homme d'affaires Galen Weston et son épouse Hilary, des amis personnels de l'héritier de la Couronne et de la duchesse de Cornouailles, à la tête de la deuxième fortune du pays. La structure a pour vocation de répondre à de multiples problèmes de société. Son action, à l'instar de celle du Prince's Trust, se concentre sur les thèmes définis par le futur roi : l'épanouissement personnel et professionnel des jeunes défavorisés, l'encouragement des milieux d'affaires à toujours plus d'éthique et de responsabilité, la sauvegarde du patrimoine, la protection de l'environnement ainsi que le soutien aux communautés autochtones et aux forces armées.

Le fils d'Elizabeth II tenant à rencontrer le plus de gens possible, le programme du déplacement, particulièrement chargé, ne prévoit aucun temps de repos, en dépit du décalage horaire. La visite se révélera un succès, jusqu'à ce que des propos du prince rapportés par le *Daily Mail* créent la polémique : au cours d'une conversation privée tenue à Halifax, il aurait comparé le président russe Vladimir Poutine à Hitler. Pendant plusieurs jours, le scandale occulte en grande partie le message d'entraide et de coopération que souhaitait transmettre Charles et renforce ses détracteurs dans l'idée qu'il parle trop et trop fort. Mais il lui attire aussi la sympathie d'une partie de l'opinion. On dit alors le prince profondément « démoralisé[1] » par l'affaire.

---

1. Catherine Mayer, *Charles : The Heart of a King, op. cit.*

XVII.

La force du souvenir

Où qu'il soit, y compris en vacances, le prince Charles « ne débranche jamais ». « La masse de travail qu'il abat est incroyable, confie l'une de ses amies. Nous avons toujours des journées bien remplies quand nous sommes à Birkhall, mais, une fois le dîner terminé, alors que tout le monde ne rêve plus que d'aller se coucher, lui retourne invariablement à son bureau et à ses papiers[1]. »

Ni neutre ni « politique », le fils d'Elizabeth II s'est construit au fil des années une image qui tranche avec l'ordinaire policé des altesses royales : celle d'un homme en mission qui, tout en s'accommodant tant bien que mal des contraintes inhérentes à la vie et aux devoirs d'un futur souverain, a choisi de s'affirmer en homme d'État. À travers ses discours, sa vision du monde, les livres qu'il a écrits ou coécrits, il s'est donné une stature, a assuré la pérennité de son personnage, rassemblé, suscité des vocations. Il est probablement plus facile de faire entendre une voix différente, de croire, encore et toujours, à la possibilité de « faire », lorsqu'on n'est pas tenu par une échéance électorale ou un appareil, lorsqu'il est permis de s'ancrer dans la durée, ce qui n'est pas le cas pour un homme politique.

---

1. Propos recueillis par l'auteur.

L'héritier de la Couronne n'est pas exempt de reproches; la relative opacité des comptes du duché de Cornouailles, par exemple, continue de faire polémique outre-Manche. On lui connaît des erreurs, des contradictions. Reste qu'il a su poursuivre dans la voie qu'il s'est fixée, en résistant, en disant sa pensée, ses certitudes, ses adhésions spirituelles, sans tenir compte de l'humeur de l'époque ni des courants d'opinion. Sa sincérité, son altruisme, sa volonté de proposer de nouveaux modèles, de trouver des solutions aux problèmes de ses contemporains, n'ont toutefois pas toujours été appréciés ou reconnus. Le tohu-bohu de sa vie privée a souvent eu tendance à faire écran.

Les sceptiques ont longtemps cherché à présenter Camilla comme une menace pour la monarchie, un obstacle à l'accomplissement de son destin de roi. L'influence apaisante qu'elle exerce sur son conjoint n'est pourtant un secret pour personne. Grâce à elle, l'héritier du trône est aujourd'hui un homme épanoui, plus souriant, moins sur la défensive, réconcilié avec lui-même… et avec les médias. Si une partie de ses compatriotes se montrent encore réticents à voir la duchesse de Cornouailles devenir reine un jour, la majorité d'entre eux paraissent désormais avoir accepté les sentiments qu'ils éprouvent l'un pour l'autre.

Charles n'a pas toujours été perçu de manière objective dans son rôle de père ni dans ses engagements de prince. Les absences fréquentes imposées par ces derniers et ses rapports difficiles avec sa première épouse ont contribué à donner de lui une image distante. La relation des Britanniques à la figure de leur futur souverain, sur laquelle se projettent tant d'émotions et de rêves très personnels, est encore marquée du sceau des années Diana et de leurs illusions perdues. Affectés, très jeunes, par le divorce de leurs parents, puis par la disparition brutale de leur mère, en août 1997, William et Harry sont pourtant là pour témoigner de la réussite de l'héritier du trône en tant que chef de famille. Ils sont désormais investis dans une tâche qu'ils savent être les seuls à pouvoir mener à bien : faire de la mémoire de la princesse de Galles le trait d'union entre un présent et un passé réconciliés.

« Son histoire nous paraît encore plus extraordinaire »

En ce dimanche de juillet 2015, la foule est venue en nombre fêter l'entrée dans l'Église anglicane de Charlotte Elizabeth Diana, âgée de deux mois. Désireux de prendre le monde entier à témoin de l'hommage qu'il a décidé de rendre à sa mère, le fils aîné du prince Charles, pourtant si discret d'ordinaire, a invité le public à se rassembler le long de la route qui mène du château de Sandringham à l'église St. Mary Magdalene. William et Kate ont en effet souhaité effectuer le chemin à pied. La duchesse de Cambridge, dans une robe crème Alexander McQueen assortie d'un bibi Jane Taylor, pousse le landau – un modèle vintage prêté par la reine Elizabeth, qui en avait fait l'emplette au lendemain de la naissance du prince Andrew, en 1960. Son époux tient par la main leur fils aîné. Le petit prince George porte une chemise à smocks blanche et un short vermillon de la marque Rachel Riley, un ensemble inspiré de la tenue arborée par William le jour où il était allé faire la connaissance de son frère cadet, Harry, à la maternité, un peu plus de trente ans plus tôt.

Près de dix-huit ans après sa disparition, l'image de Diana, l'étoile disparue des Windsor, retrouve vie dans les cœurs et les esprits. Parmi les cinq parrains et marraines choisis par le couple figure Laura Fellowes, trente-quatre ans, l'une des nièces de la princesse de Galles. C'est à St. Mary Magdalene que Diana a été baptisée en 1961 ; et c'est sur ces terres du domaine royal de Sandringham qu'elle a passé une partie de son enfance. Les Cambridge ont tenu à ce que le prélude de *Rhosymedre*, de Vaughan Williams, qui avait été joué lors du mariage du prince Charles et de sa première épouse, soit interprété au cours de la cérémonie. Ils ont aussi confié à Mario Testino, auteur d'une ultime série de portraits de la princesse quelques mois avant son décès, le soin de réaliser les photos officielles de l'événement.

Mélange de fascination et de nostalgie, l'effet Diana opère toujours. Quelques mois après le baptême de la princesse Charlotte, le magazine *Tatler*, une institution en Angleterre, crée la surprise en affichant en couverture de son numéro de janvier 2016 un portrait en noir et blanc de la première épouse de l'héritier du trône réalisé en 1994 – elle avait alors trente-trois ans. Le mensuel connaît l'un de ses plus gros succès de diffusion de ces dernières années. La promesse éditoriale était pourtant mince : « Comment la princesse a changé le monde », ou encore : « Ce qu'elle aurait pensé de la duchesse de Cambridge ». L'article n'apporte pas de nouveautés ni de révélations particulières. Oui, mais voilà. Alors qu'approche le vingtième anniversaire de la mort de Diana, commente à l'époque une éditorialiste, « son histoire nous paraît encore plus extraordinaire[1] ».

Contrairement à une idée largement répandue, jamais la première épouse du prince Charles n'émettait de critique sur Elizabeth II, dont elle ne parlait que pour exprimer le respect, l'admiration et l'affection sincères qu'elle éprouvait pour elle. De même, ni la souveraine ni le prince Philip ne se sont jamais sentis éclipsés par la popularité incendiaire de leur belle-fille. Le métier d'altesse royale est, pour eux, affaire de devoir et d'abnégation, non de notoriété. Admiratifs des nombreuses qualités de la princesse, ils étaient aussi parfois agacés par son imprévisibilité et ses sautes d'humeur, mais ils ont toujours reconnu ses initiatives caritatives et humanitaires à leur juste valeur, loué son charisme et sa générosité.

En mars 2016, à la veille du quatre-vingt-dixième anniversaire de la reine, une série de témoignages recueillis par les médias britanniques révèle d'ailleurs une Elizabeth II prompte à rendre hommage à sa bru en privé. « Elle reconnaît que Diana avait raison, et que les avancées considérables dans la lutte contre le sida [...] doivent beaucoup à l'action entreprise par la princesse pour attirer l'attention sur la maladie et en finir avec les préjugés qui l'accompagnaient[2] », confie l'un des membres de son entourage dans un grand quotidien.

Les fils du prince et de la princesse de Galles ont repris à leur compte une partie de l'action humanitaire et caritative de leur mère,

---

1. Richard Kay et Geoffrey Levy, « How Diana broke the Queen's heart : new interviews with Her Majesty's inner circle reveal the truth about her explosive battle of wills with the People's Princess who loved to defy protocol », dailymail.co.uk, 6 mars 2016.
2. *Ibid.*

comme le soutien aux malades et aux orphelins du sida, la sensibilisation de l'opinion aux difficultés des sans-domicile fixe ou encore le parrainage du Royal Brompton Hospital de Londres et d'organisations telles que Child Bereavement UK, qui vient en aide aux familles endeuillées par la perte d'un enfant et aux jeunes qui perdent un être cher. Aujourd'hui, la reine « voit à quel point [la princesse] continue de rayonner à travers William et Harry, l'effet qu'ils produisent sur les gens, poursuit ce témoin. C'est [d'ailleurs] Diana que ces derniers retrouvent en eux. Ce même sens de l'humour, cette même facilité de contact avec les autres[1] ».

« Qu'attendait-on d'elle exactement ? »

J'ai eu l'occasion de rencontrer plusieurs proches du couple régnant dans le cadre de précédentes recherches. L'un d'entre eux s'était, à l'époque, montré catégorique lorsqu'il avait évoqué le premier mariage du prince Charles : pour lui, il ne faisait aucun doute que la souveraine et son époux s'étaient révélés « un très grand soutien pour Diana dès le départ. Ils ont longtemps cru à sa version à elle, plus qu'ils n'ont cru à celle de leur fils[2] ».

Jusqu'au bout, dit-on, Elizabeth II aurait espéré une réconciliation entre son aîné et sa belle-fille, à laquelle elle n'a jamais fermé sa porte. Le Rubicon est toutefois franchi lorsque, en novembre 1995, la princesse de Galles, dans l'émission *Panorama*, sur la BBC, commet l'erreur de critiquer ouvertement l'aptitude et le désir de son mari pour le métier de roi. Dans une lettre adressée aux deux conjoints, la souveraine leur demande de mettre un terme à leur mariage. Les enquêtes menées à l'époque soulignent en effet l'étendue des dommages infligés à la monarchie par la longue agonie de leur « conte de fées ». En avril 1996, un sondage de l'institut Mori fait apparaître un déclin significatif de la popularité de l'institution. Alors que, en 1984, 77 % des Britanniques estimaient que leur pays se porterait moins

---

1. *Ibid.*
2. Propos recueillis par l'auteur.

bien si la royauté était abolie, ils ne sont plus que 34 % à être de cet avis. Pis encore, près de 70 % d'entre eux considéraient en 1990 que la Couronne serait toujours vaillante à l'approche de 2050, contre 33 % seulement désormais. Enfin, 83 % des sondés pensaient en 1990 que le prince Charles avait toutes les qualités nécessaires pour succéder à sa mère ; six ans plus tard, plus de la moitié d'entre eux affirment avoir radicalement changé d'opinion sur le sujet[1].

Prononcé en août 1996, le divorce marque pour Diana le début d'une période chaotique. Elle garde son titre, mais perd son prédicat d'altesse royale. Sa liberté est fragile, sans doute même n'est-elle qu'illusion, mais la princesse court le monde, cherchant un rôle à sa démesure. Elle multiplie les coups d'éclat, vend ses robes du soir chez Christie's, entame une campagne contre les mines antipersonnel. Ses rêves se brisent à tout jamais, au petit matin du 31 août 1997, dans la carcasse broyée d'une Mercedes noire, dans un tunnel parisien.

Assommés, les Britanniques demandent des comptes. Dans leur quête d'explications et de réconfort, ils en appellent à Elizabeth II, alors en vacances avec sa famille au château de Balmoral. Pendant plusieurs jours, la souveraine observe un silence que ses compatriotes jugent incompréhensible. « Montrez-nous que cela vous touche », lui demande le *Daily Express*. « Parlez-nous ! la supplie le *Mirror*, votre peuple souffre. » « Où est notre reine ? » interroge *The Sun*. « La princesse de Galles était une figure nationale très aimée, mais elle était aussi une mère, qui manque beaucoup à ses fils, déclare le responsable du service de presse du palais, Geoffrey Crawford. Le prince William et le prince Harry ont émis le souhait d'être avec leur père et leurs grands-parents dans le refuge tranquille de Balmoral. Leur grand-mère, la reine, les aide à faire face à la perte qu'ils viennent de subir pendant qu'ils se préparent à une autre épreuve, celle de devoir pleurer leur mère avec l'ensemble de la nation. »

Ces mots ne trouvent que peu d'écho auprès de la population. Autour du palais de Kensington, où se dressent désormais des

---

1. Sondage paru dans *The Sunday Times*, 21 avril 1996.

montagnes de fleurs comme autant de mausolées, la tristesse le dispute au mécontentement. « Cela a été très difficile pour la souveraine, confie l'une de ses proches, mais elle a fait exactement ce qu'elle avait à faire. Ses pensées allaient d'abord à William et Harry. Elle a agi en grand-mère soucieuse de les protéger, de les maintenir occupés pour ne pas les laisser seuls avec leur chagrin. Les journaux laissaient entendre qu'elle n'avait pas de cœur, ils lui reprochaient d'avoir emmené ses petits-fils à l'office religieux, le matin de l'accident. Mais qu'attendait-on d'elle, exactement ? Elle a fait preuve d'intelligence et de bon sens, c'est tout. Quand les choses vont mal, la reine les accepte, elle s'en accommode, c'est une pragmatique. Quant à ce que les médias disent d'elle... elle fait avec[1]. »

Gardienne des traditions et convaincue de leur bien-fondé, Elizabeth II s'oppose, dans un premier temps, à ce que l'Union Jack soit mis en berne sur le toit de Buckingham – cela ne s'est alors encore jamais produit, même à la mort d'un monarque. Le couple régnant prend également la décision de ne pas rentrer à Londres avant les funérailles, qui doivent être célébrées le samedi suivant en l'abbaye de Westminster. Pendant plusieurs jours, des discussions souvent conflictuelles opposent le duc d'Édimbourg et son épouse à leurs conseillers, conscients que les attentes des Britanniques ne pourront être déçues sans entraîner des conséquences durables. Les interventions du Premier Ministre Tony Blair et du prince Charles achèvent de convaincre la souveraine de la nécessité de regagner la capitale et de s'adresser à la nation.

Le 5 septembre, Elizabeth II et le prince Philip se portent à la rencontre de la foule venue les attendre devant les grilles du palais. L'humeur de l'opinion, reconnaissante envers la reine et sa famille de partager enfin ouvertement son chagrin, change du tout au tout. En fin de journée, lors d'une allocution télévisée retransmise en direct, Elizabeth II rend hommage à Diana, « un être humain exceptionnel et doué [qui], dans les bons moments comme dans les moins bons, ne perdait jamais sa capacité à sourire et à rire, ou à inspirer les autres avec sa chaleur et sa gentillesse. J'ai la conviction que des leçons

---

1. Propos recueillis par l'auteur.

doivent être tirées de sa vie et de la réaction émouvante et extraordinaire qui a suivi sa disparition ».

À l'époque, le sociologue Ross McKibbin analyse la réaction des médias et du public dans un essai publié par la *London Review of Books* : « Les commémorations soulignent à quel point les gens sont convaincus, tout comme Diana l'était elle-même, que le bien social repose sur la bonté de l'individu, sa gentillesse, sa compréhension et, par-dessus tout, son amour. Pour certains, cette croyance est un signe de progrès, de l'émergence d'une Grande-Bretagne nouvelle et apaisée. Ce qui est sûr, c'est que les sentiments profondément humains de ce type traduisent un rejet des valeurs dures qui ont dominé les vingt dernières années[1]. » L'action caritative de la princesse de Galles, la manière dont elle la conduisait et les principes de vie qu'elle inculquait à ses fils exprimaient les rêves et les aspirations d'une grande partie de la société britannique. Le travail considérable, unique dans l'histoire de la monarchie, accompli par le prince Charles depuis le milieu des années 1970 n'a jamais cessé, lui non plus, de s'inscrire dans les espoirs et le désir de changement de ses contemporains les moins favorisés.

L'héritier du trône incarne une institution prête à troquer son glamour et ses statues contre une normalité durable. Contrairement à sa mère et à son fils aîné, il n'a jamais réellement connu d'état de grâce dans l'opinion. Toutefois, ses qualités intrinsèques – son sens du devoir et de l'intérêt général, sa capacité à assumer une forme de leadership et à formuler des propositions concrètes, sa spiritualité, son expérience de rassembleur et (paradoxalement) son expérience de l'impopularité – apparaissent rassurantes à ses compatriotes dans une époque difficile et un monde de plus en plus incertain. Ses détracteurs critiquent les aspérités de son caractère, son humeur changeante, ses impatiences, la courtoisie mâtinée d'un soupçon de déférence qu'il attendrait invariablement de ses interlocuteurs, la manière excessive dont il prend les choses à cœur ou encore l'importance qu'il attache aux blasons – « Je suis de ces personnes qui prennent les titres au

---

1. Ross McKibbin, « Mass Observation in the Mall », *London Review of Books*, vol. 19, 2 octobre 1997.

sérieux, y compris ceux qui ont l'air honorifiques[1] », dit-il. Mais aucun d'eux n'a jamais remis en cause l'essentiel : son authenticité.

« Ce métier est le seul que je connaisse »

Le cliché a été réalisé en mai 2016, au dernier soir des festivités données au château de Windsor en l'honneur du quatre-vingt-dixième anniversaire d'Elizabeth II. La reine a passé l'après-midi dans les allées du Windsor Horse Show, la grande foire équestre de printemps organisée tous les ans sur ses terres. Prise par le temps, elle n'a que quelques minutes à consacrer à la prise de vues. Prévenant, tout en charme et bonne humeur, le prince Charles l'accueille dans le salon Blanc. Seules Angela Kelly, l'habilleuse et assistante personnelle de la souveraine, et Kristina Kyriacou, la responsable de la communication du futur roi, assistent à la scène. L'œil rivé sur l'objectif du photographe, Elizabeth II, dans une robe bleue à impressions florales, peine visiblement à garder son sérieux. Debout à ses côtés, le visage légèrement incliné, la main gauche à l'arrière du fauteuil sur lequel sa mère a pris place, le prince Charles, un sourire malicieux sur les lèvres, pose sur elle un regard plein de tendresse. « Sa Majesté essayait de ne pas rire à ce que venait de dire le prince de Galles, se souvient Kristina Kyriacou dans les colonnes du quotidien *Daily Mail*. Je ne pourrais pas vous dire ce dont il s'agissait, mais c'était un moment très agréable et très chaleureux. » Les voilà enfin tous deux réunis sur un portrait révélateur de l'affection qui les lie et dont le message n'échappe à personne. La Couronne entre, en douceur, dans l'une des périodes les plus décisives de son histoire.

Bien qu'elle soit amenée à réduire progressivement la fréquence de ses engagements officiels, Elizabeth II demeure le chef incontestable – et incontesté – de la maison de Windsor. Si son fils aîné assume, de fait, un nombre croissant d'obligations, comme les investitures ou encore les missions de représentation à l'étranger, il « rêve la

---

1. *A Prince Among Islands*, documentaire de la chaîne ITV.

longue gouvernance monarchique de sa mère[1] ». Le fils d'Elizabeth II n'est en aucun cas un « co-souverain », encore moins un régent. Ces derniers mois ont vu la reine manifester un soutien appuyé à ses initiatives et réalisations, comme le prouvent ses visites à Dumfries House, en mars 2015, ou encore à Poundbury, en octobre 2016. Une forme de transition est en marche. Elle s'opère dans le respect du règne en cours et la nécessaire anticipation de celui qui s'annonce.

Bien des souverains ont connu, par le passé, des avènements compliqués. En 1910, les débuts du règne de George V pâtissent ainsi de toutes sortes de rumeurs infondées. On le dit notamment alcoolique. En février 1911, un journaliste aux sympathies républicaines, Edward Mylius, est condamné à un an de prison pour avoir, dans un article, accusé le nouveau monarque de bigamie[2]. Dans l'histoire moderne de la monarchie britannique, on ne connaît toutefois pas d'exemple de souverain monté sur le trône avec autant de désarroi et d'anxiété que George VI. Après l'abdication de son frère aîné, Edward VIII, le 10 décembre 1936, il avait exprimé ouvertement sa détresse : « Je n'ai jamais rien souhaité de tout cela. Je ne suis pas préparé. Je n'ai jamais vu un seul papier du gouvernement de ma vie. Je ne suis qu'un officier de marine, et ce métier est le seul que je connaisse[3]. »

Sa mort, en février 1952, précipite prématurément sa fille aînée, Elizabeth, âgée de vingt-cinq ans seulement, dans le tourbillon de l'Histoire. Elle et Philip avaient espéré pouvoir encore profiter d'une vie de couple et de famille normale pendant au moins une vingtaine d'années. Mais la princesse a été éduquée dans une forme d'acceptation sereine de ses devoirs. Même si elle ne s'attendait pas à être appelée aussi tôt, elle n'éprouve, à l'heure d'embrasser sa destinée, ni panique ni tentation de rébellion. Le ton du règne est donné ; il

---

1. Jonathan Dimbleby, « Prince Charles at 65 : a pensioner waits for the job of his life », theguardian.com, 13 novembre 2013.

2. Intitulé « La bigamie sanctifiée », l'article prétendait qu'en 1890 le futur roi avait contracté un premier mariage, à Malte, avec la fille de l'amiral sir Michael Culme-Seymour, que le couple aurait eu trois filles et que, une fois devenu l'héritier direct du trône, le prince aurait abandonné sa famille pour épouser la princesse Mary de Teck.

3. John W. Wheeler-Bennett, *King George VI, op. cit.*

n'est pas sans rappeler les confessions de Victoria juste après son avènement. « Je suis très jeune, écrivait-elle dans son journal le 20 juin 1837, et peut-être que dans beaucoup de domaines – bien que sans doute pas dans tous – je manque d'expérience. Mais je suis sûre que très peu de gens ont plus de bonne volonté et de désir sincère de faire ce qui est bien et juste que moi. »

L'accession au trône d'Elizabeth II ne suscite qu'espoir, optimisme et bienveillance partout dans le monde, et particulièrement en Grande-Bretagne. Le soir du 6 février, au terme d'un hommage vibrant rendu au défunt roi George VI sur les ondes de la BBC, le Premier Ministre Winston Churchill salue, avec le lyrisme dont il est coutumier, l'ère nouvelle qui s'ouvre pour la monarchie : « Les règnes de nos reines ont tous été fameux. Quelques-unes des périodes les plus importantes de notre histoire se sont déroulées à l'ombre de leur sceptre. Aujourd'hui, alors que la deuxième reine Elizabeth accède au trône dans sa vingt-sixième année, nous ne pouvons nous empêcher de penser à [Elizabeth Ire], la figure magnifique qui, il y a près de quatre cents ans, a dirigé, mais aussi incarné et inspiré la grandeur et le génie de l'âge élizabéthain. »

Le souvenir des sombres années d'après guerre s'estompe. La Grande-Bretagne est toujours soumise au rationnement, mais la voilà de nouveau engagée sur la voie de la prospérité et d'un renouveau qui trouve son incarnation dans la fraîcheur et la beauté de sa jeune souveraine. L'historien Peter Hennessy parle d'un pays à l'optimisme retrouvé, décidé à consacrer toutes ses forces au progrès économique et social. Il évoque également la dimension morale de l'événement. Certains intellectuels de l'époque voient en effet dans l'accomplissement du rituel ancien du couronnement « une série d'affirmations des valeurs nécessaires à une société bonne et bien gouvernée ». L'une de ses composantes essentielles, poursuit-il, réside dans « la promesse de la reine de respecter les standards moraux de la société. [...] Dans son assurance de toujours faire preuve de clémence, de charité, de justice et d'affection protectrice, elle reconnaît le pouvoir de ces valeurs et s'y soumet[1] ». « Le couronnement a été comme la résurrection du

---

1. Peter Hennessy, *Having It So Good : Britain in the Fifties*, Allen Lane, 2006.

phénix, confiera la princesse Margaret, la sœur d'Elizabeth II. Tout renaissait des cendres. Vous aviez cette ravissante, magnifique jeune *lady*, et c'était comme si rien ne pouvait plus empêcher les choses d'aller de mieux en mieux[1]. »

Lorsqu'il commente la cérémonie, l'ambassadeur de France René Massigli écrit : « Ce n'est plus seulement d'attachement que l'on doit parler, mais bien de passion, une passion faite d'affection attendrie pour la personne si pleine d'attraits de la jeune reine, de respect pour les principes qu'elle incarne et, plus encore que de respect, de la conviction absolue que ces principes sont éminemment et exclusivement propres à assurer le bien-être et la grandeur de l'Angleterre[2]. » Si George VI avait eu un fils pour héritier, si un homme, pour la cinquième fois consécutive, avait accédé au trône, l'enthousiasme, l'allégresse du public auraient-ils été les mêmes ? « Une fois que le gouvernement est scindé en deux personnes, l'une "intouchable, inamovible, sacro-sainte" (le roi), et l'autre "vulnérable au point qu'inévitablement, un jour ou l'autre, elle se retrouvera anéantie" (le Premier Ministre), le roi devient "au-dessus de toute critique", affirme le psychanalyste anglais Ernest Jones. En tant que tel, il lui devient difficile d'être impopulaire[3]. »

Le prince de Galles choisira peut-être de régner sous le nom de Charles III, bien que ce prénom n'ait jamais porté chance à ses prédécesseurs[4]. Il pourrait également décider de rendre hommage à son grand-père maternel et de s'inscrire dans une forme de continuité « rassurante » en adoptant, ainsi qu'il en a la possibilité, celui de

---

1. Ben Pimlott, *The Queen : A Biography of Elizabeth II*, op. cit.
2. Extrait d'un compte rendu adressé à Georges Bidault en date du 18 juin 1953, Archives du ministère des Affaires étrangères.
3. Ernest Jones, « The Psychology of Constitutional Monarchy », *New Statesman*, 1er février 1936, cité par Ross McKibbin dans *Classes and Cultures : England 1918-1951*, Oxford University Press, 2000.
4. Charles Ier a été décapité en 1649. Son fils, Charles II, a vécu plusieurs années en exil avant de connaître un règne tourmenté entre 1660 et 1685. Charles Edward Stuart, surnommé Bonnie Prince Charlie, a, au XVIIIe siècle, tenté à plusieurs reprises de rétablir sa famille sur le trône de Grande-Bretagne, sans y parvenir. Il est mort en Italie en 1788.

George VII. Charles est aujourd'hui, de tous les héritiers à s'être succédé outre-Manche, le plus capé et le mieux formé – il deviendra aussi, à terme, le plus âgé de tous les souverains jamais couronnés. « Bien que ces faits puissent être considérés comme ayant un intérêt d'un point de vue historique, note l'un de ses biographes, je suis certain qu'ils l'indiffèrent totalement. D'une part, il a toujours su qu'il pourrait devenir roi "cette année, l'année prochaine, un jour ou l'autre…". D'autre part, il a été beaucoup trop occupé, tout au long des quatre décennies qui viennent de s'écouler, à se concentrer sur le travail qu'il accomplit[1]. »

Les médias se font régulièrement l'écho des réformes que le prince de Galles envisagerait de mettre en œuvre après son avènement. Moins de faste, dit-on, mais aussi une famille royale resserrée autour du monarque en place et de ses enfants et petits-enfants. Lors des festivités du jubilé de diamant, en juin 2012, l'apparition de la souveraine au balcon du palais, entourée de Charles et de ses proches, mais sans ses trois autres enfants, Anne, Andrew et Edward, avait déjà créé la surprise et annoncé les changements à venir. Les idées du prince, sa conception d'une royauté adaptée aux exigences du XXIe siècle commençant, sont désormais prises en compte. Les incompréhensions d'autrefois trouvent également, peu à peu, leur solution. Dans un récent communiqué (une première), le prince Andrew, que l'on disait en désaccord profond avec son frère aîné, « soupçonné » de vouloir écarter ses filles, les princesses Beatrice et Eugenie, de la scène officielle, démentait toute rumeur de conflit. À en croire le journaliste britannique Andrew Marr, l'héritier du trône a, « depuis longtemps, pris ses distances, physiquement mais aussi émotionnellement, vis-à-vis de la cour de [sa mère]. Son avènement devrait être suivi par l'éviction massive du staff actuel de Buckingham et l'arrivée de sa propre équipe[2] ».

---

1. Jonathan Dimbleby, « Prince Charles at 65 : a pensioner waits for the job of his life », art. cité.
2. Andrew Marr, *The Diamond Queen*, op. cit.

Un palais « parfaitement fonctionnel jusqu'en 2067 »

Selon plusieurs sources, Charles pourrait choisir de régner depuis la forteresse millénaire de Windsor, voire de rester installé à Clarence House. La famille royale pourrait alors quitter définitivement le palais, où tous les souverains ont résidé depuis Victoria – la première à y avoir emménagé, en 1837. Et le bâtiment être transformé en musée.

Mis en péril par des risques « élevés » d'incendie et d'inondation, Buckingham fait aujourd'hui l'objet d'une campagne de restauration sans précédent. L'ampleur du chantier donne le vertige : 775 pièces, dont 240 chambres et 78 salles de bains, 1 514 portes, 760 fenêtres, 2 500 radiateurs, 160 kilomètres de câbles électriques qui n'ont, pour certains, pas été remplacés depuis plus de soixante ans, 6 500 prises de courant, 330 boîtes à fusibles, 48 kilomètres de tuyaux en fonte et en plomb encastrés dans des murs qui menacent de s'affaisser, et 30 000 mètres carrés de planchers.

Jusqu'ici, les quelque 500 000 visiteurs qui se pressent tous les étés dans ses salons ont été habilement tenus dans l'ignorance des dégâts infligés à l'édifice par les intempéries et le poids des années. Construit en 1677 par lord Arlington, puis propriété des ducs de Buckingham entre 1701 et 1761, Buckingham House, alors un hôtel particulier plus confortable que luxueux, est ensuite racheté par George III, qui voit en lui la maison de famille idéale. C'est là que son épouse, la reine Charlotte, donnera naissance à quatorze de leurs quinze enfants. Le couple y installe ses collections – des milliers de livres, de tableaux, de médailles, de précieuses pièces de mobilier, de petits objets en or, en laque, en jade, en ivoire et en porcelaine. À partir de 1825, à la demande de George IV, l'architecte John Nash entreprend de transformer la bâtisse en palais et la dote de salons de réception aux plafonds opulents et spectaculaires, combinaison unique en Europe d'inspirations venues de la Grèce et de la Rome antiques, du Paris napoléonien et de la Renaissance italienne. Douze ans plus tard, la reine Victoria emménage dans un Buckingham considérablement agrandi et entièrement rénové, dont les façades de brique rouge ont été remplacées par des murs en pierre de Bath sculptés dans un style néo-classique français.

Les seuls travaux d'envergure entrepris depuis cette date l'ont été pendant la Seconde Guerre mondiale, après que le palais a été touché par une série de bombardements. Aujourd'hui, les maçonneries s'effondrent dans les cours – en 2007, l'une d'elles, de la taille d'une boîte à chaussures, était tombée à peu de distance de la princesse Anne –, et il serait devenu quasi impossible de trouver des pièces détachées pour les chaudières, qui ont toutes plus de trente ans. À la fin du printemps 2015, les médias du royaume révélaient qu'une partie du mur de la salle de bains privée de la souveraine avait cédé alors qu'un artisan y effectuait quelques réparations de routine. Les équipes en charge de la Royal Collection redoutent, en outre, de voir les centaines de milliers d'œuvres d'art que renferme le bâtiment subir des dommages irréparables. Les eaux de pluie s'infiltrent en effet dans la galerie des Peintures, où sont accrochés des Claude Gellée, des Canaletto et les toiles des plus grands maîtres flamands.

À qui la faute ? En grande partie aux autorités britanniques, qui ont maintes fois, ces dernières années, refusé de prendre en charge la rénovation de ce monument national, pourtant emblématique du prestige de la monarchie. La campagne de remise en état qui s'annonce répond désormais à une urgence qui dépasse les frilosités politiques. « Ce programme est destiné à prolonger la vie active du palais de cinquante ans, commente un porte-parole de la Maison royale. Une fois les travaux terminés, il sera parfaitement fonctionnel jusqu'en 2067. » Le chantier durera dix ans. Son coût – près de 425 millions d'euros – sera financé par une augmentation du Sovereign Grant, la rente versée chaque année à Elizabeth II. La souveraine et le prince Philip n'auront pas à quitter leurs appartements du premier étage ; seule Sa Majesté pourrait avoir à changer de chambre de manière temporaire. La rénovation de Buckingham ne devrait pas non plus perturber le cours des investitures, audiences, *garden parties* et autres cérémonies officielles qui s'y déroulent quotidiennement. L'édifice continuera par ailleurs d'être ouvert au public chaque été, en août et septembre. Un tour de force.

XVIII.

Avenirs

En juin 2016, une majorité de Britanniques s'est prononcée par référendum en faveur d'un « Brexit » – un retrait de l'Union européenne. Charles sera-t-il un jour roi d'une Écosse indépendante ? Sitôt les résultats du scrutin connus, le Premier Ministre écossais, Nicola Sturgeon, leader du parti national au pouvoir à Édimbourg depuis 2007, confirme en tout cas le souhait de son pays de demeurer dans l'Union – un maintien en faveur duquel 62 % de ses compatriotes ont voté. À terme, les Écossais pourraient donc être appelés à se prononcer à nouveau sur leur appartenance au Royaume-Uni. À la veille de la première consultation populaire organisée sur ce thème en septembre 2014, Elizabeth II les avait invités à « bien réfléchir », tout en laissant clairement entendre qu'il leur appartenait, à eux et à eux seuls, de décider de leur avenir.

Une rupture politique – la fin de l'acte d'Union qui, depuis plus de trois cents ans, lie la destinée d'Édimbourg à l'Angleterre – impliquerait-elle pour autant la fin du règne de la maison de Windsor *north of the border* ? Pour de nombreux experts, les monarques britanniques pourraient, à l'avenir, y avoir un rôle et des prérogatives comparables à ceux qu'ils ont dans les pays du Commonwealth. Ils seraient dès lors représentés par un gouverneur général.

Rien ne s'oppose, en théorie, à ce que la monarchie se perpétue du côté d'Édimbourg, puisque la réunion des deux couronnes, en 1603 – année où Jacques VI, roi d'Écosse, accédait simultanément aux trônes d'Angleterre et d'Irlande –, a précédé celle des parlements, au XVIIIe siècle. Cela pérenniserait ainsi une histoire de famille. Le prince Charles reconnaît éprouver une « tendresse particulière » pour l'Écosse. On le sait fier de ses titres de duc de Rothesay – conféré pour la première fois par le roi Robert III à son fils David en 1398 –, de comte de Carrick et baron Renfrew, de prince et grand steward d'Écosse – du nom d'une charge héréditaire créée au XIIe siècle – et de Lord of the Isles – un titre revendiqué pour la première fois au XIVe siècle par John of Islay, *Dominus Insularum* (seigneur des îles Hébrides). Souvent présentée comme « le membre de la famille régnante préféré des Écossais », sa sœur, la princesse Anne, a, elle, découvert les beautés de cette terre de légendes lors d'une excursion sur l'île de Lewis, en 1955 – elle avait alors cinq ans. Depuis, la fille d'Elizabeth II, propriétaire d'un petit voilier qu'elle a baptisé *Ballochbuie* par amour pour les forêts qui ourlent la vallée de la Dee, y effectue chaque année plus d'une centaine d'engagements officiels.

Née de mère écossaise, éduquée dans le respect des traditions des comtes de Strathmore et Kinghorne, Elizabeth II demeure, de son côté, profondément attachée à ses racines. Invitée à s'exprimer lors de l'Assemblée générale de l'Église d'Écosse, en 2002, elle a affirmé publiquement « l'importance de la dimension écossaise dans ma vie et celle de ma famille ». Le 9 septembre 2015, jour où elle a battu le record de longévité de règne jusque-là détenu par Victoria, elle a (modestement) célébré l'événement en inaugurant une ligne de chemin de fer dans les Scottish Borders. Chaque année, pendant l'été, la souveraine et le prince Philip séjournent entre huit et dix semaines à Balmoral, leur château des Highlands, propriété privée des monarques de Grande-Bretagne depuis le milieu du XIXe siècle. Elizabeth II envisagerait de s'y installer de manière plus permanente si son conjoint venait à disparaître avant elle.

« Un rite magique qui fait d'un homme un dieu »

Les trois années au cours desquelles j'ai eu le privilège de pouvoir suivre la reine dans ses activités officielles, entre 2009 et 2012, ont ancré dans mon esprit l'image d'une femme qui, pour avoir hérité sa fonction, n'en a pas moins voué son existence tout entière au service de son pays par vocation et par choix. Tout comme le prince Charles aujourd'hui. Dans un livre publié en 1958, l'historien Dermot Morrah voyait déjà dans la monarchie un « mode de vie » plus qu'un système de gouvernement : « Elizabeth II est tout aussi reine que l'était Elizabeth Ire, bien qu'elle n'ait plus une once de son autorité. Elle est reine non parce qu'elle gouverne l'Angleterre, mais parce que, sans elle, l'Angleterre ne serait plus ce qu'elle est[1]. » La souveraine incarne en effet la continuité d'une histoire ; elle est, pour ses compatriotes, ce lien inestimable qui unit les époques et les générations, qui rend « à chacun le sentiment de la gloire commune et de son importance individuelle[2] ». La monarchie a ses détracteurs. Reste que les Britanniques sont reconnaissants à Elizabeth II d'avoir toujours rempli son rôle à la perfection. D'avoir toujours été là.

Les enjeux de la succession sont nombreux. Le sujet demeure un tabou outre-Manche, mais la presse laisse entendre qu'un plan, décrit comme « une réponse d'urgence, organisée sur dix jours », a déjà été mis sur pied par le palais pour superviser les premiers temps de la transition entre le règne actuel et celui du prince Charles. Même si certains n'hésitent pas à prédire des répercussions économiques, politiques et sociales d'ampleur, nul ne peut encore mesurer l'impact que la disparition d'Elizabeth II – « un coup de poing dans le ventre pour la psyché de la nation[3] » – aura sur ses compatriotes et sur la vie du royaume.

---

1. Dermot Morrah, *The Queen's Work*, William Kimber, 1958.
2. Christine Jordis, *Promenades anglaises*, Seuil, coll. « Points », 2008.
3. Rob Price, « This is what happens when the Queen dies », uk.businessinsider.com, 6 mars 2015.

Désigné par le nom de code Golden Orb[1] (ou Orbe royal), le comité chargé de l'organisation du prochain sacre aurait déjà commencé ses travaux sous l'autorité d'Edward Fitzalan-Howard, le 18e duc de Norfolk, grand ordonnateur des cérémonies monarchiques d'État. « Le couronnement est un rite, écrivait l'auteur britannique Geoffrey Dennis en 1937. L'un des plus importants et des plus étranges de l'Église d'Angleterre, un rite qui ressemble à la fois à une ordination, à une consécration, à un sacrement de mariage, par lequel l'Église crée cette *mixa persona* unique en son genre, mi-laïque, mi-prêtre, et la voue à entretenir à tout jamais, avec elle comme avec l'État, une relation noble et singulière. [...] Pour la plus ancienne religion d'Angleterre, [le couronnement] est un rite magique qui fait d'un homme un dieu[2]. »

Aucune information ne filtre sur les « aménagements » envisagés pour adapter la cérémonie aux exigences de notre époque ou aux aspirations du prince Charles. Le futur souverain « a dit qu'il voulait être considéré comme un défenseur de toutes les fois », commentait l'expert constitutionnaliste Vernon Bogdanor en 2005, « mais le couronnement est une cérémonie anglicane. Tout changement nécessiterait de légiférer ». Ce spécialiste laisse entendre qu'un second service pourrait être envisagé, qui prendrait en compte les autres communautés religieuses de Grande-Bretagne : « Ce serait, pour le nouveau roi, une manière de montrer leur importance dans le pays[3]. »

Le 2 juin 1953, jour du sacre d'Elizabeth II, une foule innombrable accourue des quatre coins du royaume prend possession de la capitale. Ils sont des centaines de milliers à avoir campé sur les trottoirs, parfois pendant deux jours et deux nuits, afin de s'assurer les meilleures places le long des artères empruntées par les carrosses

---

1. Ned Donovan, « Operation Golden Orb : Codename given by officials for Charles's top secret coronation plans is revealed after Whitehall blunder », dailymail.co.uk, 10 septembre 2016.
2. Geoffrey Dennis, *Coronation Commentary*, William Heinemann Ltd., 1937.
3. Andrew Pierce, « Prince Charles to be known as Defender of Faith », telegraph.co.uk, 13 novembre 2008.

de la souveraine et de sa famille, entre le palais de Buckingham et l'abbaye de Westminster. Le spectacle est partout, dans les rues pavoisées, dans l'océan de périscopes en carton dressés vers le ciel au passage du cortège, dans la splendeur du carrosse d'or – une masse de 4 tonnes, puissante, baroque, longue de plus de 7 mètres pour 3,6 de haut, tirée par huit chevaux. Il est aussi à l'intérieur de l'abbaye, où les invités, hauts responsables du gouvernement, dignitaires étrangers, pairs et pairesses nimbés d'hermine et de diamants, ont été conviés à prendre place aux toutes premières heures de la matinée.

« C'est comme si une boîte à bijoux s'était ouverte et que de précieux joyaux d'une myriade de couleurs s'étaient répandus sur le velours des tapis, raconte le couturier Norman Hartnell, à qui la souveraine a confié la création de sa robe. Un prince à la silhouette gracile porte une tunique à col montant jaune parcourue d'orange et un collier de chien en émeraudes et diamants. Son turban est fait d'une splendide soie mandarine, drapée de manière exquise et maintenue par des rubis. Une altesse impériale venue d'Orient brille dans une étoffe violet et argent, d'étranges plumes s'échappent en volutes de son couvre-chef pourpre et améthyste. Gloire bleu de paon pour cet autre prince, dans un brocart de lapis-lazuli et de malachite et des ornements de saphirs et d'émeraudes[1]. » Viennent ensuite les chefs d'État « sous la protection » de Sa Majesté, la reine Salote de Tonga, en satin couleur fraise, les sultans de Lahej, de Perak, de Brunei, de Kelantan, de Johore, de Zanzibar et de Selangor, suivis par les princes et les princesses de sang – les princes et les ducs de Gloucester et de Kent. Enfin entrent la princesse Margaret, entourée de six hérauts, et la reine mère, escortée par la duchesse de Northumberland et par six dames d'honneur.

Elizabeth marque un temps d'arrêt avant de pénétrer sous les voûtes de Westminster. Elle vérifie l'ajustement de sa traîne, se retourne vers ses six demoiselles d'honneur et leur lance en souriant : « *All right, girls*[2]. » Précédée par ses chapelains, les dignitaires des Églises libres et de l'Église d'Écosse, les poursuivants

---

1. Norman Hartnell, *Silver and Gold*, Evans Brothers Ltd., 1955.
2. Ce qui pourrait se traduire par : « OK, les filles, allons-y. »

d'armes, les représentants des ordres de chevalerie de l'Empire britannique, de St. Michel et St. George, du Bain, du Chardon et de la Jarretière, les étendards de ses royaumes, les Premiers ministres des États membres du Commonwealth, les archevêques d'York et de Canterbury, son époux, le duc d'Édimbourg, ainsi que les joyaux du sacre (les épées, le sceptre, la couronne de St. Edward et l'orbe), la plus jeune reine du monde fait son entrée dans l'abbaye au son du très solennel *I was glad when they said unto me, We will go into the House of the Lord*. Elle rejoint l'espace qui fait face au maître-autel, où ont été disposés le trône, la « chaise d'État » et la chaise du roi Edward – l'humble trône de bois sur lequel, depuis 1308, tous les souverains d'Angleterre (à l'exception de Mary Ire, au XVIe siècle, et de Mary II, au XVIIe) et de Grande-Bretagne ont reçu la suprême onction.

L'archevêque de Canterbury, le lord chancelier (grand officier d'État en charge de la Justice), le lord grand chambellan, le lord haut connétable et le comte maréchal se tournent alors successivement vers l'ouest, le nord, l'est et le sud pour présenter et faire acclamer Sa Majesté aux cris de : « Dieu sauve la reine Elizabeth ! » Depuis la chaise d'État, la jeune femme prononce le serment du couronnement en promettant de gouverner les peuples du Royaume-Uni de Grande-Bretagne et d'Irlande du Nord, du Canada, d'Australie, de la Nouvelle-Zélande, de l'Union d'Afrique du Sud, du Pakistan, de Ceylan et de ses autres territoires en accord avec leurs lois et coutumes respectives ; de rendre ses jugements selon la loi et la justice ; et de maintenir au Royaume-Uni la religion protestante réformée et l'établissement de l'Église d'Angleterre. Elle se sépare ensuite de sa cape de velours et d'hermine, ainsi que de son diadème, et revêt symboliquement un vêtement blanc avant de se diriger vers la chaise du roi Edward. Quatre chevaliers de la Jarretière dressent au-dessus d'elle un dais de soie et d'or. À l'aide d'une « cuiller » en argent doré datant du XIIe siècle, dans laquelle il a versé quelques gouttes de chrême, l'archevêque trace une croix sur sa tête, sa poitrine et la paume de ses deux mains en prononçant ces mots : « Comme Salomon a été sacré roi par le prêtre Zadok et le prophète Nathan, sois sacrée, bénie et consacrée reine des peuples que le Seigneur ton Dieu t'a donnés à diriger et à gouverner. »

Elizabeth II revêt ensuite la Supertunica (ou dalmatique), une longue tunique de tissu d'or à manches amples, fermée par une ceinture, autrefois conçue pour George V d'après l'uniforme de cérémonie d'un consul romain. L'archevêque lui remet l'épée de l'Offrande, sertie de plus de trois mille pierres précieuses, les armilles, une paire de bracelets d'or sertis de fermoirs en forme de roses Tudor, symboles des liens qui l'unissent à ses peuples, l'orbe, symbole de la souveraineté chrétienne sur terre, et l'anneau, insigne de la dignité royale. Puis on couvre ses épaules d'un troisième vêtement, une longue cape en fil d'or, avant d'enfiler à sa main droite le gant, symbole de retenue dans le prélèvement de l'impôt, et de placer entre ses mains deux sceptres, le premier emblème du pouvoir royal et de la justice, le second gage d'équité et de clémence. Par trois fois, l'assemblée crie : « *God Save the Queen!* », après que l'archevêque a posé la couronne de St. Edward sur son front. Lentement, la souveraine est conduite jusqu'au trône, où princes et pairs du royaume vont maintenant se succéder pour lui présenter leurs hommages et lui promettre éternelle allégeance. Le premier à paraître devant elle n'est autre que son époux, le duc d'Édimbourg, qui, à genoux, les mains jointes entre les siennes, fait serment de devenir son vassal avant de l'embrasser sur la joue.

« Pour que Charles connaisse le succès en tant que monarque, il doit être un homme heureux »

Le rôle de Camilla et la place essentielle qu'elle tient dans la vie de son époux ont déjà été reconnus par Elizabeth II à plusieurs reprises. En avril 2012, la souveraine confère à sa belle-fille la distinction de Dame grand-croix dans l'ordre royal de Victoria ; deux mois plus tard, lors de la procession solennelle du jubilé de diamant, elle l'invite à prendre place à ses côtés dans le landau de cérémonie qui la ramène au palais de Buckingham. En juin 2016, la duchesse de Cornouailles est admise au sein du Privy Council, son conseil privé. Un membre de la Cour commente : « Le temps a passé, les souvenirs se sont estompés, [Camilla] n'a pas seulement fait le bonheur du prince, elle a également participé à la vie publique royale de manière très positive. » La souveraine, ajoute un ancien écuyer, sait que, « pour que Charles connaisse le succès en tant que monarque, il doit être un homme heureux[1] ».

La duchesse de Cornouailles sera-t-elle couronnée à Westminster, en même temps que son conjoint ? Seul ce dernier possède, en théorie du moins, le pouvoir d'en décider. Le précédent de 1821 – lorsque George IV, qui vivait séparé de sa femme, Caroline de Brunswick, lui avait dénié l'accès à l'abbaye le jour de la cérémonie – tend en tout cas à prouver qu'une épouse de roi n'a pas besoin de recevoir l'onction sacrée pour porter le titre de reine. La bru d'Elizabeth II a beau avoir, dès 2005, annoncé son intention d'être appelée « princesse consort » après l'avènement de son mari, le sujet n'a jamais cessé de faire débat outre-Manche. Dans un sondage YouGov réalisé au début de juin 2014, 53 % des Britanniques se disaient favorables à ce qu'elle accède un jour au titre de reine. Queen Camilla compterait davantage de supporters chez les partisans des libéraux-démocrates (24 %) que chez les conservateurs (21 %) et les électeurs de l'UKIP, le Parti pour l'indépendance du Royaume-Uni (13 %)[2]. Les habitants des régions du nord de la Grande-Bretagne lui seraient également plus favorables que ceux du sud (Londres mis à part).

Le prince de Galles pourrait, l'heure venue, choisir de lui conférer l'ensemble des titres et des honneurs habituellement dévolus à l'épouse d'un souverain. Beaucoup, dans l'entourage des deux conjoints, y verraient la reconnaissance ultime de l'amour qui les

---

1. Richard Kay et Geoffrey Levy, « Charles, Camilla and a game of cat and mouse that enraged the Queen : How Her Majesty froze out "That woman" before having an epiphany as she sorted through Balmoral's candle store », dailymail.co.uk, 9 mars 2016.
2. Ruth Styles, « Blow for Camilla as new poll reveals majority of Britons want Charles to become the next King… but say she should only be titled Princess Consort », dailymail.co.uk, 4 novembre 2014.

unit. « Dans un pays où le divorce est fréquent, et accepté, pourquoi Camilla ne pourrait-elle pas devenir reine ? interroge une proche. Elle ne le prendrait pas mal si ce ne devait pas être le cas, ce n'est pas dans son caractère. Mais il me semble qu'elle le mérite, c'est tout[1]. »

---

1. Propos recueillis par l'auteur.

BIBLIOGRAPHIE

Ouvrages de référence en anglais

Arnold-Baker Charles, *A Companion to British History*, Routledge, 2001.
Aronson Theo, *Royal Family : Years of Transition*, John Murray, 1983.
—, *The King in Love : Edward VII's Mistresses : Lillie Langtry, Daisy Warwick, Alice Keppel and Others*, Harper & Row, 1988.
—, *Princess Margaret : A Biography*, Michael O'Mara Books Ltd., 1997.
—, *Royal Subjects*, Sidgwick & Jackson, 2000.
Asquith Lady Cynthia, *The Family Life of Her Majesty Queen Elizabeth*, Hutchinson & Co., 1937.
—, *The King's Daughters*, Hutchinson and Co. Ltd., 1938.
Bainbridge Henry Charles, *Peter Carl Fabergé, Goldsmith and Jeweller to the Imperial Court : His Life and Work*, Spring Books, 1966.
Baxter Beverley, *Destiny Called to Them*, Oxford University Press, 1939.
Benn Tony, *Out of the Wilderness : Diaries 1963-67*, Arrow Books, 1988.
Benson Ross, *Charles : The Man, the Myths, the Marriage*, Victor Gollancz, 1995.
Blackburn Robert, *King and Country : Monarchy and the Future King Charles III*, Politico's Publishing Ltd., 2006.
Blain Neil et O'Donnell Hugh, *Media, Monarchy and Power*, Intellect Books, 2003.
Bogdanor Vernon, *The Monarchy and the Constitution*, Oxford University Press, 1995.

Bradford Sarah, *George VI*, George Weidenfeld & Nicolson Ltd., 1989.
—, *Elizabeth : A Biography of Her Majesty the Queen*, Mandarin, 1997.
—, *Diana*, Viking, 2006.
—, *Queen Elizabeth II : Her Life in Our Times*, Viking, 2012.
Bradley Ian, *God Save the Queen : The Spiritual Heart of the Monarchy*, Continuum International Publishing Group, 2012.
Brandreth Gyles, *Philip and Elizabeth : Portrait of a Marriage*, Century, 2004.
—, *Charles & Camilla : Portrait of a Love Affair*, Arrow Books, 2006.
Brook-Shepherd Gordon, *Uncle of Europe : The Social and Diplomatic Life of Edward VII*, Collins, 1975.
Burgess Major Colin, *Behind Palace Doors*, John Blake Publishing Ltd., 2006.
Callaghan James, *Time & Chance*, Politico's, 2006.
Campbell-Preston Frances, *The Rich Spoils of Time*, The Dovecote Press Ltd., 2006.
Cannadine David, *The Decline and Fall of the British Aristocracy*, Vintage Books (Random House Inc.), 1999.
Colville John, *The Fringes of Power : 10 Downing Street Diaries, 1939-1955*, W.W. Norton & Company, 1986.
Corbitt F.J., *Fit for a King*, Odhams Press Ltd., 1956.
Crawford Marion, *The Little Princesses*, Cassell & Co. Ltd., 1950.
Crossman Richard, *The Diaries of a Cabinet Minister. Volume One*, Hamish Hamilton and Jonathan Cape, 1975.
—, *The Diaries of a Cabinet Minister. Volume Three*, Hamish Hamilton and Jonathan Cape, 1977.
Dampier Phil et Walton Ashley, *What's in the Queen's Handbag and Other Royal Secrets*, Book Guild Publishing, 2007.
Davies Nicholas, *Elizabeth : Behind Palace Doors*, Mainstream Publishing Projects, 2000.
Dean John, *H.R.H. Prince Philip, Duke of Edinburgh : A Portrait by His Valet*, Robert Hale Ltd., non daté (début des années 1950).
De-La-Noy Michael, *The Queen behind the Throne*, Arrow Books, 1995.
Dempster Nigel et Evans Peter, *Behind Palace Doors*, Orion Books Ltd., 1994.
Dennis Geoffrey, *Coronation Commentary*, William Heinemann Ltd., 1937.
Dimbleby Jonathan, *The Prince of Wales : A Biography*, Little, Brown and Company, 1994.

BIBLIOGRAPHIE

Donoughue Bernard, *Downing Street Diary : With Harold Wilson in No. 10*, Pimlico, 2006.
Duchess of Windsor, *The Heart Has Its Reasons : Memoirs*, David McKay Company, 1956.
Duncan Andrew, *The Reality of Monarchy*, Pan Books, 1970.
Eade Philip, *Young Prince Philip : His Turbulent Early Life*, HarperPress, 2011.
Edward, Prince of Wales (avec Rupert Godfrey), *Letters from a Prince*, Little, Brown and Company, 1998.
Edwards Anne, *Matriarch : Queen Mary & the House of Windsor*, Hodder and Stoughton, 1984.
Evans Sian, *Mrs. Ronnie : The Society Hostess Who Collected Kings*, National Trust Books, 2013.
Forbes Grania, *My Darling Buffy : The Early Life of the Queen Mother*, Headline Book Publishing, 1999.
Graham Caroline, *Camilla : Her True Story*, John Blake Publishing Ltd., 2001.
Greig Geordie, *The King Maker*, Hodder & Stoughton Ltd., 2011.
Guitaut Caroline de, *The Royal Tour : A Souvenir Album*, Royal Collection Publications, 2009.
Hardman Robert, *Our Queen*, Hutchinson, 2011.
Hartnell Norman, *Silver and Gold*, Evans Brothers Ltd., 1955.
Heald Tim, *Philip : A Portrait of the Duke of Edinburgh*, William Morrow and Company Inc., 1991.
—, *Princess Margaret : A Life Unravelled*, Weidenfeld & Nicolson, 2007.
Healey Edna, *The Queen's House : A Social History of Buckingham Palace*, Carroll & Graf Publishers Inc., 1998.
Heath Edward, *The Course of My Life*, Coronet Books, Hodder and Stoughton, 1999.
Hennessy Peter, *Having It So Good : Britain in the Fifties*, Allen Lane, 2006.
Hibbert Christopher, *Edward VII*, Penguin Books Ltd., 1976.
—, *Queen Victoria : A Personal History*, HarperCollins Publishers, 2000.
Hoey Brian, *All the Queen's Men : Inside the Royal Household*, HarperCollins Publishers, 1992.
—, *Anne : The Private Princess Revealed*, Pan Books, 1998.
—, *Her Majesty : Fifty Regal Years*, HarperCollins Publishers, 2001.

—, *Life with the Queen*, Sutton Publishing Ltd., 2006.
Holden Anthony, *Charles : A Biography*, Bantam Press, Transworld Publishers Ltd., 1998.
Horne Alistair, *Macmillan : The Official Biography*, Macmillan, 2008.
HRH the Duke of Windsor, *A King's Story*, Cassell, 1951.
HRH the Prince of Wales, *Harmony : A New Way of Looking at Our World*, avec Tony Juniper et Ian Skelly, Blue Door, 2010.
Hussey Christopher, *Clarence House*, Country Life Ltd./Charles Scribner's Sons, 1949.
Jacobs Herbert, *Schoolmaster of Kings*, Berkeley, 1982.
Jay Antony, *Elizabeth R : The Role of the Monarchy Today*, BCA, 1992.
Junor Penny, *Charles : Victim or Villain ?*, HarperCollins Publishers, 1998.
Kensington Palace, *Hats and Handbags : Accessories from the Royal Wardrobe*, Historic Royal Palaces, 2003.
Keppel Sonia, *Edwardian Daughter*, Hamish Hamilton, 1958.
Lacey Robert, *Royal : Her Majesty Queen Elizabeth II*, Little, Brown, 2002.
Laird Dorothy, *How the Queen Reigns*, Hodder and Stoughton Ltd., 1959.
—, *Queen Elizabeth the Queen Mother, and Her Support to the Throne during Four Reigns*, Hodder and Stoughton, 1966.
Lamont-Brown Raymond, *Edward VII's Last Loves : Alice Keppel & Agnes Keyser*, Sutton Publishing Ltd., 1998.
Lascelles sir Alan, *King's Counsellor*, Weidenfeld & Nicolson, 2006.
Lee Sidney, *King Edward VII : A Biography*, Macmillan, 1927.
Loelia Duchess of Westminster, *Grace and Favour*, Weidenfeld & Nicolson, 1961.
Longford Elizabeth, *Elizabeth R*, Hodder and Stoughton Ltd., 1984.
—, *Royal Throne : The Future of the Monarchy*, Hodder and Stoughton Ltd., 1993.
—, *Victoria R.I.*, Abacus, 2000.
Lorimer David, *Radical Prince : The Practical Vision of the Prince of Wales*, Floris Books, 2003.
Mabell, Countess of Airlie, *Thatched with Gold*, Hutchinson, 1962.
Major John, *The Autobiography*, HarperCollins Publishers, 2000.
Marr Andrew, *The Diamond Queen : Elizabeth II and Her People*, Macmillan, 2011.
Mayer Catherine, *Charles : The Heart of a King*, WH Allen, 2015.

McDowell Colin, *Diana Style*, St. Martin's Press, 2007.
McKibbin Ross, *Classes and Cultures : England 1918-1951*, Oxford University Press, 2000.
McKinnon Don, *In the Ring : A Commonwealth Memoir*, Elliott & Thompson Ltd., 2013.
Morrah Dermot, *The Royal Family in Africa*, Hutchinson & Co. Ltd., 1947.
—, *The Work of the Queen*, William Kimber, 1958.
Nelson Michael, *Queen Victoria and the Discovery of the Riviera*, L.B. Tauris Publishers, 2001.
Nicolson Harold, *Kings, Courts and Monarchy*, Simon and Schuster, 1962.
—, *The Harold Nicolson Diaries 1907-1964*, Phoenix, 2005.
Packard Jerrold M., *The Queen and Her Court*, Robson Books Ltd., 1981.
—, *Victoria's Daughters*, Sutton Publishing Ltd., 1999.
Pimlott Ben, *The Queen : A Biography of Elizabeth II*, HarperCollins Publishers, 1997.
Plumptre George, *Edward VII*, Pavilion Books Ltd., 1995.
Ponsonby sir Frederick, *Recollections of Three Reigns*, Quartet Books Limited, 1988.
Pope-Hennessy James, *Queen Mary*, George Allen and Unwin Ltd., 1959.
Prochaska Frank, *Royal Bounty : The Making of a Welfare Monarchy*, Yale University Press, 1995.
Rhodes Margaret, *The Final Curtsey*, Umbria Press, 2011.
Ring Anne, *The Story of Princess Elizabeth*, John Murray, 1930.
Robinson John Martin, *Buckingham Palace : The Official Illustrated History*, Royal Collection Publications, 2006.
Rose Kenneth, *King George V*, Alfred A. Knopf Inc., 1983.
S.M. la reine Alexandra de Yougoslavie, *Philip : A Family Portrait*, Hodder and Stoughton, 1959.
Sackville-West Vita, *The Edwardians* [1930], Virago Press, 1983.
Seward Ingrid, *The Queen and Di*, HarperCollins Publishers, 2000.
Shawcross William, *Queen and Country*, BBC Worldwide Ltd., 2002.
—, *Queen Elizabeth the Queen Mother : The Official Biography*, Macmillan, 2009.
—, *Counting One's Blessings : The Selected Letters of Queen Elizabeth the Queen Mother*, Macmillan, 2012.
Shea Michael, *A View from the Sidelines*, Sutton Publishing, 2003.

Sheridan Lisa, *From Cabbages to Kings*, Odhams Press Ltd., 1955.
Simon Sykes Christopher, *Private Palaces : Life in the Great London Houses*, Chatto & Windus Ltd., 1985.
Smith Godfrey, *The English Season*, Pavilion Books Ltd. & Michael Joseph Ltd., 1987.
Smith Horace, *A Horseman Through Six Reigns*, Odhams Press Ltd., 1955.
Smith Sean, *Royal Racing. The Queen and Queen Mother's Sporting Life*, BBC Worldwide Ltd., 2001.
Souhami Diana, *Mrs. Keppel and Her Daughter*, Flamingo (HarperCollins Publishers), 1997.
St. James's Palace, *Marriage of Her Royal Highness the Princess Elizabeth and Lieutenant Philip Mountbatten : List of Wedding Gifts*, Harrison and Sons Ltd., 1947.
Starkey David, *Monarchy*, Harper Perennial, 2007.
Strong Roy, *Coronation : A History of Kingship and the British Monarchy*, HarperCollins Publishers, 2005.
Thompson Paul, *The Edwardians : The Remaking of British Society*, Academy Chicago Publishers, 1985.
Turner Graham, *Elizabeth : The Woman and the Queen*, Macmillan, 2002.
Tyrrel Rebecca, *Camilla : An Intimate Portrait*, Short Books, 2003.
Valerie Cumming, *Royal Dress*, Holmes & Meier Publishers, 1989.
Vickers Hugo, *Alice, Princess Andrew of Greece*, Penguin Books, 2001.
—, *Elizabeth the Queen Mother*, Hutchinson, 2005.
—, *Behind Closed Doors : The Tragic Untold Story of the Duchess of Windsor*, Hutchinson, 2011.
Weintraub Stanley, *The Importance of Being Edward*, John Murray Ltd., 2000.
Wheeler-Bennett John W., *King George VI : His Life and Reign*, Macmillan and Co. Ltd., 1958.
Whitaker James, *Settling Down*, Quartet Books Ltd., 1981.
Wilson Christopher, *A Greater Love : Charles & Camilla*, Headline Book Publishing, 1994.

BIBLIOGRAPHIE

Ouvrages de référence en français

Catsiapis Hélène, *La Royauté anglaise au XXᵉ siècle*, Ellipses, 2000.
Hargrove Charles, *La Reine : le mythe et la réalité*, Perrin, 1994.
Jordis Christine, *Promenades anglaises*, Seuil, coll. « Points », 2008.
Lilti Antoine, *Figures publiques : l'invention de la célébrité, 1750-1850*, Fayard, 2014.
Maurois André, *Disraeli*, Gallimard, 1927.
Mougel François-Charles, *L'Angleterre au XXᵉ siècle*, Ellipses, 2000.
Oudin Bernard, *Histoires de Londres*, Perrin, 2003.
Rivère Isabelle, *Camilla & Charles*, Robert Laffont, 2005.
—, *Elizabeth II : dans l'intimité du règne*, Fayard, 2012.
Roche Marc, *Elizabeth II, la dernière reine*, La Table ronde, 2007.
—, *Elizabeth II : une vie, un règne*, La Table ronde, 2012.
S.A.R. le prince Henrik de Danemark, *Destin oblige*, Plon, 1996.
S.M. la reine Margrethe de Danemark, *Le Métier de reine*, Fayard, 1990.
Wajsbrot Cécile, *Violet Trefusis*, Mercure de France, 1989.

Table des matières

Introduction	9
I. « Elle aime passionnément la Grande-Bretagne, un point, c'est tout »	11
« Mon fils a brillamment franchi la ligne d'arrivée »	13
Un long, long mercredi de fiançailles..	17
« Une attitude rigide aurait fini par lui porter préjudice »	21
« Le cœur sur la table »	23
« Le choix du roi »	26
II. « À la fois l'amante, l'épouse et la mère »	29
« Cet arrangement lui allait très bien »	32
« Les choses étaient mieux faites de mon temps »	35
III. Le cœur du prince est un jardin..	41
Queen Mum : une vision éclairée du métier d'altesse royale	45
Une révolution conjugale sans précédent................................	50
Des modèles nouveaux...	51
« Une femme que le pouvoir n'intéresse pas du tout »	53
IV. « Je suis de ceux qui cherchent »	57
« Le message que je suis venu vous délivrer »	61
« Ce qui sort du cœur trouve le chemin du cœur »	64

« La certitude absolue qu'un Dieu tient notre destin
　　entre ses mains » 67
« Une réaction d'humanité » 70
« *Lighten our darkness we beseech thee, O Lord* » 73

V. La volonté de rendre les choses meilleures 77
« Un rideau de velours et d'hermine était tombé entre lui
　　et son passé » 80
« Un nouveau concept de royauté » 84

VI. « J'admirais leur liberté » 89
« Un parfait *gentleman* » 91
« Ils n'avaient toujours que des éloges, et ça se voyait » 96
« Comment devenir de bonnes épouses et de bonnes mères » 100

VII. « Je me demandais qui j'étais » 105
« Nous étions une vraie famille » 108
« Une solitude singulière » 111
« Les pieds sur terre » 115
« Les chemins qu'ils empruntent sont les mêmes » 117

VIII. « Tant que le possible ne sera pas fait… » 125
« On me disait : "Tu ne réussiras jamais rien dans la vie" » ... 127
De la royauté magique à la royauté pragmatique 130
« Des femmes nous téléphonaient de tout le pays » 132
« Nous nous intéressons à eux en tant que personnes » 134
« Détruire la misère : oui, cela est possible » 136
« Nécessité n'a pas de loi » 141

IX. Une certaine idée de l'Angleterre 143
« Une capacité mystérieuse à provoquer l'admiration » 145
Power dressing 149
« Le reflet de sa véritable personnalité » 152
« Rien ne lui fait davantage plaisir que de porter les bijoux
　　de la reine mère » 154
« Vous faites bien de ne pas en parler » 156

TABLE DES MATIÈRES

X. « Le reflet du monde dans lequel nous vivons » 161
   Un homme « exigeant » qui souffre difficilement
      la contradiction.. 163
   Une fonction prestigieuse et noble.. 167
   « Je ne m'étais jamais posé la question ».............................. 169
   « Vous n'imaginez pas ce qu'elle a parfois dû endurer ! » 172
   « L'émergence d'un parti du prince »................................... 174
   « Absolument charmant, mais impitoyable
      lorsqu'il s'est fixé un objectif ».. 178

XI. Un « dissident »... 183
   « N'y aura-t-il pas un prix à payer à la fin ? ».......................... 186
   « Une révolution tranquille se prépare »............................... 190

XII. « J'aurais préféré être une bergère »..................................... 193
   Sauce salade, marionnettes, piercings, etc........................... 195
   « Je pensais que, dans un bar, on était obligé de consommer
      de l'alcool » 201
   « C'est avec elle que tout a changé »..................................... 204
   « Un vrai courage »... 207

XIII. « Le seul endroit où il était libre »..................................... 211
   Groovy Grannies... 215
   Chambres d'amis.. 216
   « Il arrive que ce soit en rêvant »... 217
   « Mieux que le sexe »... 220

XIV. « Ils avaient un trésor entre les mains »............................. 223
   « Un biscuit d'adulte ».. 227
   Damson preserve et salon vert.. 232
   Vous avez dit « révolutionnaire » ?... 234

XV. « Une influence féminine forte ».. 239
   Des gens (presque) comme les autres................................... 240
   « Elle sera, pour le bonheur de l'Angleterre,
      une princesse riche en années »....................................... 244

« Vous avez fait de moi une personne meilleure » 248
Le pouvoir de l'escarpin.. 249

XVI. « Vous me le direz, n'est-ce pas ? ».. 253
   « Arrivera un moment où je deviendrai inutile » 256
   « Un vrai baptême du feu » 258
   La vie des gens ordinaires... 261

XVII. La force du souvenir 263
   « Son histoire nous paraît encore plus extraordinaire » 265
   « Qu'attendait-on d'elle exactement ? »....................................... 267
   « Ce métier est le seul que je connaisse » 271
   Un palais « parfaitement fonctionnel jusqu'en 2067 » 276

XVIII. Avenirs 279
   « Un rite magique qui fait d'un homme un dieu » 281
   « Pour que Charles connaisse le succès en tant que monarque,
     il doit être un homme heureux » 285

Bibliographie 289

Composition réalisée par Belle Page

*Achevé d'imprimer en avril 2017
sur les presses de Normandie Roto Impression s.a.s.
61250 Lonrai (Orne)*

Fayard s'engage pour l'environnement en réduisant l'empreinte carbone de ses livres. Celle de cet exemplaire est de : 0,700 kg éq. CO_2
Rendez-vous sur www.fayard-durable.fr

PAPIER À BASE DE FIBRES CERTIFIÉES

36-4719-5/01
N° d'impression : 1701404

Imprimé en France